Zu diesem Buch

Dieses Buch hat Hunderttausende von intelligenten Laien begeistert und nachdenklich gemacht.

Der amerikanische Psychiater Eric Berne entwickelt und demonstriert hier die faszinierende These von der Neigung der Menschen, ihr Leben im privaten Bereich als ständiges Spiel zu leben. 36 solcher Spiele werden analysiert und durch Beispiele veranschaulicht:

Lebensspiele:
VUK: «Versuch's und kassiere!»
DUHME: «Du hast mir das eingebrockt.»
JEHIDES: «Jetzt hab ich dich endlich, du Schweinehund!»
Ehespiele:
WEDUNIW: «Wenn du nicht wärst.»
Partyspiele:
WANJA: «Warum nicht – Ja, aber...»
Sexspiele:
HIVE: «Hilfe! Vergewaltigung!»
Doktorspiele:
SISIWUP: «Sie sind wirklich wundervoll, Herr Professor!»

Wir alle spielen sie täglich, aber Dr. Berne stellt sie in ein geschlossenes System der Individual- und Soziapsychiatrie und macht uns deutlich, wie sie so begriffen dem Menschen zu einer neuen Bewußtheit verhelfen und ihm den Weg zu einer konstruktiven Lebensführung ebnen. Die Lektüre des Buches führt dazu, daß wir nicht nur die anderen, sondern auch uns selbst schärfer beobachten und so neue Erkenntnisse über das Verhalten des Menschen in seinen privaten Bereichen gewinnen. Das Buch wird selbst zu einem Spiel, einem Spiel, das auch Sie bald mit Vergnügen spielen werden. Dabei handelt der Autor mit der Kompetenz des forschenden Wissenschaftlers sein äußerst ernstes Thema – die Psychologie der menschlichen Beziehungen – auf geistreich-amüsante Weise ab. Die «Frankfurter Allgemeine Zeitung» schrieb: «Ein sehr gescheites Buch. – Herrlich! Man lernt sich und seine Umwelt zu psychiatrisieren. Auf jeden Fall: Viel Vergnügen, und bitte nicht schwindeln!»

Eric Berne wurde 1910 in Montreal/Kanada geboren; studierte an der McGill University/Montreal Medizin und promovierte 1935 mit einer Arbeit über Psychiatrie; von 1941 bis 1943 Psychiater im New York Psychoanalytic Institute; Fachberater für Psychiatrie beim Generalarzt der US-Armee; von 1947 bis 1956 im San Francisco Psychoanalytic Institute (Arbeitsgebiet: Gruppentherapie); danach Dozent an der University of California Medical School und Direktor des San Francisco Social Psychiatry Seminar. Eric Berne starb 1970.

Als rororo-sachbuch erschien ferner: «Spielarten und Spielregeln der Liebe» (6848).

Dr. med. Eric Berne
Spiele der Erwachsenen

Psychologie
der menschlichen Beziehungen

Deutsch von
Wolfram Wagemuth

rororo
Rowohlt

Die Originalausgabe erschien bei Grove Press, Inc., New York,
unter dem Titel «Games People Play»

376.–381. Tausend August 1999

Veröffentlicht im Rowohlt Taschenbuch Verlag GmbH,
Reinbek bei Hamburg, Mai 1970

Gesetzt aus der Linotype-Garamond-Antiqua
Gesamtherstellung Clausen & Bosse, Leck
Printed in Germany
ISBN 3 499 16735 2

Meinen Patienten und Studenten,
von denen ich in Vergangenheit, Gegenwart
und Zukunft immer wieder etwas Neues
über unsere täglichen Spiele
und über den tieferen Sinn des Lebens
erfahren habe, erfahre
und erfahren werde.

Inhalt

Vorwort

Das vorliegende Buch ist in erster Linie für Psychotherapeuten gedacht, es ist aber so abgefaßt, daß man es auch als Nicht-Fachmann lesen und verstehen kann. Die für die Analyse und das verstandesmäßige Erfassen von Spielen erforderlichen theoretischen Voraussetzungen sind in Teil I zusammengefaßt. Teil II enthält detaillierte Beschreibungen der einzelnen Spiele, Teil III bringt neues klinisches und theoretisches Material, das es in Zusammenhang mit dem bereits bekannten Material ermöglicht, bis zu einem gewissen Grad zu begreifen, was es heißt: *nicht spielanfällig* zu sein. Wer noch weiteres Material einsehen möchte, wird auf die früheren Werke des Autors verwiesen.

Das Bedürfnis nach dem vorliegenden Buch ergab sich aus den Nachfragen interessierter Studenten der Sozialwissenschaft und fachlich vorgebildeter Hörergruppen nach einer detaillierten Liste bzw. einer ausführlichen Darstellung von Spielen, über die sie schon vorher einiges gehört hatten. Diesen Studenten und Kollegen schulde ich in ihrer Gesamtheit Dank; besonders gilt das auch für die vielen Patienten, die neue Spiele erkannten, entdeckten und benannten; für Miss Barbara Rosenfeld, die viele Ideen über Kunst und Bedeutung des Zuhörens beisteuerte; für Mr. Melvin Boyce, Mr. Joseph Concannon, Dr. Franklin Ernst,

Dr. Kenneth Everts, Dr. Gordon Gritter, Mrs. Frances Matson und Dr. Ray Poindexter, die – neben anderen – unabhängig voneinander die Bedeutung vieler Spiele aufzeigten bzw. bestätigten.

Mr. Claude Steiner, Vizepräsident und Forschungsleiter der International Transactional Analysis Association, verdient aus zwei Gründen besonders hervorgehoben zu werden. Er führte die ersten Experimente durch, mit denen viele der hier zur Debatte stehenden theoretischen Erörterungen bestätigt wurden, und auf Grund eben dieser Experimente trug er auch maßgeblich zur Klärung der Begriffe *Autonomie* und *Intimität* bei.

Dank für ihre ständige Mithilfe gebührt auch der früheren Sekretärin und Schatzmeisterin der ITAA: Mrs. Viola Callaghan; meiner Privatsekretärin: Mrs. Allen Williams, sowie Anne Garrett für ihre Mithilfe beim Korrekturlesen.

Die Analyse von Spielen befaßt sich unmittelbar mit der Materie des Alltagslebens, und sie verwendet im sprachlichen Bereich die im Familienkreis und unter Vertrauten üblichen ‹Kolloquialismen›. Diese weichen freilich in den verschiedenen Ländern voneinander ab; daher ist es für Menschen in einem bestimmten Raum manchmal schwierig, die tiefgreifende Bedeutung zu erfassen, die ein solcher ‹Kolloquialismus› oder der Name eines Spiels für Menschen in einem anderen Gebiet haben können. Im Prinzip sind jedoch die meisten der hier angeführten Spiele über die ganze Welt verbreitet; das vorliegende Handbuch sollte sich daher für Psychologen, Psychotherapeuten, Soziologen und sonstige Wissenschaftler, die sich mit der Natur und dem Wesen des Menschen befassen, in allen Teilen der Welt als nützlich erweisen.

Semantik

Aus Zweckmäßigkeitsgründen werden die Spiele hauptsächlich vom männlichen Standpunkt aus beschrieben, es sei denn, sie sind ihrer Natur nach ausgesprochen feminin. Der Hauptakteur wird also gewöhnlich mit ‹er› apostrophiert; das geschieht jedoch ganz unvoreingenommen, da in der gleichen Situation *mutatis mutandis* in den meisten Fällen auch ‹sie› als Hauptakteurin auftreten könnte. Unterscheidet sich bei einem Spiel die Rolle der Frau wesentlich von der des Mannes, dann wird sie gesondert behandelt. Ähnlich wird auch der Therapeut ganz unvoreingenommen als ‹er› apostrophiert. Terminologie und Betrachtungsweise sind in erster Linie auf den praktizierenden Fachmann hin ausgerichtet, doch mag sich das Buch auch für Angehörige anderer Berufe als interessant und nützlich erweisen.

Man sollte die Transaktions-Analyse von Spielen deutlich unterscheiden von ihrer mehr und mehr in den Vordergrund rückenden Schwesterdisziplin: der mathematischen Analyse von Spielen; allerdings gelten einige der im vorliegenden Buch angewandten Begriffsformulierungen heute auch im Bereich der mathematischen Analyse als durchaus korrekt.

Einleitung

Soziale Verbindungen

Die Lehre von den sozialen Verbindungen, die in meinen früheren Arbeiten [1] ziemlich ausführlich dargelegt wurde, läßt sich etwa folgendermaßen kurz zusammenfassen:

Spitz [2] hat festgestellt, daß Kinder, die über einen längeren Zeitraum hin physische Zärtlichkeiten entbehren müssen, zu chronischem Kränkeln neigen, und daß sie dann schließlich einer neu hinzutretenden Krankheit erliegen. Diese Feststellung bedeutet im Endeffekt, daß der Vorgang, den er als «emotionelle Deprivation» bezeichnet, tödliche Folgen haben kann. Diese Beobachtungen führen zu der Vorstellung vom *Reiz-Hunger* und deuten darauf hin, daß die am stärksten favorisierten Reiz-Faktoren diejenigen sind, die von der physischen Intimität ausgehen, eine Schlußfolgerung, der man auf Grund der im Alltagsleben gemachten Erfahrungen durchaus zustimmen kann.

Ein verwandtes Phänomen ergibt sich bei Erwachsenen, die von einer *sensorischen Deprivation* betroffen sind. Die Erfahrung lehrt, daß eine solche *Deprivation* zu einer vorübergehenden Psychose führen oder zumindest, zeitlich begrenzt, geistige Störungen hervorrufen kann. In früheren Zeiten hat man bereits festgestellt, daß sowohl eine soziale als auch eine sensorische Deprivation ähnliche Auswirkungen bei Menschen hatten, die zu längerdauernder Einzelhaft verurteilt worden waren. In der Tat ist die Einzelhaft eine jener Strafarten, die selbst von hartgesottenen Verbrechern gefürchtet werden[3], und sie gilt heute allgemein als berüchtigte Prozedur, um jemanden politisch gefügig zu machen. Umgekehrt ist soziale Organisation die beste aller bekannten Waffen gegen politische Willfährigkeit jeder Art.[4]

Im biologischen Bereich besteht die Wahrscheinlichkeit, daß die emotionelle und die sensorische Deprivation organische Veränderungen herbeiführen oder zumindest begünstigen können. Wird das Retikularsystem[5] des Hirnstamms nicht hinreichend stimuliert, dann können, zumindest auf indirektem Wege, degenerative Veränderungen in den Nervenzellen die Folge sein. Es kann sich hier natürlich auch um einen Sekundäreffekt auf Grund unzureichender Ernährung handeln, aber die unzureichende Ernährung läßt sich ihrerseits wieder auf die Apathie zurückführen, wie etwa bei Kindern, die an Marasmus leiden. Man kann also eine biologische Kettenreaktion postulieren, die von emotioneller und sensorischer Deprivation über Apathie zu degenerativen Veränderungen und schließlich zum Tode führt. In diesem Sinn steht der *Reiz-Hunger* im gleichen Bezug zum Überleben des menschlichen Organismus wie der *Hunger nach Nahrung.*

In der Tat zeigt der *Reiz-Hunger* nicht nur im biologischen, sondern auch im psychologischen Bereich viele Parallelen zum Hunger nach Nahrung. Begriffe wie Unterernährung, Übersättigung, Gourmet, Gourmand, Fex, Asketiker, kulinarische Künste und Meisterkoch lassen sich leicht aus dem Bereich der Ernährung in den der Sinnesempfindung übertragen. Die Übersättigung findet ihre Parallele in der Reizüberflutung. Unter normalen Voraussetzungen, wenn ein umfangreicher Vorrat verfügbar und ein abwechslungsreiches Menü möglich ist, wird die Auswahl in beiden Bereichen sehr stark von den Idiosynkrasien des einzelnen Individuums beeinflußt. Möglicherweise beruhen einige oder viele dieser Idiosynkrasien auf einer konstitutionellen Determinante; für die hier zur Debatte stehenden Probleme ist das jedoch irrelevant.

Der Sozialpsychiater befaßt sich nur damit, was geschieht, wenn das Kind im Verlauf des normalen Wachstumsprozesses von der Mutter getrennt wird. Das bisher Gesagte läßt sich in dem *Kolloquialismus*[6] zusammenfassen: «Wenn man nicht gestreichelt wird, verkümmert das Rückenmark.» Daher sieht sich das Individuum nach Beendigung der Periode enger Intimität mit der Mutter zeit seines Lebens mit einem Dilemma konfrontiert: Es fragt sich, gegen welche Klippen sein Geschick und sein Überlebenswille ständig geschleudert werden. Eine von ihnen stellen die sozialen, psychologischen und biologischen Kräfte dar, die sich einer kontinuierlichen physischen Intimität im Stil des Kindheitsalters entgegenstellen, die andere ist sein immerwährendes Bemühen, ihrer dennoch habhaft zu werden. In den meisten Fällen wird das Individuum einen Kompromiß schließen. Es lernt allmählich, sich mit subtileren, ja rein symbolischen Formen von Zärtlichkeit zufriedenzugeben; schließlich kann sogar die bloße Andeutung einer Anerkennung bis zu einem gewissen Grad diesen Zweck erfüllen, obschon sein ursprüngliches Verlangen nach rein physischem Kontakt durchaus unvermindert weiterbesteht.

Dieser Kompromißvorgang läßt sich mit verschiedenen Begriffen bezeichnen, z. B. Sublimierung; wie immer man ihn aber auch nennen mag, das Ergebnis ist eine teilweise Umwandlung des kindlichen *Reiz-Hungers* in etwas, das man als *Hunger nach Anerkennung* bezeichnen kann. Mit zunehmenden Kompromiß-Komplikationen zeigt jeder Mensch in seinem Streben nach Anerkennung auch eine mehr und mehr persönliche Note, und es sind diese differenzierten Unterschiede, die zur Vielgestaltigkeit der sozialen Verbindungen führen und das Schicksal des Individuums bestimmen. Ein Filmstar benötigt vielleicht

Woche für Woche Hunderte von schmeichelnden Zustimmungen anonymer und undifferenzierter Verehrer, um sein «Rückenmark nicht verkümmern zu lassen», einem Wissenschaftler dagegen mag eine einmal im Jahr ausgesprochene Anerkennung von einem geachteten Meister seines Fachs zur Aufrechterhaltung seiner physischen und geistigen Gesundheit genügen.

Man kann den Ausdruck *Streicheln* (*stroking*) als Allgemeinbegriff für jede Art von intimem physischem Kontakt verwenden; in der Praxis kann es durchaus verschiedene Formen annehmen. Manche ‹streicheln› ein Kind im buchstäblichen Sinne des Wortes; andere drücken es zärtlich an sich oder geben ihm einen freundlichen Klaps, sie tätscheln es in spielerischer Laune oder betasten es zärtlich mit den Fingerspitzen. Zu all diesen Zärtlichkeiten gibt es Analogien in der Unterhaltung, und es hat den Anschein, als könne man durchaus behaupten, jemand liebkose ein Baby auch dadurch, daß er seinen Äußerungen lauscht. Mit Hilfe einer Bedeutungserweiterung läßt sich der Begriff *Streicheln* umgangssprachlich zur Bezeichnung jeder ‹Aktion› anwenden, mit der eine Anerkennung der Gegenwart des anderen verbunden ist. Man kann daher den Begriff *Streicheln* als grundlegende Maßeinheit allen sozialen Tuns ansehen. In diesem Sinn stellt wechselseitiges *Streicheln* eine Transaktion dar, die die Grundeinheit aller sozialer Verbindungen ist.

In bezug auf die Theorie der Spiele ergibt sich daraus der Grundsatz, daß jede soziale Verbindung, welcher Art sie auch immer sei, auf jeden Fall einen biologischen Vorteil gegenüber dem Fehlen einer solchen Bindung hat. Diese Tatsache wurde von S. Levine[7] in einigen bemerkenswerten Tierversuchen mit Ratten experimentell nachgewiesen; dabei wurden nicht nur die physische, geistige und emotionelle Entwicklung, sondern auch die biologischen Vorgänge im Gehirn und sogar die Widerstandsfähigkeit gegen Leukämie dadurch günstig beeinflußt, daß man sich mit den Tieren abgab. Das Entscheidende bei diesen Versuchen war die Tatsache, daß man bei den gesundheitsfördernden Maßnahmen für die Tiere mit einer fürsorglich sanften Behandlung den gleichen Effekt erzielte wie mit schmerzhaften Elektroschocks.

Diese Bestätigung der vorausgehenden Ausführungen ermutigt mich dazu, mich nun mit erhöhter Zuversicht dem nächsten Abschnitt zuzuwenden.

Die Strukturierung der Zeit

Wir setzen also voraus, daß das Liebkosen von Kindern, ebenso wie sein symbolisches Äquivalent bei Erwachsenen, die Anerkennung, einen Überlebenswert haben. Die Frage ist: «Was nun?» Für den Alltagsfall: Was können die Leute tun, nachdem sie ihre Begrüßungsformalitäten ausgetauscht haben, ganz gleich ob diese Begrüßung nun aus einem kurzen kollegialen «Hi» beim Amerikaner oder aus einem sich über Stunden hinziehenden Ritual beim Orientalen besteht? Nach dem Reiz-Hunger und dem Hunger nach Anerkennung macht sich nun der *Struktur-Hunger* bemerkbar. Für die heranwachsenden Jugendlichen erhebt sich beständig das Problem: «Was soll ich nun zu ihr [bzw. ihm] sagen?» Nicht nur für Jugendliche, auch für viele Erwachsene, ist nichts unbehaglicher als ein gesellschaftlicher Hiatus, eine Periode unstrukturierter Zeit, in der alle Anwesenden schweigen und keinem etwas Besseres einfällt, als etwa zu fragen: «Glauben Sie nicht auch, daß die Wände heute abend senkrecht stehen?» Ein immerwährendes Problem des Menschen besteht in der Frage, wie er seine Tageszeit strukturieren soll. In diesem existentiellen Sinn besteht die Funktion allen gesellschaftlichen Lebens darin, sich bei der Bewältigung dieses Projekts gegenseitig Beistand zu leisten.

Den Funktionsaspekt der Zeit-Strukturierung kann man als ‹Programmierung› bezeichnen und zwar in drei Bereichen: im materiellen, im sozialen und im individuellen. Die allgemeinste, naheliegendste, bequemste und zweckdienlichste Methode der Zeit-Strukturierung besteht in einer Unternehmung, die dazu dient, sich mit der stofflichen Substanz der äußeren Realitäten auseinanderzusetzen, und die allgemein unter der Bezeichnung ‹Arbeit› bekannt ist. Fachgerecht bezeichnet man eine solche Unternehmung als *Tätigkeit*; der Begriff ‹Arbeit› ist nicht ganz zutreffend, denn eine allgemeine Theorie der Sozialpsychiatrie muß der Tatsache Rechnung tragen, daß auch die verschiedenen sozialen Verbindungen eine gewisse Form von ‹Arbeit› darstellen.

Die *materielle Programmierung* ergibt sich aus den Wechselfällen, denen man bei der Auseinandersetzung mit der äußeren Realität begegnet; sie ist hier nur insoweit von Interesse, als derartige Tätigkeiten einen guten Nährboden für das *Streicheln,* für Anerkennung und andere, komplexere Formen von sozialen Verbindungen abgeben. Die materielle Programmierung ist nicht in erster Linie ein Sozialproblem; im wesentlichen beruht sie auf der Übermittlung von Informationen. Die Tätigkeit des Bootsbaus z. B. stützt sich auf eine ganze Reihe von Messungen und Schätzwerten; jeder sich dabei entspinnende Sozialkontakt muß diesen Dingen untergeordnet werden, damit der Bootsbau fortschreiten kann.

Die *soziale Programmierung* führt zu einem traditionell-rituellen bzw. semirituellen Höflichkeitsaustausch. Ihr Hauptkriterium ist die lokale Akzeptabilität, die man gewöhnlich als ‹gute Kinderstube› bezeichnet. In allen Teilen der Welt bringen die Eltern ihren Kindern gute Manieren bei, d. h. sie lehren sie, wie man in der rechten Form grüßt, ißt und seine Notdurft verrichtet, jemanden umwirbt oder betrauert und auch, wie man mit angemessener Zurückhaltung bzw. mit angebrachtem Nachdruck

Gespräche über aktuelle Themen führt. Die Zurückhaltung ebenso wie der Nachdruck sind Anzeichen von Takt und diplomatischem Geschick, die manchmal weltweite Gültigkeit, manchmal auch nur lokale Bedeutung haben. Beim Mahl zu rülpsen oder sich nach der Frau eines Nachbarn zu erkundigen, wird je nach der lokalen Überlieferung entweder erwartet oder verboten; in der Tat besteht gerade zwischen diesen beiden Vorgängen ein hoher Grad von inverser Korrelation. Wo man beim Essen zu rülpsen pflegt, empfiehlt es sich meist nicht, sich nach dem Befinden der Frauen zu erkundigen, wo es hingegen Sitte ist, sich nach dem Befinden der Frauen zu erkundigen, sollte man beim Essen nicht rülpsen. Im allgemeinen geht ein formelles Ritual einer semirituellen Unterhaltung über aktuelle Themen voraus; diese läßt sich am besten als ‹Zeitvertreib› (*pastime*) bezeichnen.

Lernen die Leute einander besser kennen, dann schleicht sich mehr und mehr eine *individuelle Programmierung* ein, und in der Folge kommt es allmählich zu verschiedenen ‹Episoden›. Oberflächlich betrachtet, scheinen derartige Episoden Zufallscharakter zu haben, und sie mögen von den beteiligten Partnern auch in diesem Licht gesehen werden; eine sorgfältige Untersuchung zeigt jedoch, daß sie sich für gewöhnlich an festliegenden Strukturmodellen orientieren, die für eine Auswahl und Klassifizierung verbindlich sind, und daß ihre Abfolge durch unausgesprochene Regeln und Richtlinien bestimmt wird. Diese Richtlinien sind äußerlich nicht erkennbar, so lange sich die freundschaftlichen bzw. feindschaftlichen Beziehungen streng im Rahmen der gültigen Regeln abspielen, sie werden jedoch dann offenbar, wenn jemand diese Regeln mißachtet; es erhebt sich sofort symbolisch oder wörtlich der Ruf: «Foul!» Derartige Episodenfolgen, die im Gegensatz zum obengenannten ‹Zeitvertreib› mehr auf individueller als auf sozialer Programmierung basieren, kann man als ‹Spiele› (*games*) bezeichnen. Das Familienleben und das Eheleben können ebenso wie das Leben im Rahmen verschiedener sozialer Organisationen Jahr für Jahr auf verschiedenen Variationen des gleichen ‹Spiels› beruhen.

Stellt man fest, daß ein Großteil der Sozialaktivität darin besteht, bestimmte Spiele zu spielen, dann bedeutet das nicht notwendigerweise auch, daß es sich hierbei meistens um ein ‹Vergnügen› handelt oder daß die beteiligten Partner sich in den wechselseitigen Beziehungen nicht auch ernsthaft engagieren. Einerseits sind sowohl das Fußball-‹Spiel› als auch andere sportliche Kampf-‹Spiele› durchaus nicht immer ein reines Vergnügen, und die Spieler können dabei unter Umständen recht verbissen agieren. Spiele dieser Art haben mit Wett- und Würfelspielen sowie mit anderen ‹Spiel›-Formen eines gemeinsam: sie können unter Umständen durchaus kritische, mitunter sogar verhängnisvolle Folgen haben. Andererseits reihen manche Autoren, wie z. B. Huizinga[8], in die Kategorie ‹Spiel› auch so bedenkliche Unternehmungen ein wie z. B. einen Kannibalen-Festschmaus. Klassifiziert man also Verhaltensweisen wie Selbstmord, Alkoholismus, Rauschgiftsucht, Kriminalität oder Schizophrenie als ‹Spielformen›, dann ist das durchaus nicht unverantwortlich, barbarisch oder nur ein schrulliger Einfall. Das grundlegende Merkmal des menschlichen ‹Spielens› ist nicht die Tatsache, daß die Emotionen nur Scheincharakter haben, sondern daß sie bestimmten Regeln unterworfen sind. Das zeigt sich ganz deutlich, wenn eine illegitime Zur-Schau-Stellung von Emotionen mit Sanktionen belegt wird. Ein Spiel mag bitter ernst, ja verhängnisvoll sein, ernsthafte Sanktionen von seiten der Gesellschaft sind nur dann zu erwarten, wenn die gültigen Spielregeln mißachtet werden.

Der ‹Zeitvertreib› und die ‹Spiele› sind Ersatzformen für echte Intimerlebnisse. Aus diesem Grund kann man sie eher als Präliminarien zu einer Bindung denn als wirkliche Verbindungen betrachten; daher werden sie auch als ‹pikante› Spielformen charakterisiert. Die Intimität setzt dann ein, wenn die individuelle (gewöhnlich dem Instinkt entspringende) Programmierung sich intensiviert und sowohl das soziale Strukturmodell als auch die verdeckten Restriktionen und Motive allmählich außer Kraft gesetzt werden. Das ist die einzig völlig befriedigende Antwort auf den Reiz-Hunger, den Hunger nach Anerkennung und den Struktur-Hunger. Ihr Prototyp ist der Akt der *Imprägnation* aus Liebe.

Der Struktur-Hunger hat den gleichen Überlebenswert wie der Reiz-Hunger. Im Reiz-Hunger und im Hunger nach Anerkennung kommt das Bedürfnis zum Ausdruck, einer sensorischen und emotionellen Verkümmerung zu entgehen, die beide zu einer Degeneration im biologischen Bereich führen. Im Struktur-Hunger drückt sich das Bedürfnis nach Vermeidung der Langeweile aus; schon Kierkegaard[9] hat auf die aus unstrukturierter Zeit resultierenden verderblichen Folgen hingewiesen. Hält ein derartiger Zustand längere Zeit an, dann wird die Langeweile zu einem Synonym für emotionelle Verkümmerung, und sie kann durchaus die gleichen Folgen haben.

Das alleinstehende Individuum kann Zeit auf zweierlei Art strukturieren: mit Hilfe einer Tätigkeit oder mit Hilfe seiner Phantasie. Ein Individuum kann auch in Gegenwart anderer durchaus ‹für sich allein› bleiben; das weiß jeder Schullehrer. Als Mitglied eines sich aus zwei oder mehr Menschen zusammensetzenden Sozialaggregats hat man mehrere Möglichkeiten zur Strukturierung der Zeit. Dem Grad ihrer Komplexität nach geordnet, sind dies: 1. Rituale, 2. Zeitvertreib, 3. Spiele, 4. Intimerlebnisse, 5. Tätigkeit; letztere kann zugleich die Grundsubstanz für jede der vorhergehenden Formen sein. Für jedes Mitglied eines Sozialaggregats besteht das Ziel darin, aus seinen Transaktionen mit den anderen Mitgliedern eine größtmögliche Befriedigungsquote zu erlangen. Mit dem Grad seiner Zugänglichkeit erhöht sich auch die Befriedigungsquote. Ein Großteil der Programmierung seiner Sozialaktivität vollzieht sich ganz automatisch. Da einige der im Rahmen dieser Programmierung erzielten ‹Befriedigungen› (*satisfactions*), so z. B. selbstzerstörerische, im üblichen Sinn des Wortgebrauchs nur schwer als ‹Befriedigungen› zu erkennen sind, wäre es besser, diesen Begriff durch einen mehr neutralen zu ersetzen, wie etwa ‹Nutzen› (*gains*) oder ‹Vorteile› (*advantages*).

Die Vorteile aller Sozialkontakte beziehen sich vor allem auf ein somatisches und psychisches Equilibrium. Sie stehen in enger Beziehung zu folgenden Faktoren: 1. Lösung von inneren Spannungen, 2. Vermeidung schädlicher Außeneinflüsse, 3. Vermittlung von Zärtlichkeiten und 4. Aufrechterhaltung eines einmal etablierten Equilibriums. All diese Probleme sind von Psychologen und Psychoanalytikern bereits sehr detailliert untersucht und erörtert worden. Übertragen auf die Terminologie der Sozialpsychiatrie kann man sie bezeichnen als 1. primäre innere Vorteile, 2. primäre äußere Vorteile, 3. Sekundär-Vorteile und 4. existentielle Vorteile. Die drei ersteren bilden eine Parallele zu den von Freud beschriebenen Arten von «Krankheitsgewinn», «dem inneren paranosischen Gewinn, dem äußeren paranosischen Gewinn und dem epinosischen Gewinn»[10]. Die Erfahrung zeigt, daß es zweckmäßiger und instruktiver ist, wenn man soziale Transaktionen unter dem Gesichtspunkt der dabei erreichten Vorteile untersucht, als wenn man sie als defensive Vorgänge behandelt. Erstens besteht die beste Defensive darin, daß man sich überhaupt in keine Transaktionen einläßt; zweitens umfaßt das Konzept der ‹Defensive› nur Teilgebiete der beiden ersten Vorteilskategorien; ihre Restgebiete gehen bei dieser Betrachtungsweise ebenso verloren wie die gesamte dritte Vorteilskategorie.

Die zur höchsten Befriedigung führenden Formen von Sozialkontakten, mag nun ihre Grundsubstanz in einer Tätigkeit liegen oder nicht, sind Spiele und Intimerlebnisse. Intimerlebnisse, die sich über einen längeren Zeitraum hin erstrecken, sind selten, und selbst dann sind sie vorwiegend eine Privatangelegenheit; die bedeutsamsten sozialen Verbindungen vollziehen sich in den meisten Fällen in Form von *Spielen,* und das ist das Thema, mit dem wir uns hier in erster Linie befassen. Weiteres Material zum Thema der Zeit-Strukturierung findet der Leser in meiner Abhandlung über die Gruppendynamik.[11]

1. *Analyse von Spielen*

1. *Struktur-Analyse*

Beobachtet man jede Art von spontaner Sozialaktivität (sie vollzieht sich am produktivsten im Rahmen gewisser Psychotherapiegruppen), dann bemerkt man, daß die Menschen von Zeit zu Zeit deutliche Veränderungen in Haltung, Anschauungsweise, Stimmlage, Vokabular und anderen Verhaltensaspekten erkennen lassen. Diese Veränderungen im Verhaltensbereich sind oft von Umschichtungen im Gefühlsbereich begleitet. In jedem Individuum korrespondiert eine bestimmte Verhaltensstruktur auch mit einer bestimmten Gemütslage, während eine andere wieder eng mit einer unterschiedlichen seelischen Verfassung verbunden ist, die oft sogar im Widerspruch zur ersten steht. Diese Veränderungen und Unterschiede führen zu der Idee von verschiedenen *Ich-Zuständen.*

Fachgerecht kann man einen ‹Ich-Zustand› phänomenologisch als ein kohärentes Empfindungssystem, funktionsmäßig als eine kohärente Verhaltensstruktur bezeichnen. Effektiv bedeutet das, daß es sich hier um ein Empfindungssystem handelt, das mit einer beziehungsgerechten Verhaltensstruktur gekoppelt ist. Jedem Individuum scheint ein begrenztes Repertoire derartiger Ich-Zustände zur Verfügung zu stehen, die nicht nur als ‹Rollen› zu betrachten, sondern als psychologische Realitäten zu werten sind. Dieses Repertoire läßt sich in folgende Kategorien aufgliedern: 1. Ich-Zustände, die denen von Elternfiguren ähneln, 2. Ich-Zustände, die autonom auf eine objektive Erfassung der Wirklichkeit ausgerichtet sind, und 3. solche, die sozusagen regressive Relikte darstellen: Ich-Zustände, die bereits in früher Kindheit fixiert wurden und immer noch wirksam sind. In der Fachterminologie nennt man diese drei Kategorien exteropsychische, neopsychische und archäopsychische Ich-Zustände. In der Umgangssprache bezeichnet man ihre Manifestationen als Eltern-Ich, Erwachsenen-Ich und Kindheits-Ich; diese einfachen Begriffs-Formulierungen erweisen sich, wenn man einmal von streng methodischen Fachdiskussionen absieht, als durchaus ausreichend.

Die Dinge liegen also so, daß bei einem bestimmten Anlaß jedes einem Sozialaggregat zugehörige Individuum entweder sein Eltern-Ich, sein Erwachsenen-Ich oder sein Kindheits-Ich zum Ausdruck bringt und daß die einzelnen Individuen in der Lage sind, mit jeweils variierendem Schnelligkeitsgrad von dem einen auf einen anderen Ich-Zustand umzuschalten. Diese Wahrnehmungen führen zu bestimmten, für die Klassifizierung wichtigen Schlüssen. «Das ist dein Eltern-Ich» bedeutet: «Du nimmst augenblicklich die gleiche Geisteshaltung ein wie einer deiner Elternteile [oder Eltern-Stellvertreter], und du reagierst so, wie er es getan haben würde, mit der gleichen Haltung, den gleichen Gesten, dem gleichen Vokabular, den gleichen Empfindungen etc.» – «Das ist dein Erwachsenen-Ich» bedeutet: «Du hast soeben ein autonomes, objektives Erfassen der Situation erkennen lassen, und du trägst diese gedanklichen Prozesse bzw. die erkannten Probleme oder die gezogenen Schlußfolgerungen in unvoreingenommener Form vor.» – «Das ist dein Kindheits-Ich» bedeutet: «Die Art und Weise deiner Reaktion entspricht genau derjenigen, die du als kleiner Junge bzw. als kleines Mädchen gezeigt haben würdest.»

Daraus ergeben sich folgende Implikationen:

1. Jedes Individuum hat Eltern (oder Eltern-Stellvertreter) gehabt, und es besitzt in seinem Innern eine Gruppe von Ich-Zuständen, die die Ich-Zustände seiner Eltern (so wie er sie aufnahm) wiedergeben; diese Eltern-Ich-Zustände lassen sich unter gewissen Voraussetzungen aktivieren (exteropsychische Funktion). Umgangssprachlich ausgedrückt: «Jeder trägt in seinem Innern seine Eltern mit sich herum.»

2. Jedes Individuum (einschließlich der Kinder, der geistig Zurückgebliebenen und der Schizophrenen) hat die Fähigkeit zur objektiven Übermittlung von Informationen, wenn der angemessene Ich-Zustand sich aktivieren läßt (neopsychische Funktion). Umgangssprachlich: «Jeder hat ein Erwachsenen-Ich.»

3. Jedes Individuum war früher einmal jünger als zum gegenwärtigen Zeitpunkt, und es besitzt in seinem Innern fixierte Relikte aus früherer Zeit; diese werden unter bestimmten Voraussetzungen wirksam (archäopsychische Funktion). Umgangssprachlich: «Jeder trägt in seinem Innern einen kleinen Jungen bzw. ein kleines Mädchen mit sich herum.»

Zu diesem Zeitpunkt erscheint es angebracht, sich mit dem in Abbildung 1 (a) gezeigten *Struktur-Diagramm* zu befassen. Es erfaßt, vom Standpunkt der Gegenwart aus betrachtet, die vollständige Persönlichkeit eines jeden Individuums und schließt seinen Eltern-Ich-Zustand, seinen Erwachsenen-Ich-Zustand und seinen Kindheits-Ich-Zustand ein. Diese sind gegeneinander sorgfältig abgegrenzt, denn sie sind nicht nur untereinander sehr verschieden, sondern stehen sogar oft in erheblichem Widerspruch zueinander. Dem ungeübten Betrachter mögen diese Unterscheidungen zunächst nicht ganz klar sein, aber für jeden, der sich die Mühe macht, sich mit dem Prinzip einer Strukturdiagnose zu befassen, gewinnen sie schnell an Bedeutung und Interesse. Abbildung 1 (b) stellt eine leicht verständliche, vereinfachte Form des Struktur-Diagramms dar.

Bevor wir uns von der Struktur-Analyse einem anderen Thema zuwenden, sollten noch gewisse mögliche Komplikationen geklärt werden.

1. Die Bezeichnung ‹kindlich› wendet man bei einer Struktur-Analyse grundsätzlich nicht an, denn ihr haftet

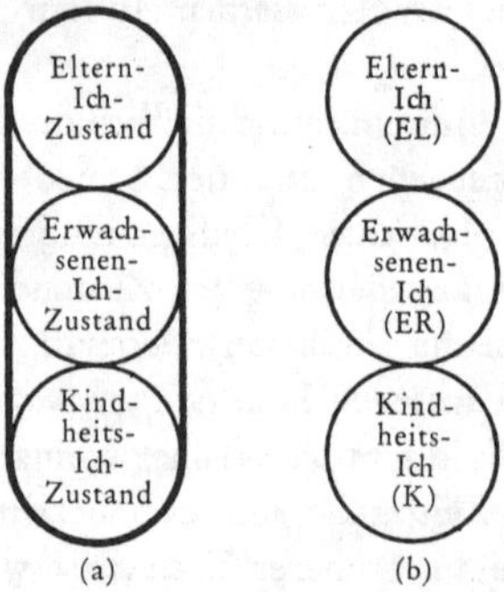

Struktur-Diagramm *Vereinfachte Form*

ABBILDUNG 1

ein starker Beigeschmack von etwas an, das unerwünscht ist, und das man folglich nicht beibehalten, sondern loswerden möchte. Zur Charakterisierung des Kindheits-Ichs (eines regressiven Ich-Zustands) benutzt man den Begriff ‹kindhaft›; er ist biologisch mehr gerechtfertigt und durchaus neutral. Tatsächlich ist das Kindheits-Ich in vieler Hinsicht der wertvollste Bestandteil der Persönlichkeit, und es kann für das Leben des Individuums genau den gleichen Beitrag leisten, den ein wirkliches Kind zum Familienleben beisteuert: Anmut, Freude und schöpferischen Impuls. Ist das Kindheits-Ich im Individuum konfus und angekränkelt, dann können sich daraus verhängnisvolle Folgen ergeben; es kann und sollte allerdings dagegen etwas unternommen werden.

2. Das eben Gesagte gilt auch für die Bezeichnung ‹reif› und ‹unreif›. In diesem System gibt es nicht so etwas wie

eine ‹unreife Person›. Es gibt nur Leute, bei denen das Kindheits-Ich in unangemessener Form die Oberhand gewinnt; aber all diese Leute haben auch ein vollständiges, wohlstrukturiertes Erwachsenen-Ich, das nur freigelegt bzw. aktiviert zu werden braucht. Umgekehrt sind die sogenannten ‹reifen Menschen› Leute, die in der Lage sind, ihr Erwachsenen-Ich die meiste Zeit über unter Kontrolle zu halten; ihr Kindheits-Ich gewinnt nur gelegentlich die Oberhand, wobei sich dann freilich nicht selten bestürzende Folgen ergeben.

3. Besondere Beachtung verdient die Tatsache, daß das Eltern-Ich sich in zweierlei Form manifestiert, in einer direkten und einer indirekten: als aktiver Ich-Zustand und als Einflußfaktor. Ist es direkt aktiv, dann reagiert die Person ebenso wie auch ihr Vater (bzw. ihre Mutter) tatsächlich reagiert haben («Tue das, was ich tue!»). Macht es sich nur als indirekter Einflußfaktor geltend, dann reagiert der Mensch so, wie seine Eltern es von ihm erwartet haben («Tue nicht das, was ich tue, sondern das, was ich dir sage!»). Im ersten Fall identifiziert er sich mit ihnen, im zweiten paßt er sich ihren Anforderungen an.

4. Ebenso manifestiert sich auch das Kindheits-Ich in zwei Formen: dem *angepaßten Kindheits-Ich* und dem *natürlichen Kindheits-Ich*. Das angepaßte Kindheits-Ich modifiziert sein Verhalten unter dem Einfluß des Eltern-Ichs. Es verhält sich so, wie sein Vater (bzw. seine Mutter) es von ihm erwartet haben: z. B. willfährig oder altklug. Oder es paßt sich an, indem es sich zurückzieht oder wimmert. Der Einfluß des Eltern-Ichs ist also als Ursache anzusehen, das angepaßte Kindheits-Ich als Wirkungseffekt. Das natürliche Kindheits-Ich manifestiert sich in Spontan-Reaktionen, z. B. Rebellion oder schöpferischer Impuls. Eine Bestätigung der Struktur-Analyse läßt sich an den Auswirkungen des Alkoholrausches ablesen. Gewöhnlich setzt er zunächst das Eltern-Ich außer Kraft; das angepaßte Kindheits-Ich wird so der Einflußsphäre des Eltern-

Ichs entzogen und verwandelt sich im Gefolge dieser Loslösung in das natürliche Kindheits-Ich.

Zur Durchführung einer erfolgreichen Analyse von Spielen reichen die oben genannten Ausführungen in bezug auf die Persönlichkeits-Struktur in den meisten Fällen aus.

Ich-Zustände sind durchaus normale psychologische Phänomene. Das menschliche Gehirn ist das Organ bzw. der organisierende Faktor des psychischen Lebens, und seine Produkte werden in Form von Ich-Zuständen organisiert und gespeichert. Dafür gibt es bereits konkrete Beweise in einigen Untersuchungsergebnissen von Penfield und seinen Mitarbeitern.[1] Es gibt auf verschiedenen Ebenen andere Auslesesysteme, wie z. B. die Fähigkeit, Tatsachen im Gedächtnis zu behalten, doch besteht die natürliche Form der Erfahrung in wechselnden Geisteshaltungen. Jede Art von Ich-Zustand hat ihre eigene lebenswichtige Bedeutung für den menschlichen Organismus.

Im Kindheits-Ich wohnen Intuition [2], Kreativität sowie spontane Antriebskraft und Freude.

Das Erwachsenen-Ich ist für die Nutzung der Überlebenschancen unentbehrlich. Es übermittelt Informationen und wertet die Möglichkeiten aus, die von essentieller Bedeutung für eine erfolgreiche Bewältigung der Umwelt sind. Es erlebt auf seine ganz spezielle Art Rückschläge und Genugtuungen. Überquert man z. B. eine verkehrsreiche öffentliche Straße, dann erfordert das die Übermittlung einer komplizierten Reihe von Informationen in bezug auf die verschiedenen Geschwindigkeiten; die ‹Aktion› wird so lange hinausgezögert, bis die angestellten Berechnungen einen hohen Wahrscheinlichkeitsgrad dafür ergeben, daß man die andere Straßenseite sicher erreicht. Die Genugtuung, die man bei erfolgreich angestellten Berechnungen dieser Art empfindet, trägt ihrerseits auch zu der Freude bei, die etwa durch das Skifahren, Fliegen, Segeln und andere mobile Sportarten ausgelöst wird. Eine weitere Aufgabe des Erwachsenen-Ichs besteht darin, einen regulierenden Einfluß auf die Tätigkeiten des Eltern-Ichs und des Kindheits-Ichs auszuüben und zwischen beiden objektiv zu vermitteln.

Das Eltern-Ich hat zwei Hauptfunktionen. Erstens ermöglicht es dem Individuum, als Elternteil tatsächlich vorhandener Kinder wirkungsvoll zu fungieren und so zum *Überleben* des Menschengeschlechts beizutragen. Welche Bedeutung es in dieser Hinsicht hat, geht aus der Tatsache hervor, daß es Menschen, die schon in früher Kindheit verwaist waren, wesentlich schwerer fällt, selbst Kinder aufzuziehen, als solchen, die lange in wohlbehüteten Familien aufgewachsen sind. Zweitens vollzieht sich ein Großteil der Reaktionen des Eltern-Ichs ganz automatisch, und das bedeutet eine erhebliche Einsparung von Zeit und Energie. Viele Dinge werden getan, ‹einfach, weil man sie so tut›. Dadurch bleibt es dem Erwachsenen-Ich erspart, zahllose Trivial-Entscheidungen zu fällen, und es kann sich, indem es die Routine-Angelegenheiten dem Eltern-Ich überläßt, selbst intensiver den bedeutungsvolleren Problemen zuwenden.

Es haben also alle drei Persönlichkeitsaspekte einen hohen Lebens- und Überlebenswert; wenn allerdings der eine oder andere von ihnen das gesunde Gleichgewicht zwischen ihnen stört, dann ergibt sich die Notwendigkeit zu einer Analyse und zur Reorganisation. Sonst aber haben alle drei: Eltern-Ich, Erwachsenen-Ich und Kindheits-Ich Anspruch auf gleiche Berücksichtigung, und jedes von ihnen hat seinen legitimen Platz in einem erfüllten und produktiven Leben.

2. *Transaktions-Analyse*

Die Grundeinheit aller sozialen Verbindungen bezeichnet man als ‹Transaktion›. Begegnen zwei oder mehr Menschen einander im Rahmen eines Sozialaggregats, dann beginnt früher oder später einer von ihnen zu sprechen oder in irgendeiner Form von der Gegenwart der anderen Notiz zu nehmen. Diesen Vorgang nennt man ‹Transaktions-Stimulus› (*transactional stimulus*). Sagt oder tut dann eine von den anderen Personen etwas, das sich in irgendeiner Form auf den voraufgegangenen Stimulus bezieht, so bezeichnet man diesen Vorgang als ‹Transaktions-Reaktion› (*transactional response*). Die einfache Transaktions-Analyse sucht zu ergründen, welcher Ich-Zustand den Transaktions-Stimulus ausgelöst hat und welcher die Reaktion auf diese Transaktion vollzogen hat. Die einfachsten Transaktionen sind diejenigen, bei denen sowohl der Stimulus als auch die durch ihn ausgelöste Reaktion vom Erwachsenen-Ich der beteiligten Personen ausgehen. Der agierende Urheber schließt z. B. aus den ihm vorliegenden Informationen, daß er jetzt zum Skalpell greifen muß und streckt seine Hand aus. Der reagierende Mitmensch, auf den dieser Akt gerichtet ist, erfaßt den Sinn dieser Geste, schätzt Kraftaufwand und Entfernung richtig ein und placiert den Griff des Skalpells genau dorthin, wo der Chirurg es erwartet. Fast ebenso einfach sind Transaktionen zwischen Kindheits-Ich und Eltern-Ich. Das fieberkranke Kind bittet um ein Glas Wasser, und die Mutter, die es pflegt, bringt es ihm.

In beiden Fällen handelt es sich um *Komplementär-Transaktionen,* d. h. die Reaktion ist so, wie sie der Situation angemessen ist und erwartet wird; sie folgt der natürlichen Ordnung gesunder zwischenmenschlicher Beziehungen. Die erste Transaktion, als *Komplementär-Transaktion, Typ I* bezeichnet, ist in Abbildung 2 (a) dargestellt, die zweite, *Komplementär-Transaktion, Typ II*, findet man in Abbildung 2 (b). Offensichtlich zeigen jedoch Transaktionen die Tendenz, sich in Form von Kettenreaktionen zu vollziehen, so daß jede Reaktion ihrerseits wieder zu einem neuen Stimulus wird. Die erste Kommunikationsregel besagt, daß jede Kommunikation sich so

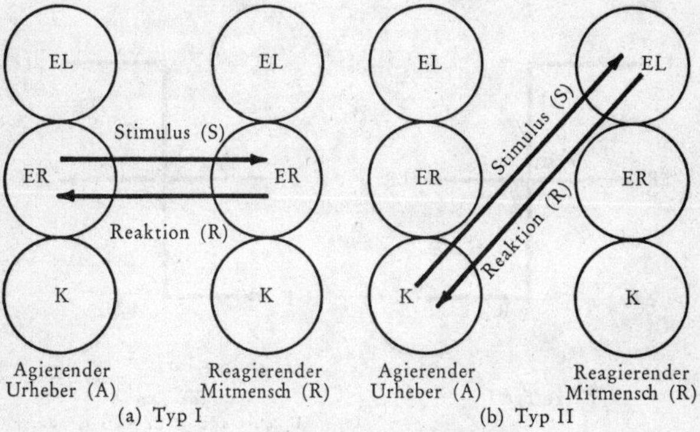

Komplementär-Transaktionen

ABBILDUNG 2

lange reibungslos vollzieht, wie die Transaktionen ihren Komplementär-Charakter wahren; als logische Folge ergibt sich daraus: solange die Transaktionen ihren Komplementär-Charakter wahren, kann ein Kommunikationsvorgang im Prinzip unbegrenzt andauern. Diese Regeln gelten unabhängig vom Wesen und vom Inhalt der sich vollziehenden Transaktionen; sie beruhen ausschließlich auf der Richtung der dabei einbezogenen Vektoren. Solange es sich bei den Transaktionen um Komplementär-Transaktionen handelt, ist für die Regel völlig irrelevant, ob zwei Menschen sich zu einem Klatsch zusammenfinden (Eltern-Ich – Eltern-Ich), gemeinsam ein Problem lösen (Erwachsenen-Ich – Erwachsenen-Ich) oder miteinander spielen (Kindheits-Ich – Kindheits-Ich oder Eltern-Ich – Kindheits-Ich).

Die entgegengesetzte Regel besagt, daß die Kommunikation unterbrochen wird, wenn es zu einer ‹Überkreuz-Transaktion› (*crossed transaction*) kommt. Diejenige Überkreuzaktion, die am häufigsten vorkommt und die zu allen Zeiten in den Bereichen der Ehe, der Liebe, der

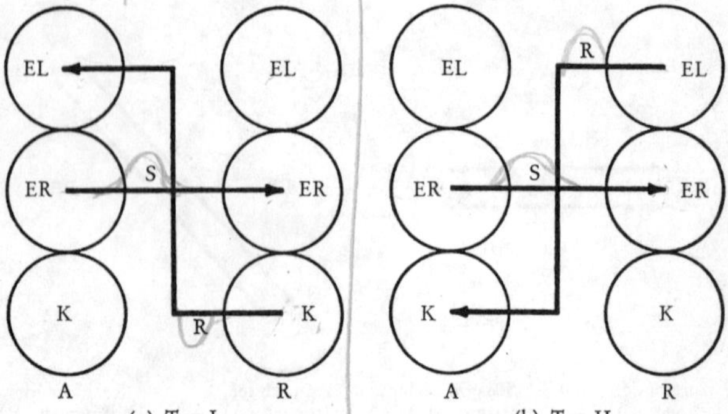

(a) Typ I (b) Typ II

Überkreuz-Transaktionen

ABBILDUNG 3

Freundschaft und des Berufslebens die meisten sozialen Komplikationen in der Welt ausgelöst hat, ist in Abbildung 3 (a) als *Überkreuz-Transaktion, Typ I* zu sehen.

Mit diesem Transaktions-Typ befassen sich vor allem die Psychotherapeuten; er findet sich verkörpert in der klassischen ‹Übertragungs-Situation› (*transference reaction*) der Psychoanalyse. Der Stimulus leitet sich aus einer Transaktion zwischen Erwachsenen-Ich und Erwachsenen-Ich ab, z. B. «Wir sollten mal versuchen, herauszufinden, warum du in letzter Zeit soviel getrunken hast», oder: «Weißt du, wo meine Manschettenknöpfe sind?» Die angemessene Reaktion von Erwachsenen-Ich zu Erwachsenen-Ich wäre in diesen beiden Fällen: «Wir sollten das wirklich mal tun. Ich möcht's im Grunde selber gern wissen!» bzw.: «Auf dem Schreibtisch.» Wenn der reagierende Partner jedoch aufbraust, dann wird er etwa folgendermaßen reagieren: «Du kritisierst mich ständig, genauso wie mein Vater das immer getan hat», bzw.: «Immer gibst du mir die Schuld an allem.» Beide Male handelt es sich um Reaktionen vom Kindheits-Ich zum Eltern-Ich hin, und, wie man auf den Transaktions-Diagrammen ablesen kann, die Vektoren überkreuzen einander. In solchen Fällen müssen die Probleme des Erwachsenen-Ichs in bezug auf das Trinken bzw. die Manschettenknöpfe so lange ungelöst bleiben, bis sich die Vektoren wieder aufeinander abstimmen lassen. Das mag beim Trinkproblem mehrere Monate oder noch länger dauern, im Fall der Manschettenknöpfe kann das schon innerhalb weniger Sekunden der Fall sein. Entweder muß der agierende Urheber sein Eltern-Ich zum Tragen bringen, und zwar als Komplementärfaktor zu dem vom reagierenden Partner plötzlich aktivierten Kindheits-Ich, oder aber das Erwachsenen-Ich des reagierenden Partners muß wirksam werden, und zwar als Komplementärfaktor zum Erwachsenen-Ich des agierenden Urhebers. Wenn das Dienstmädchen beim Geschirrspülen rebelliert, dann ist eine Unterhaltung von Erwachsenen-Ich zu Erwachsenen-Ich über dieses Problem nicht mehr möglich; es können darauf nur folgen: entweder eine Unterhaltung vom Kindheits-Ich zum Eltern-Ich hin oder die Erörterung eines anderen Themas auf der Ebene des Erwachsenen-Ichs, nämlich die hinsichtlich der Fortdauer oder Lösung des Arbeitsverhältnisses.

Das Gegenbeispiel zu einer Überkreuz-Transaktion vom Typ I findet man in Abbildung 3 (b) dargestellt. Es handelt sich hier um die dem Psychotherapeuten wohlbekannte ‹Gegenübertragung› (*counter-transference reaction*): der Patient trifft mit Hilfe seines Erwachsenen-Ichs eine objektive Feststellung, der Therapeut führt jedoch ein Sich-Überkreuzen der Vektoren herbei, indem seine Reaktion der eines Elternteils gegenüber einem Kind gleicht: Das ist die *Überkreuz-Transaktion, Typ II*. Im Alltagsleben würde in diesem Fall die Frage «Weißt du, wo meine Manschettenknöpfe sind?» etwa eine Reaktion hervorrufen wie: «Warum paßt du auf deine Sachen nicht besser auf? Du bist schließlich kein kleines Kind mehr.»

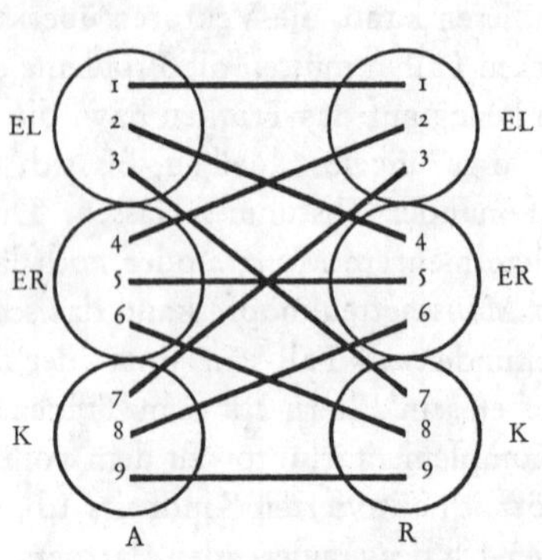

Beziehungs-Diagramm

ABBILDUNG 4

Das ‹Beziehungs-Diagramm› (Abb. 4) zeigt die neun möglichen Vektoren einer Sozialaktion zwischen einem agierenden Urheber und einem reagierenden Partner; es besitzt einige interessante geometrische (typologische) Eigenschaften. Komplementär-Transaktionen zwischen Partnern auf ‹gleicher psychologischer Ebene› stellen die Beziehungen (1–1)^2, (5–5)^2 und (9–9)^2 dar. Außerdem gibt es noch drei weitere Komplementär-Transaktionen: (2–4) (4–2), (3–7) (7–3) und (6–8) (8–6). Alle anderen Kombinationen stellen Überkreuz-Transaktionen dar, und sie sind in den meisten Fällen auch als solche im Diagramm zu erkennen, z. B. (3–7) (3–7); das bedeutet etwa, daß zwei Menschen, ohne zu sprechen, einander durchdringend anstarren. Läßt keiner von beiden von seiner Haltung ab, dann ist die Kommunikation beendet, und sie müssen sich wieder trennen. Die am häufigsten eintretende Lösung ist jedoch die, daß einer von beiden veranlaßt wird, nachzugeben und zurückzustecken (7–3); es kommt dann in der Folge zu dem sogenannten «Tumult»-Spiel (s. Kap. 9, Nr. 5); kommt es jedoch zu einer Lösung auf der Ebene (5–5)^2, dann brechen beide Partner plötzlich in Gelächter aus oder schütteln sich lachend die Hände.

Einfachen Komplementär-Transaktionen begegnet man meist in oberflächlichen Beziehungen am Arbeitsplatz oder auf gesellschaftlicher Ebene; sie lassen sich durch einfache Überkreuz-Transaktionen leicht aus dem Gleichgewicht bringen. In der Tat läßt sich eine oberflächliche Beziehung definieren als eine Beziehung, die auf einfache Komplementär-Transaktionen beschränkt bleibt. Beziehungen dieser Art begegnen wir im Bereich der beruflichen Tätigkeit, der rituellen Handlungen und des Zeitvertreibs. Komplexer sind die ‹verdeckten Transaktionen› (*ulterior transactions*), bei denen mehr als zwei Ich-Zustände gleichzeitig wirksam werden; diese Kategorie bildet auch die Grundlage für die verschiedenen ‹Spiele›. Handelsvertreter verstehen sich besonders gut auf *Angulär-Transaktionen*, bei denen drei Ich-Zustände beteiligt sind. Ein ungeschminktes, aber treffendes Beispiel für ein solches ‹Verkaufs-Spiel› stellt der folgende Wortwechsel dar:

VERTRETER: «Dieser Apparat hier ist besser, aber den können Sie sich nicht leisten.»

HAUSFRAU: «Genau den werde ich nehmen.»

Eine Analyse dieser Transaktion zeigt die Abbildung 5 (a). Der Vertreter trifft mit seinem Erwachsenen-Ich zwei objektive Feststellungen: «Dieser Apparat ist besser» und «Sie können ihn sich nicht leisten». Diese richten sich auf der äußerlich vorgeschobenen sozialen Ebene an das Erwachsenen-Ich der Hausfrau, das nun seinerseits antworten müßte: «Sie haben in beiden Punkten recht.» Der verdeckte psychologische Vektor wird jedoch von dem trickreichen und erfahrenen Erwachsenen-Ich des Vertreters an das Kindheits-Ich der Hausfrau gerichtet. Wie richtig diese Beurteilung ist, das zeigt sich an der Antwort dieses Kindheits-Ichs, in der im Prinzip folgendes

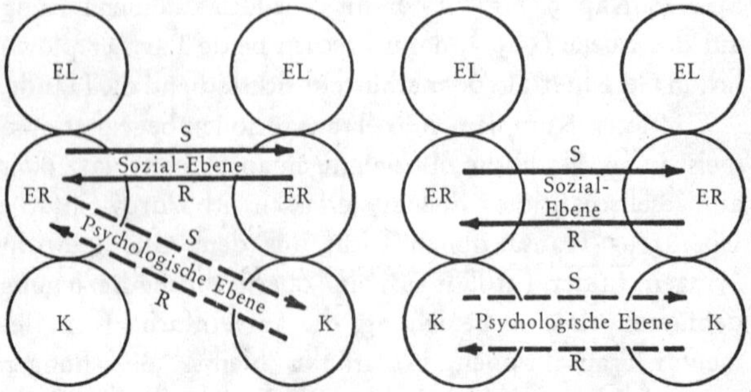

(a) Angulär-Transaktion (b) Duplex-Transaktion

Verdeckte Transaktionen

ABBILDUNG 5

zum Ausdruck kommt: «Ohne Rücksicht auf finanzielle Konsequenzen werde ich diesem arroganten Burschen schon zeigen, daß ich mir ebensoviel leisten kann wie seine anderen Kunden.» Auf beiden Ebenen handelt es sich hier um eine Komplementär-Transaktion, denn die Antwort der Hausfrau wird für bare Münze genommen und als Kaufvertrag zwischen Erwachsenen akzeptiert.

Bei einer verdeckten *Duplex-Transaktion* sind vier Ich-Zustände beteiligt; man findet sie im allgemeinen bei Flirt-‹Spielen›.

BEISPIEL:

COWBOY: «Schauen Sie sich doch mal die Scheune an.»

BESUCHERIN: «Schon als kleines Mädchen habe ich immer eine Vorliebe für Scheunen gehabt.»

Wie Abbildung 5 (b) zeigt, handelt es sich hier auf der Sozial-Ebene um eine von den Erwachsenen-Ichs getragene Unterhaltung über Scheunen, auf der psychologischen Ebene jedoch um eine von den Kindheits-Ichs bestrittene Unterhaltung über Liebesspiele. Oberflächlich betrachtet, scheint hier die Initiative beim Erwachsenen-Ich zu liegen, aber wie bei den meisten Spielen ist es das Kindheits-Ich, das den Ausschlag dafür gibt, was bei dieser Unternehmung herauskommt, und den beteiligten Partnern steht möglicherweise eine Überraschung bevor.

Transaktionen lassen sich also folgendermaßen klassifizieren: Komplementär- und Überkreuz-Transaktionen, einfache und verdeckte Transaktionen; verdeckte Transaktionen kann man ihrerseits unterteilen in den Typ der Angulär-Transaktionen und den der Duplex-Transaktionen.

3. *Verfahren und Rituale*

Transaktionen vollziehen sich für gewöhnlich in einer bestimmten Abfolge; diese Abfolge ist nicht zufallsbedingt, sondern fest programmiert. Für die Programmierung gibt es drei mögliche Quellen: Eltern-Ich, Erwachsenen-Ich und Kindheits-Ich, bzw. allgemeiner ausgedrückt: Gesellschaft, reale Umweltgegebenheiten und persönliche Idiosynkrasie. Da es aus Adaptationsgründen erforderlich ist, das Kindheits-Ich vom Eltern-Ich bzw. vom Erwachsenen-Ich so lange abschirmen zu lassen, bis jede soziale Situation hinreichend getestet ist, begegnet man der vom Kindheits-Ich ausgehenden Programmierung überwiegend in Situationen der privaten Intimsphäre, für die vorbereitende Test-Ergebnisse bereits vorliegen.

Die einfachsten Formen von Sozialaktivität sind Verfahren und Rituale. Einige von ihnen tragen universalen, andere mehr lokalen Charakter, aber alle müssen erst erlernt werden. Ein *Verfahren* besteht aus einer Folge von einfachen Komplementär-Transaktionen auf der Ebene des Erwachsenen-Ichs, die auf die Manipulation der realen Umweltgegebenheiten gerichtet sind. Diese Umwelt-Realität hat zwei Aspekte, einen statischen und einen dynamischen. Die *statische Realität* umfaßt alle möglichen Gruppierungen der Materie im Universum. Die Arithmetik zum Beispiel besteht aus Feststellungen über die statische Realität. Die *dynamische Realität* läßt sich definieren als Möglichkeitsbereich für die Wechselwirkung aller im Universum vorhandenen Kräfte-Systeme. Die Chemie zum Beispiel besteht aus Feststellungen über die dynamische Realität. Alle Verfahren beruhen auf Informationsübermittlungen und Wahrscheinlichkeitsberechnungen in bezug auf die *realen Gegebenheiten* der Umwelt; sie erreichen ihren höchsten Entwicklungsgrad in den verschiedenen Berufspraktiken. Wenn man ein Flugzeug steuert oder einen Blinddarm entfernt, dann bezeichnet man das als *Verfahren.* Die Psychotherapie ist insoweit ein Verfahren, als sie unter der Kontrolle des Erwachsenen-Ichs des Therapeuten steht; sobald jedoch sein Eltern-Ich bzw. sein Kindheits-Ich die Führung übernehmen, ist sie es nicht mehr. Die Programmierung eines Verfahrens wird bestimmt durch die realen Umweltgegebenheiten, und zwar auf der Basis der vom Erwachsenen-Ich des agierenden Urhebers ermittelten Schätzwerte.

Bei der Bewertung bestimmter Verfahren verwendet man zwei Variablen. Man bezeichnet ein Verfahren als *wirksam,* wenn der agierende Urheber von den ihm zur Verfügung stehenden Informationen und von seiner beruflichen Erfahrung den bestmöglichen Gebrauch macht; irgendwelche etwa bestehenden Mängel in seinem beruflichen Wissen bleiben dabei außer Betracht. Mischen sich das Eltern-Ich oder das Kindheits-Ich bei der Informations-Übermittlung ein, dann wird das Verfahren *nachteilig beeinträchtigt* und verliert an Wirksamkeit. Den *Effektivwert* eines Verfahrens beurteilt man nach dem tatsächlich erzielten Ergebnis. Die Wirksamkeit eines Verfahrens ist ein psychologisches, der Effektivwert ein rein sachliches Kriterium. Auf einer tropischen Insel arbeitete ein Eingeborener als amtsärztlicher Assistent und erwarb sich bald einen hohen Grad von Geschicklichkeit beim Stechen des grauen Stars. Er setzte die ihm zur Verfügung stehenden Kenntnisse sehr wirksam ein, aber da sie geringer waren als die des europäischen Amtsarztes, war er nicht im gleichen Maß erfolgreich. Der Europäer begann dann stark dem Alkohol zuzusprechen, so daß seine Wirksamkeit nachließ; auf den Erfolg seiner Operationen hatte dies jedoch zunächst keinen Einfluß. Als aber seine Hände mit den Jahren immer zittriger wurden, begann sein Assistenzarzt ihn allmählich zu übertreffen, und zwar nicht nur in seiner Wirksamkeit, sondern auch im Erfolgsgrad. Dieses Beispiel zeigt, daß die beiden oben genannten Variablen sich am besten von einem Experten auf dem Gebiet des jeweils in Frage kommenden Verfahrens beurteilen lassen – die Wirksamkeit durch persönliche Bekanntschaft mit dem agierenden Urheber und der Erfolgsgrad durch Überprüfung der tatsächlich erzielten Ergebnisse.

Nach der gegenwärtig geltenden Auffassung besteht ein *Ritual* aus einer stereotypen Folge von einfachen Komplementär-Transaktionen, programmiert durch äußere Sozialfaktoren. Ein informelles Ritual, wie z. B. das Sich-Verabschieden im gesellschaftlichen Bereich, kann im Detail örtlich sehr stark variieren, die Grundform bleibt jedoch stets die gleiche. Ein formelles Ritual, wie z. B. die katholische Messe, läßt Variationsmöglichkeiten nur in weit geringerem Ausmaß zu. Die Form eines Rituals wird traditionell vom Eltern-Ich bestimmt; ‹Eltern-Ich›-Einflüsse jüngeren Datums können ähnliche, dabei allerdings weniger beständige Auswirkungen auch in alltäglichen Dingen haben. Einige formelle Rituale von besonderer historischer bzw. anthropologischer Bedeutung bestehen aus zwei Phasen: 1. aus einer Phase, in der die Transaktionen sich unter strenger kritischer Überwachung durch das Eltern-Ich vollziehen, 2. einer Phase weitgehender Konzessionen des Eltern-Ichs, in der dem Kindheits-Ich in seinen Transaktionen fast völlige Freiheit gewährt wird, die in der Folge gewöhnlich zu einem Exzeß führt.

Viele formelle Rituale waren zunächst stark kontaminierte, dabei aber noch verhältnismäßig wirksame Verfahren; im Verlauf der Zeit und unter veränderten Umständen ging dann ihre Verfahrens-Wirksamkeit völlig verloren, doch erwiesen sie sich als Glaubens-Akte weiterhin nützlich. Im Transaktions-Bereich stellen sie so etwas dar wie eine Gefügigkeit gegenüber den vom Eltern-Ich gestellten Forderungen, mit der man eine Schuld zu lindern oder eine Belohnung zu erheischen sucht. Sie bieten eine sichere, beruhigende (*apotropaische*) und häufig recht genußreiche Methode der Zeit-Strukturierung.

Als Einführung in die Analyse von Spielen haben jedoch informelle Rituale größere Bedeutung; eines der instruktivsten Rituale überhaupt ist das amerikanische Grußritual.

1 A: *«Hi!»* (*Hello, good morning.*)
1 B: *«Hi!»* (*Hello, good morning.*)
2 A: *«Warm enough forya* [*for you*]*?* (*How are you?*)
2 B: *«Sure* [*it*] *is. Looks like rain, though.»*
(*Fine. How are you?*)
3 A: *«Well, take cara* [*care of*] *yourself.»* (*Okay.*)
3 B: *«I'll be seeing you.»*
4 A: *«So long.»*
4 B: *«So long.»*

Dieser Grußwechsel ist ganz offensichtlich nicht dazu bestimmt, irgendwelche Informationen zu übermitteln. In der Tat, gäbe es wirklich irgendwelche Informationen, dann behält man sie klugerweise für sich. Mr. A. könnte 15 Minuten darauf verwenden, darzulegen, wie es ihm wirklich geht, und Mr. B., der mit ihm nur ganz oberflächlich bekannt ist, hat nicht die geringste Absicht, derart viel Zeit fürs Zuhören zu verschwenden. Man kann diese Abfolge von Transaktionen treffend als ‹Ritual mit acht *Streichel-Einheiten*› bezeichnen. Hätten es A und B sehr eilig, dann würden sie sich wohl mit zwei *Streichel-Einheiten* begnügen: *«Hi!»* – *«Hi!»* Wären sie altmodische, orientalische Potentaten, dann würden sie vielleicht ein Ritual mit zweihundert *Streichel-Einheiten* zelebrieren, bevor sie sich endlich an die Arbeit begäben. Inzwischen haben A und B – so würde man das in einer Transaktions-Analyse fachgerecht ausdrücken – ihr Wohlbefinden gegenseitig ein wenig erhöht; im Augenblick zumindest ‹läuft ihr Rückenmark nicht Gefahr zu verkümmern›, und dafür ist jeder von beiden dankbar.

Dieses Ritual basiert auf behutsamen intuitiven Erwägungen der beiden beteiligten Partner. Im gegenwärtigen Stadium ihrer Bekanntschaft, so rechnen sie sich aus, schulden sie einander bei jeder Begegnung genau vier *Streichel-Einheiten*, und auch das nicht öfter als einmal am Tag. Begegnen die beiden einander etwa innerhalb der nächsten halben Stunde zufällig noch einmal, ohne daß sie irgendwie beruflich miteinander zu tun haben, dann gehen sie grußlos oder nur mit einem andeutenden Kopfnicken aneinander vorüber, äußerstenfalls tauschen sie ein flüchtiges *«Hi!»* – *«Hi!»* miteinander aus. Erwägungen dieser Art behalten ihre Gültigkeit nicht nur für einen kurzen Zeitraum, sondern auch für längere Zeitperioden, etwa über mehrere Monate hin. Betrachten wir nun den Fall von Mr. C. und Mr. D.; sie begegnen einander einmal am Tag, tauschen je eine *Streichel-Einheit* aus – *«Hi!»* – *«Hi!»* – und gehen dann ihrer Wege. Nach einiger Zeit nimmt Mr. C. einen Monat Urlaub. Am Tag nach seiner Rückkehr begegnet er wie gewöhnlich Mr. D. Sagt Mr. D. bei dieser Gelegenheit nur das übliche *«Hi!»*, dann wird Mr. C. sich verletzt fühlen und sein Rückenmark wird andeutungsweise verkümmern. Nach seiner Kalkulation schulden Mr. D. und er einander in dieser Situation etwa 30 *Streichel-Einheiten.* Diese lassen sich in einigen wenigen Transaktionen komprimieren, wenn die Transaktionen nur hinreichend emphatisch sind. Auf Mr. D.s Seite müßte die Unterhaltung also etwa folgendermaßen verlaufen (jede Grundeinheit von ‹Intensität› bzw. ‹Interesse› gilt dabei als Äquivalent für eine *Streichel-Einheit*):

1 D: *«Hi!»* (Eine Einheit.)

2 D: *«Haven't seen you around lately.»* (2 Einheiten.)
3 D: *«Oh, have you! Where did you go?»* (5 Einheiten.)
4 D: *«Say, that's interesting. How was it?»* (7 Einheiten.)
5 D: *«Well, you're sure looking fine.»* (4 Einheiten.) *«Did your family go along?»* (4 Einheiten.)
6 D: *«Well, glad to see you back.»* (4 Einheiten.)
7 D: *«So long.»* (Eine Einheit.)

Das ergibt für Mr. D. insgesamt 28 Einheiten. Mr. C. und er wissen, daß die noch fehlenden Einheiten am folgenden Tag nachgeholt werden; damit haben praktisch beide ihr Konto ausgeglichen. Zwei Tage später kehren sie wieder zum üblichen Grußaustausch mit zwei *Streichel-Einheiten* – *«Hi!»* – *«Hi!»* – zurück. Immerhin ‹kennt man einander jetzt besser›, d. h. jeder weiß: der andere ist zuverlässig, und das könnte sich als nützlich erweisen, falls man einander eines Tages ‹auf gesellschaftlicher Ebene› begegnet.

Auch der umgekehrte Fall ist recht interessant. Mr. E. und Mr. F. haben miteinander ein Ritual von zwei *Streichel-Einheiten* zur Regel werden lassen: *«Hi!»* – *«Hi!»* Eines Tages setzt Mr. E. seinen Weg nicht fort, sondern bleibt stehen und fragt: *«How are you?»* Die Unterhaltung verläuft dann etwa folgendermaßen:

1 E: *«Hi!»*
1 F: *«Hi!»*
2 E: *«How are you?»*
2 F (verblüfft): *«Fine. How are you?»*
3 E: *«Everything's great. Warm enough for you?»*
3 F: *«Yeah.»* (Zögernd:) *«Looks like rain, though.»*
4 E: *«Nice to see you again.»*
4 F: *«Same here. Sorry, I've got to get to the library before it closes. So long.»*
5 E: *«So long.»*

Beim Weitergehen denkt Mr. F. sich im stillen: «Was

ist denn plötzlich in den gefahren? Will der mir eine Versicherung andrehen oder was sonst?» In einer Transaktions-Analyse fachgerecht ausgedrückt, heißt das: «Er ist mir eigentlich nur *eine Streichel-Einheit* schuldig, warum gibt er mir plötzlich fünf?»

Daß diese einfachen Rituale wirklich Transaktions-Charakter haben und ausgesprochen sachlicher Natur sind, läßt sich noch an einem anderen Beispiel demonstrieren, nämlich wenn z. B. Mr. G. mit *«Hi!»* grüßt und Mr. H. weitergeht, ohne darauf zu antworten. Mr. G.s Reaktion: «Was ist denn mit dem los?» bedeutet so viel wie: «Ich habe ihm eine *Streichel-Einheit* gegeben, und er hat diese Geste nicht erwidert.» Bleibt Mr. H. weiterhin bei seiner Verhaltensweise und dehnt sie auch noch auf andere Bekannte aus, dann führt das mit Sicherheit dazu, daß man bald in seinem Bekanntenkreis über ihn reden wird.

In Grenzfällen ist es manchmal schwierig, zwischen Verfahren und Ritual zu unterscheiden. Beim Laien besteht die Tendenz, gewisse Berufspraktiken nicht als Verfahren, sondern als Ritual zu bezeichnen, dabei mag in der Tat jede einzelne Transaktion in starkem, ja entscheidendem Maß auf Erfahrungsgrundsätzen beruhen, dem Laien fehlt es jedoch an entsprechenden Kenntnissen, um diese Tatsache richtig zu würdigen. Umgekehrt neigen Fachleute dazu, die ihren Berufspraktiken (*Verfahren*) noch anhaftenden ritualistischen Elemente zu rationalisieren und skeptische Laien mit dem Hinweis abzutun, es mangle ihnen zum Verständnis dieser Dinge an der nötigen Vorbildung. Ein Mittel, mit dem eingeschworene Fachleute sich gern der Einführung brauchbarer neuer Verfahrensweisen in ihrem Beruf widersetzen, besteht darin, sie als Rituale abzuklassifizieren. Das wird dann Neuerern wie z. B. Semmelweis u. a. zum Verhängnis.

Ein essentielles, sowohl für Verfahren als auch für Rituale ähnlich charakteristisches Merkmal ist die Tatsache, daß beide stereotyp sind. Sobald die erste Transaktion eingeleitet ist, wird die gesamte weitere Abfolge voraussagbar und nimmt, wenn keine besonderen Umstände eintreten, ihren vorherbestimmten Verlauf bis zu dem gleichermaßen vorherbestimmten Abschluß. Der Unterschied zwischen ihnen besteht im Ursprung der Vorherbestimmung: Verfahren werden vom Erwachsenen-Ich programmiert, Rituale in ihrer Struktur vom Eltern-Ich bestimmt.

Individuen, die mit Ritualen nicht gut zurechtkommen, oder sich bei ihrer Anwendung ungeschickt anstellen, weichen manchmal auf Ersatzverfahren aus. Man findet sie z. B. unter Leuten, die gern bereit sind, der Gastgeberin bei der Vorbereitung einer Party oder beim Servieren von Speisen und Getränken zu helfen.

4. *Arten von Zeitvertreib*

Dem Zeitvertreib begegnen wir in einer sozialen und temporalen Grundsubstanz von unterschiedlichen Komplexitätsgraden, und auch er variiert daher im Grad seiner Komplexität. Gehen wir von der Transaktion als der Grundeinheit aller sozialen Verbindungen aus, dann läßt sich aus entsprechenden Situationen ein Gebilde herausschälen, das man als einfachen Zeitvertreib bezeichnen kann. Er läßt sich definieren als eine Folge von semirituellen, einfachen Komplementär-Transaktionen, die sich alle um ein einziges Sachgebiet herum gruppieren und in erster Linie das Ziel verfolgen, ein bestimmtes Zeitintervall zu strukturieren. Der Beginn und das Ende eines solchen Intervalls werden gemeinhin durch bestimmte Verfahren oder Rituale angezeigt. Die Transaktionen selbst sind adaptationsgerecht programmiert, so daß jeder Beteiligte einen maximalen Nutzen bzw. Vorteil aus diesem Zeitintervall ziehen kann. Je besser seine Adaptation, desto größer sein Gewinn.

Dem Zeitvertreib widmet man sich im allgemeinen auf Parties (‹gesellschaftlichen Zusammenkünften›) oder aber während der Warteperiode vor Beginn eines formellen Gruppentreffens; solche Warteperioden vor ‹Beginn› eines Treffens gleichen in ihrer Struktur und Dynamik den ‹Parties›. Zeitvertreib kann seiner Form nach etwa das sein, was man als ‹Geplauder› (*chit-chat*) bezeichnet, er kann aber auch ernsthafterer Natur sein, d. h. von logischer Konsequenz. Eine große Cocktailparty hat oft die Funktion, als eine Art Ausstellungsgalerie für die verschiedenen Arten von Zeitvertreib zu dienen. In einer Ecke des Raumes spielen einige Leute «Elternbeirat», eine andere gibt das Forum für «Psychiatrie» ab, eine dritte ist der Schauplatz für «Jemals dagewesen» oder «Was ist denn aus... geworden», in der vierten bespricht man «Daimler-Benz», und das Büfett ist für Frauen reserviert, die gern «Küche» oder «Garderobe» spielen möchten. Was sich auf einer solchen Zusammenkunft abspielt, mag, abgesehen von gelegentlichen Namensänderungen, nahezu identisch sein mit dem, was sich auf einem Dutzend ähnlicher Parties ereignet, die zur gleichen Zeit im näheren oder weiteren Umkreis stattfinden. Auf einem weiteren Dutzend Parties in einer anderen sozialen Schicht vollzieht sich gleichzeitig der Zeitvertreib in anderen Formen.

Zeitvertreib läßt sich auf verschiedene Weise klassifizieren. Die äußeren Bestimmungsfaktoren sind soziologischer Natur (Geschlecht, Alter, Familienstand, kulturelle, rassische oder wirtschaftliche Faktoren). «Daimler-Benz» (Vergleich von Autos) und «Wer hat gewonnen» (Sport) sind ‹Männergespräche›. «Lebensmittel», «Küche» und «Garderobe» sind durchwegs ‹Frauengespräche›. «Mal herausfinden, ob» ist unter Heranwachsenden üblich, dagegen wird der Eintritt ins mittlere Lebensalter gekennzeichnet durch eine Tendenz zur «Bilanz». Andere Arten dieser Kategorie, alle Variationen des belanglosen ‹Geplauders›, sind: «Wie macht man das», damit läßt sich leicht eine kurze Flugreise überbrücken; «Wieviel kostet das», besonders beliebt in Bars, in denen die untere Mittelschicht verkehrt; «Jemals dagewesen» (an irgendeinem Ort, an den man gern und oft zurückdenkt), ein Spiel der Mittelschicht für ‹alte Hasen› wie z. B. Handelsvertreter; «Kennen Sie...» (Herrn oder Frau Soundso), besonders geeignet für die Einsamen; «Was ist denn aus ... (dem alten Sepp) ... geworden», häufig von Erfolgsleuten und Versagern der Wirtschaftsbranche gespielt; «Der Morgen danach» (ich hab einen schrecklichen Kater!) und «Martini» (ich kenne eine bessere Mix-Methode) sind typisch für eine gewisse Sorte von ehrgeizigen jungen Männern.

Im strukturellen bzw. transaktionellen Bereich ist die Klassifizierung mehr persönlicher Natur. So kann z. B. «Elternbeirat» auf drei verschiedenen Ebenen gespielt werden. Auf der Ebene des Kindheits-Ichs spielt man es in der Form «Wie wird man mit widerborstigen Eltern fertig»; auf der Ebene des Erwachsenen-Ichs, in seiner angemessenen Form, ist «Elternbeirat» sehr beliebt bei gebildeten jungen Müttern; ältere Leute neigen mehr zu der dogmatischen Form auf der Ebene des Eltern-Ichs: «Jugendkriminalität». Ehepaare spielen manchmal «Sag's ihnen nur, Liebster»; dabei vertritt die Frau das Eltern-Ich, und dem Ehemann fällt die Rolle eines etwas altklugen Kindes zu.

Ähnlich ist auch «Schau, Mutti, ich hab keine Hände» ein Zeitvertreib, der sich zwischen Kindheits-Ich und Eltern-Ich abspielt und der sich für Leute aller Altersstufen eignet; gelegentlich taucht er auch in einer adaptierten Version auf: «Das ist doch zu dumm!»

Noch zwingender ist die psychologische Klassifizierung der verschiedenen Arten von Zeitvertreib. So kann man z. B. «Elternbeirat» und «Psychiatrie» sowohl in projektiver als auch in introjektiver Form spielen. Eine Analyse des Zeitvertreibs «Elternbeirat» in seiner projektiven Form zeigt Abbildung 6 (a); sie basiert auf folgendem Paradigma der ‹Eltern-Ich›-Ebene:

A: «Die Jugendkriminalität wäre nicht so stark verbreitet, wenn es nicht so viele zerrüttete Familien gäbe.»

B: «Es ist nicht nur das allein. Selbst in intakten Familien bringt man den Kindern nicht mehr so intensiv gute Manieren bei, wie das früher einmal üblich war.»

In seiner introjektiven Form spielt sich «Elternbeirat» etwa folgendermaßen ab (auf der ‹Erwachsenen-Ich›-Ebene):

C: «Ich habe offenbar nicht das Zeug dazu, eine gute Mutter zu sein.»

D: «Wie sehr man sich auch abmüht, die Kinder wachsen einfach nicht so heran, wie man das gern haben möchte; man muß sich fortgesetzt fragen, ob man die Sache überhaupt richtig anpackt und was man falsch gemacht hat.»

Folgendes Beispiel zeigt «Psychiatrie» in ihrer projektiven Form auf der ‹Erwachsenen-Ich›-Ebene:

E: «Ich glaube, der Grund für seine Handlungsweise ist eine unbewußte orale Frustration.»

F: «Ich glaube, es ist Ihnen gut gelungen, Ihre Aggressionen zu sublimieren.»

Abbildung 6 (b) zeigt «Psychiatrie» in ihrer introjektiven Form, ebenfalls ein Zeitvertreib auf ‹Erwachsenen-Ich›-Ebene.

G: «Dieses Gemälde ist für mich nur eine sinnlose Schmiererei.»

H: «Wenn ich male, dann versuche ich, meinem Vater damit eine Freude zu machen.»

Die verschiedenen Arten von Zeitvertreib dienen nicht nur dazu, die Zeit zu strukturieren und den Beteiligten so etwas wie eine wechselseitige Anerkennung zu verschaffen, sie haben noch eine zusätzliche Funktion, nämlich die eines sozialen Selektions-Prozesses. Während ein bestimmter Zeitvertreib im Gange ist, versucht das Kindheits-Ich in jedem Beteiligten die in den anderen Beteiligten vorhandenen inneren Möglichkeiten sorgfältig abzuschätzen. Am Schluß einer Party hat jeder Teilnehmer auf diese Weise gewisse ‹Mitspieler› ausgewählt, die er gern wiedersehen möchte, andere dagegen lehnt er ab, und zwar ohne

Rücksicht darauf, wie geschickt und liebenswürdig sie sich auch an diesem Zeitvertreib beteiligt haben mögen. Die von ihm Ausgewählten sind mit größter Wahrscheinlichkeit prospektive Kandidaten für komplexere Beziehungen – d. h. Spiele. Wie rationell man aber bei diesem Auswahlsystem auch immer verfahren mag, es vollzieht sich in Wirklichkeit doch weitgehend unbewußt und intuitiv.

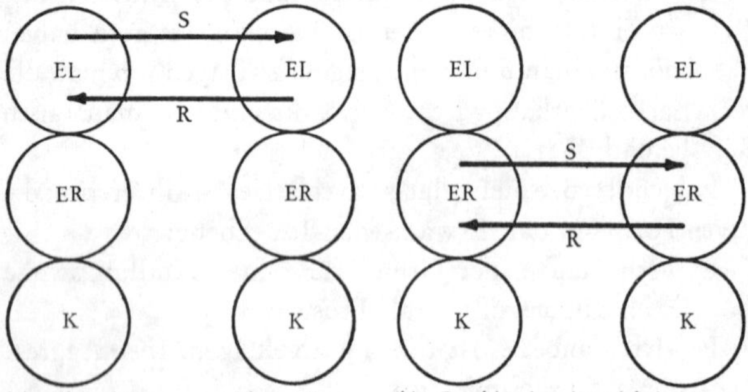

(a) «Elternbeirat», projektive Form «Jugendkriminalität»

(b) «Psychiatrie», introjektive Form «Psychoanalyse»

Arten von Zeitvertreib

ABBILDUNG 6

In besonderen Fällen gewinnt allerdings beim Selektions-Prozeß das Erwachsenen-Ich die Oberhand über das Kindheits-Ich. Das zeigt sich sehr deutlich etwa bei einem Versicherungsagenten, der gründliche Erfahrung darin besitzt, wie man am besten an einem gesellschaftlichen Zeitvertreib mitwirkt. Während er äußerlich mitspielt, hält sein Erwachsenen-Ich intensiv Ausschau nach prospektiven Kunden und bezieht sie in den ausgewählten Kreis jener Mitspieler ein, die er gern wiedersehen möchte. Ihre Geschicklichkeit im Spiel oder ihr sympathisches Wesen stehen in diesem Fall in keiner Beziehung zu dem von ihm praktizierten Selektions-Prozeß, denn dieser gründet sich, wie in den meisten Fällen, auf periphere Faktoren – im vorliegenden Beispiel auf die finanzielle Solvenz.

Die verschiedenen Arten von Zeitvertreib haben einen ganz spezifischen Aspekt von Exklusivität. So lassen sich z. B. ‹Männergespräche› nicht mit einem ‹Frauengespräch› vermengen. Leute, die konsequent «Jemals dagewesen» spielen, werden sich von einem Gast belästigt fühlen, der in ihren Kreis eindringt und plötzlich «Wieviel kostet das» oder «Der Morgen danach» spielen will. Leute, die «Elternbeirat» in seiner projektiven Form spielen, nehmen es übel, wenn jemand ihnen das gleiche Spiel in seiner introjektiven Form aufzwingen will; für gewöhnlich geschieht das jedoch nicht in so starkem Maß, wie etwa im umgekehrten Fall.

Die verschiedenen Arten von Zeitvertreib bilden die Grundlage für die Auswahl von Bekanntschaften, und sie können sogar zu einer Freundschaft führen. Ein Damenkränzchen, das sich jeden Morgen reihum zu einem Kaffeeklatsch trifft und dabei «Der Gatte als Delinquent» spielt, wird einer neuhinzukommenden Nachbarin, die ihrerseits «Immer auf der Sonnenseite» spielen möchte, höchstwahrscheinlich die kalte Schulter zeigen. Wenn die einen fortgesetzt darüber reden, wie gemein ihr Mann ist, dann bringt sie das allzusehr aus der Fassung, wenn ihre neue Kollegin erklärt, ihr Mann sei einfach wundervoll, ja geradezu der perfekte Ehemann; mit Sicherheit wird man sie nicht lange in diesem Kreis dulden. Wechselt jemand auf einer Cocktailparty von einer Ecke des Raumes in eine andere hinüber, dann muß er sich entweder dem Zeitvertreib anschließen, den man dort gerade betreibt, oder er muß sich bemühen, die Vorgänge, die sich dort abspielen, mit Erfolg auf ein anderes Gleis zu lenken. Eine tüchtige Gastgeberin ist in solchen Fällen natürlich sofort Herrin der Situation und macht einen festen Programm-Vorschlag: «Wir haben gerade ‹Elternbeirat› gespielt. Was halten Sie davon?» Oder: «Nun, meine Lieben, ihr habt jetzt lange genug ‹Garderobe› gespielt. Unser Gast, Mr. J., ist Schriftsteller/Politiker/Chirurg, und ich bin sicher, er würde gern spielen: ‹Schau, Mutti, ich hab keine Hände›. Nicht wahr, Mr. J.?»

Ein weiterer entschiedener Nutzen, den man aus den verschiedenen Arten von Zeitvertreib ziehen kann, ist die Bestätigung der Rolle, die man selbst spielt, und die Festigung der eigenen Position. Eine *Rolle* ähnelt etwa dem, was Jung als *Persona* bezeichnet, nur ist sie weniger opportunistisch und tiefer in der Phantasie des einzelnen Individuums verwurzelt. So kann bei der projektiven Form von «Elternbeirat» ein Spieler die Rolle des energischen Eltern-Ichs übernehmen, ein anderer die des gerechten Eltern-Ichs, ein dritter die des nachgiebigen und ein vierter die des verständnisvollen Eltern-Ichs. Alle vier erleben einen ‹Eltern-Ich›-Zustand und stellen ihn dar, nur tut das jeder einzelne von ihnen auf verschiedene Weise. Die Rolle eines jeden wird bestätigt, wenn sie sich Geltung verschafft – d. h. wenn sie keinem Widerspruch begegnet, durch überwundenen Widerspruch gefestigt oder von einem gewissen Personenkreis mit schmeichelnder Anerkennung gebilligt wird.

Die Bestätigung in seiner Rolle bedeutet für das Individuum die Festigung seiner *Position*; man bezeichnet diesen Vorgang als *existentiellen* Nutzen aus dem Zeitvertreib. Eine Position ist eine einfache prädikative Grundhaltung, die Einfluß auf alle Transaktionen des Individuums ausübt; auf weite Sicht hin bestimmt sie sein Schicksal und häufig auch das seiner Nachkommen. Eine Position kann mehr oder minder absolut sein. Typische Positionen, von denen aus man «Elternbeirat» in seiner projektiven Form spielen kann, sind: «Alle Kinder sind schlecht!» – «Alle anderen Kinder sind schlecht!» – «Alle Kinder sind beklagenswert!» – «Alle Kinder werden drangsaliert!» Von diesen Positionen aus können sich dann die Rollen des energischen, des gerechten, des nachgiebigen und des verständnisvollen Eltern-Ichs entfalten. In der Tat manifestiert sich eine Position in erster Linie durch die zum Ausdruck gebrachte *geistige Haltung*, und aus dieser Haltung heraus vollzieht das Individuum dann diejenigen Transaktionen, die zusammengenommen seine Rolle ausmachen.

Solche Positionen werden bereits zu einem überraschend frühen Zeitpunkt im Leben eingenommen und fixiert, etwa vom zweiten (manchmal sogar schon vom ersten) bis zum siebenten Lebensjahr – auf jeden Fall lange bevor das Individuum kompetent oder erfahren genug ist, um eine so schwerwiegende Verpflichtung einzugehen. Aus der Position eines Individuums läßt sich verhältnismäßig leicht ein Schluß auf seine Kindheit ziehen. Wenn nicht irgend etwas dazwischenkommt oder irgend jemand eingreift, dann verbringt es den Rest seines Lebens damit, seine Position zu festigen und sich mit den Situationen auseinanderzusetzen, die sie gefährden: Es tut das, indem es ihnen ausweicht, gewisse Elemente von sich fernhält, oder aber ihre Herausforderung annimmt und sie so manipuliert, daß Bedrohungen zu Rechtfertigungen werden. Ein Grund dafür, daß alle Arten von Zeitvertreib so stereotyp sind, ist die Tatsache, daß sie auch ebenso stereotypen Zwecken dienen. Aber der Nutzen, den sie zu bieten haben, läßt erkennen, warum die Leute sich ihnen so eifrig hingeben und warum ein Zeitvertreib so erfreulich sein kann, wenn dabei Leute mitwirken, die konstruktive oder menschenfreundliche Positionen zu wahren haben.

Nicht immer läßt sich ein Zeitvertreib ohne weiteres von einer ‹Tätigkeit› unterscheiden, und häufig begegnet man Kombinationen von beiden. Viele weitverbreitete Arten von Zeitvertreib, wie z. B. «Daimler-Benz», sind das, was Psychologen als eine Art Satzvollendung bei mehrfacher Auswahlmöglichkeit bezeichnen würden.

A: «Mir gefällt ein Mercedes/Opel/Ford/Volkswagen besser als ein Mercedes/Opel/Ford/Volkswagen, weil ...»

B: «Nun, ich möchte lieber einen Mercedes/Opel/Ford/

Volkswagen als einen Mercedes/Opel/Ford/Volkswagen, denn ...»

Ganz offensichtlich können in solchen stereotypen Gesprächen durchaus auch nützliche Informationen übermittelt werden.

Einige andere weitverbreitete Arten von Zeitvertreib sollen hier noch erwähnt werden. «Ich auch» ist häufig eine Variante von «Ist das nicht schrecklich». «Warum unternimmt man nicht etwas dagegen» ist besonders beliebt bei Hausfrauen, die nicht gern als emanzipiert gelten möchten. «Nun wollen wir mal» ist ein Zeitvertreib auf der ‹Kindheits-Ich›-Ebene. «Laßt uns mal ein Ding drehen» ist ein bevorzugter Zeitvertreib für kriminelle Halbstarke und für Erwachsene, die etwas Böses im Schilde führen.

5. *Spiele*

Definition

Ein Spiel besteht aus einer fortlaufenden Folge verdeckter Komplementär-Transaktionen, die zu einem ganz bestimmten, voraussagbaren Ergebnis führen. Es läßt sich auch beschreiben als eine periodisch wiederkehrende Folge sich häufig wiederholender Transaktionen, äußerlich scheinbar plausibel, dabei aber von verborgenen Motiven beherrscht; umgangssprachlich kann man es auch bezeichnen als eine Folge von Einzelaktionen, die mit einer Falle bzw. einem trügerischen Trick verbunden sind. Spiele unterscheiden sich von Verfahren, Ritualen und allen Arten von Zeitvertreib hauptsächlich durch zwei Merkmale: 1. durch die Tatsache, daß sie von verdeckten Motiven beherrscht werden, und 2. durch ihren Nutzeffekt. Verfahren mögen erfolgbringend, Rituale wirkungsvoll und alle Arten von Zeitvertreib nutzbringend sein, aber ihrem Wesen nach sind sie alle offen und ehrlich; sie können mit einem Wettstreit verknüpft sein, nicht aber mit einem Konflikt, und was dabei herauskommt, mag aufsehenerregend sein, aber dramatisch ist es nicht. Andererseits ist jedes ‹Spiel› im Grunde unehrlich, und das Ergebnis ist nicht nur erregend, sondern erfüllt von echter Dramatik.

Die Spiele müssen jetzt noch gegenüber einer bisher noch nicht erörterten Art von Sozialaktion abgegrenzt werden. Eine ‹Operation› (*operation*) besteht aus einer einfachen

Transaktion oder einer Folge von Transaktionen, die zu einem fest umrissenen, vorher bestimmten Zweck unternommen werden. Bittet jemand freundlich um Ermutigung und erhält sie auch, dann ist das eine ‹Operation›. Bittet jemand um Ermutigung und wendet sie, nachdem seiner Bitte entsprochen wurde, irgendwie zum Nachteil dessen an, der sie ihm gegeben hat, dann ist das ein Spiel. Oberflächlich betrachtet, nimmt sich also ein Spiel aus wie eine Folge von Operationen, aber nach dem Ausgang der Unternehmung wird deutlich, daß diese ‹Operationen› in Wirklichkeit nur *Manöver* waren: nicht aufrichtige Bitten, sondern Schachzüge im Rahmen eines Spiels.

Nehmen wir z. B. das «Versicherungs-Spiel»: Auf welche Weise der agierende Urheber sich auch immer äußerlich an der Konversation beteiligen mag, er wird, wenn er ein ‹gewiegter Spieler› ist, in Wirklichkeit doch nur nach einem prospektiven Kunden Ausschau halten bzw. ihn für seine Pläne bearbeiten. Wenn er sein Geld wert ist, dann trachtet er danach, jemanden «zur Strecke zu bringen». Das gleiche gilt für das «Immobilien-Spiel», das «Pyjama-Spiel» und ähnliche Unternehmungen. Nimmt auf gesellschaftlichen Zusammenkünften ein Handelsvertreter an verschiedenen Arten von Zeitvertreib teil, besonders an Varianten des «Bilanz-Spiels», dann kann er hinter seiner leutseligen Beteiligung sehr wohl eine Reihe geschickter Manöver verbergen, die darauf abzielen, über seine Partner diejenigen Informationen einzuholen, die für ihn beruflich interessant sind. Dutzende von Handelsjournalen sind darauf bedacht, die Manöver im kommerziellen Bereich ständig zu perfektionieren, und sie berichten über hervorragende ‹Spiele› und ‹Spieler› (fesselnde Akteure, denen ungewöhnliche geschäftliche ‹Coups› gelungen sind). Im transaktionellen Sinn sind diese Zeitschriften im Grunde nichts anderes als Varianten von verschiedenen Sportmagazinen.

Im Bereich der Angulär-Transaktionen – hier handelt

es sich um Spiele, die unter Führung des Erwachsenen-Ichs bewußt und mit geradezu professioneller Präzision so geplant sind, daß sie einen maximalen Nutzen abwerfen – sind die großen Betrugsaffären (auch sie ‹Spiele›), die ihre Blütezeit zu Beginn des 20. Jahrhunderts erlebten, an detaillierter praktischer Planungsarbeit und psychologischer Virtuosität kaum noch zu übertreffen.[1]

Womit wir uns aber im vorliegenden Buch befassen wollen, das sind die unbewußten Spiele, gespielt von ahnungslosen Menschen, die in Duplex-Transaktionen verwickelt sind, ohne sich dessen voll bewußt zu werden; diese Spiele stellen in der ganzen Welt den wesentlichsten Aspekt allen gesellschaftlichen Lebens dar. Wegen ihrer dynamischen Eigenschaften sind Spiele leicht von den rein *statischen Verhaltensweisen* zu unterscheiden, die sich ergeben, wenn man eine bestimmte Position wahrt.

Die Verwendung des Hauptworts ‹Spiel› darf nicht zu Mißverständnissen führen. Wie schon in der Einleitung angedeutet, impliziert dieser Begriff nicht notwendigerweise auch ‹Vergnügen› oder gar ‹Freude›. Viele Handelsvertreter betrachten ihre Arbeit durchaus nicht als Vergnügen; das hat Arthur Miller in seinem Stück *‹Der Tod eines Handlungsreisenden›* deutlich zum Ausdruck gebracht. Es fehlt auch durchaus nicht an Ernsthaftigkeit. Fußballspiele werden zum Beispiel heute sehr ernst genommen, allerdings nicht in höherem Maß als Transaktions-Spiele in der Art von «Alkoholiker» oder «HIVE» dritten Grades (s. Kap. 9, Nr. 3).

Das eben Gesagte gilt auch für das Verb ‹spielen›; das kann jeder bezeugen, der einmal ‹scharfes› Poker ‹gespielt› oder über einen längeren Zeitraum hin an der Börse spekuliert (‹gespielt›) hat. Die Möglichkeit, daß Spiele durchaus gefährlich sein und bedenkliche Folgen haben können, ist den Anthropologen wohlbekannt. «Höfling», das komplexeste Spiel, das es jemals gab und das Stendhal in *‹Die Kartause von Parma›* so vorzüglich beschrieben hat, war von tödlichem Ernst. Das erbarmungsloseste aller Spiele ist natürlich: «Krieg».

Ein typisches Spiel

Das unter Eheleuten am häufigsten gespielte Spiel bezeichnet man umgangssprachlich als «Wenn du nicht wärst», an ihm sollen die allgemeinen Charakteristika von Spielen erläutert werden.

Mrs. White beklagte sich darüber, daß ihr Mann sie in ihrer gesellschaftlichen Tätigkeit ernsthaft behindere; so sei sie z. B. noch nie dazu gekommen, Tanzen zu lernen. Mit Hilfe einer psychiatrischen Behandlung änderte sich jedoch ihre Haltung: ihr Mann verlor daraufhin etwas von seiner Selbstsicherheit und wurde nachgiebiger. Mrs. White hatte jetzt die Möglichkeit, den Bereich ihrer gesellschaftlichen Tätigkeit zu erweitern. Sie belegte einen Tanzkurs, mußte aber verzweifelt feststellen, daß sie eine geradezu pathologische Angst vor dem Tanzboden hatte und aus diesem Grund ihr Vorhaben wieder aufgeben mußte.

Zusammen mit ähnlichen Erfahrungen brachte diese mißglückte Unternehmung einige wesentliche Aspekte von der Struktur ihrer Ehe ans Tageslicht. Aus der großen Zahl ihrer Verehrer hatte sie einen tyrannischen Mann zum Gatten gewählt. Sie war nun in der Lage, sich darüber zu beklagen, daß sie alle möglichen Dinge tun könnte, «wenn du nicht wärst». Viele der mit ihr befreundeten Frauen hatten ebenfalls tyrannische Männer; wenn sie sich beim morgendlichen Kaffeeklatsch trafen, verbrachten sie gewöhnlich die meiste Zeit mit dem Spiel «Wenn er nicht wäre».

Wie sich jedoch gezeigt hat, leistete ihr der Mann – ganz im Gegensatz zu den von ihr erhobenen Klagen – in

Wirklichkeit einen guten Dienst, indem er ihr verbot, etwas zu tun, wovor sie sich im Grunde ihres Herzens fürchtete, und indem er sie sogar davor bewahrte, sich ihrer Furcht bewußt zu werden. Zweifellos war das ein Grund dafür, daß ihr Kindheits-Ich klugerweise einen solchen Mann zum Gatten gewählt hatte.

Das ist aber noch nicht alles. Seine ‹Edikte› und ihre ständigen Klagen führten häufig zum Ehestreit und beeinträchtigten ernsthaft ihr Liebesleben. Infolge seiner Schuldgefühle brachte er ihr häufig Geschenke mit, die sonst wohl unterblieben wären; natürlich wurden die Geschenke kleiner und weniger häufig, sobald er ihr mehr Freiheit ließ. Außer den üblichen Haushaltssorgen und ihren Kindern hatten die beiden kaum gemeinsame Interessen, und so erhielten ihre Zänkereien den Rang von bedeutenden Vorkommnissen; vorwiegend bei diesen Anlässen nämlich erlebten sie endlich etwas anderes als die übliche nichtssagende Konversation. Auf jeden Fall hatte in den Augen der Frau ihr Eheleben deutlich bewiesen, was sie schon immer behauptet hatte: daß nämlich alle Männer gemein und tyrannisch seien. Es zeigte sich, daß diese Auffassung in engem Zusammenhang mit einigen Traumphantasien von sexueller Schändung stand, die sie früher häufig geplagt hatten.

Man kann das eben zitierte Spiel auf verschiedene Weise mit Allgemeinbegriffen beschreiben. Ganz offensichtlich gehört es in das umfangreiche Gebiet der *Sozialdynamik*. Durch ihre Heirat erhalten Mr. und Mrs. White die Möglichkeit zu wechselseitiger Kommunikation, eine Situation, die man als *Sozialkontakt* bezeichnen kann. Die Tatsache, daß sie diese Gelegenheit auch wirklich nützen, macht ihr Heim zu einem *Sozialaggregat*, im Gegensatz etwa zu der Situation im Abteil einer Untergrundbahn, wo die Leute zwar räumlich miteinander Kontakt haben, aber selten die Gelegenheit zu wechselseitiger Kommunikation nutzen: sie bilden ein *dis-soziales Aggregat*. Der

Einfluß, den die Whites wechselseitig auf ihre Verhaltens- und Reaktionsweise ausüben, stellt eine *Sozialaktion* dar. Verschiedene Disziplinen würden eine solche Sozialaktion auch unter verschiedenen Gesichtspunkten zu definieren suchen. Da wir uns hier mit dem persönlichen Schicksal und der persönlichen Psychodynamik der an dieser Aktion beteiligten Individuen befassen, fällt unsere Betrachtungsweise in den Bereich der *Sozial-Psychiatrie;* über die ‹Zuträglichkeit› der hier untersuchten Spiele wird ein klares und bestimmtes Urteil gefällt. Das ist ein nicht unerheblicher Unterschied gegenüber der mehr neutralen und weniger bindenden Auffassung der Soziologie und der Sozial-Psychologie. Die Psychiatrie nimmt für sich das Recht in Anspruch, zu sagen: «Moment mal, so geht das nicht!», die anderen Disziplinen tun das jedoch nicht. Die Transaktions-Analyse ist ein Teilgebiet der Sozial-Psychiatrie, die Spiel-Analyse ist ihrerseits wieder ein spezieller Aspekt der Transaktions-Analyse.

Die praktische Spiel-Analyse befaßt sich mit speziellen Fällen, so wie sie in bestimmten Situationen vorkommen. Die theoretische Spiel-Analyse versucht die charakteristischen Merkmale verschiedener Spiele zu abstrahieren und zu generalisieren, so daß man sie auch unabhängig von ihrem jeweiligen Wortinhalt und von ihrem kulturellen Nährboden erkennen kann. So müßte z. B. die theoretische Analyse eines Spiels wie «Wenn du nicht wärst», und zwar in seiner ehelichen Form, die charakteristischen Merkmale dieses Spiels so darstellen, daß man es in einem Dschungeldorf in Neuguinea ebenso leicht identifizieren kann wie in der Dachgeschoßwohnung eines Hochhauses in New York, ganz gleich, ob es sich dabei um eine Hochzeitsparty handelt oder um die finanziellen Probleme bei der Anschaffung einer Angelrute für die Enkelkinder; unberücksichtigt bleibt dabei auch, wie plump oder subtil, entsprechend dem jeweiligen Grad von Offenheit zwischen Mann und Frau, die einzelnen Schachzüge im Spiel vollzogen werden. Eine Untersuchung darüber, ob das Spiel in einer bestimmten Gesellschaft besonders stark verbreitet ist, gehört in den Bereich der Soziologie und der Anthropologie. Als Teilbereich der Sozial-Psychiatrie ist die Spiel-Analyse nur daran interessiert, das Spiel so zu beschreiben, *wie* es vorkommt, nicht aber *wie häufig* es vorkommt. Diese Unterscheidung ist nicht vollständig, sondern sie verläuft etwa analog zu der Unterscheidung zwischen öffentlichem Gesundheitswesen und innerer Medizin; ersteres ist an der Häufigkeit von Malariavorkommen interessiert, letztere untersucht die einzelnen Fälle von Malaria, ganz gleich, ob sie nun im Dschungel auftreten oder in Manhattan.

Zur Zeit hat sich das weiter unten angewandte Schema für die theoretische Spiel-Analyse als das brauchbarste erwiesen. Mit zunehmenden Erkenntnissen wird es zweifellos noch verbessert werden. Zunächst muß man erkennen können, ob eine bestimmte Folge von Manövern den Kriterien eines Spiels entspricht. Dann sammelt man möglichst viele Beispiel-Fälle für dieses Spiel. Die kennzeichnenden Merkmale werden isoliert, und gewisse Aspekte schälen sich dabei als wesentliche Faktoren heraus. Diese klassifiziert man dann unter übergeordneten Gesichtspunkten, die so sinnvoll und instruktiv sein sollen, wie das nach dem augenblicklichen Stand der Erkenntnis möglich ist. Die Analyse vollzieht man dann vom Standpunkt derjenigen Person aus, die die Hauptrolle spielt – das ist im vorliegenden Fall Mrs. White.

THESE: Sie gibt eine allgemeine Beschreibung des Spiels; dazu gehören auch die unmittelbare Abfolge des Geschehens (Sozialebene) und Informationen über psychologische Hintergründe, Entwicklungen und Bedeutungen (psychologische Ebene). Für das Spiel «Wenn du nicht wärst», und zwar in seiner ehelichen Form, reichen die oben gemachten Angaben aus. Im weiteren Verlauf wird das Spiel abgekürzt als «WEDUNIW» bezeichnet.

ANTITHESE: Die Annahme, eine gewisse Folge von Vorgängen stelle ein Spiel dar, gilt so lange als provisorisch, bis ihre Gültigkeit existentiell nachgewiesen ist. Diesen Nachweis erbringt man am besten, indem man sich weigert, das Spiel mitzumachen, oder indem man den aus dem Spiel resultierenden Nutzeffekt hintertreibt. Der Hauptakteur des Spiels wird in diesem Fall intensivere Anstrengungen machen, das Spiel dennoch fortzusetzen. Angesichts einer unnachgiebigen Weigerung oder eines erfolgreichen Hintertreibens verfällt er schließlich in einen Zustand der ‹Verzweiflung›, der gewisse Ähnlichkeiten mit einer Depression hat, sich aber doch von ihr in wesentlichen Punkten unterscheidet. Er ist mehr akuter Natur, enthält Elemente der Frustration und der Verblüffung und kann sich z. B. in einem plötzlich einsetzenden Weinkrampf manifestieren. In einer erfolgreichen therapeutischen Situation kann der Weinkrampf sich bald in befreiendes Lachen auflösen, mit dem das Erwachsenen-Ich zum Ausdruck bringt, «So, jetzt hab ich mich wieder gefangen!». Verzweiflung liegt also im Wirkungsbereich des Erwachsenen-Ichs, während bei einer Depression das Kindheits-Ich das bestimmende Element ist. Frohe Erwartung, Enthusiasmus und lebendiges Interesse an der Umwelt: das ist das Gegenteil von einer Depression; Gelächter ist das Gegenteil von Verzweiflung. Daher zeigt die therapeutische Spiel-Analyse oft so ergötzliche Züge. Die Antithese zu «WEDUNIW» ist das ‹Erlaubtsein›. Solange der Ehemann ‹Edikte› erläßt, kann das Spiel fortdauern. Sagt der Ehemann nicht «Daß du mir ja nicht...!», sondern «Mach, was du willst!», dann werden die zugrunde liegenden Phobien aufgedeckt, und die Ehefrau kann sich nun nicht mehr länger gegen ihren Mann wenden, wie wir das im Fall von Mrs. White gesehen haben.

Um ein Spiel wirklich gut zu verstehen, muß man auch die entsprechende Antithese kennen und ihre Wirksamkeit in der Praxis erprobt haben.

ZIEL: In ihm manifestiert sich der eigentliche Sinn und Zweck des Spiels. Dabei gibt es manchmal Alternativen. Das Ziel von «WEDUNIW» kann entweder eine Selbstbestätigung sein («Nicht daß *ich* etwa davor Angst hätte, *er* läßt mich einfach nicht...») oder eine Rechtfertigung («Nicht daß *ich* es etwa nicht versuchen würde, *er* hält mich davon ab...»). Die ermutigende Funktion läßt sich leichter verdeutlichen und entspricht auch mehr dem Sicherheitsbedürfnis der Frau; daher läßt sich dem Spiel «WEDUNIW» am besten die Selbstbestätigung als Ziel zuschreiben.

ROLLEN: Wie schon früher angedeutet, sind Ich-Zustände nicht Rollen, sondern Phänomene. Daher muß man in einer formalen Beschreibung einen Unterschied machen zwischen ‹Ich-Zuständen› und ‹Rollen›. Man kann Spiele als zweiseitig, dreiseitig, vielseitig etc. bezeichnen, je nach Anzahl der in ihnen enthaltenen Rollen. Manchmal korrespondieren die Ich-Zustände der einzelnen Mit-Spieler mit der ihnen jeweils zufallenden Rolle, doch ist das nicht immer der Fall.

«WEDUNIW» ist ein zweiseitiges Spiel, beteiligt sind an ihm eine in ihrem Aktionsradius eingeschränkte Ehefrau und ein tyrannischer Ehemann. Die Frau kann ihre Rolle auf zweierlei Weise spielen: entweder mit ihrem besonnenen Erwachsenen-Ich («Es ist am besten, ich tue, was er sagt») oder mit ihrem querulierenden Kindheits-Ich. Der tyrannische Ehemann kann entweder auf der Ebene des Erwachsenen-Ichs verharren («Es ist am besten, du tust, was ich dir sage») oder auf die des Eltern-Ichs hinübergleiten («Tu du nur, was ich dir sage»).

DYNAMIK: Zur Identifizierung der psychodynamischen Antriebskräfte, die hinter jedem Spiel stehen, bieten sich häufig verschiedene Alternativen an. Meist ist es jedoch möglich, einen einzelnen psychodynamischen Faktor herauszuschälen, mit dem sich die Sachlage in gedrängter Form zweckmäßig, zutreffend und sinnvoll darstellen läßt. So läßt sich bei der Beschreibung von «WEDUNIW» am besten eine Phobie als auslösende Ursache anführen.

Beispiele: Da die in der Kindheit wurzelnden Ursprünge eines Spiels – bzw. seine infantilen Prototypen – sehr lehrreich für eine grundlegende Untersuchung sind, lohnt es sich durchaus, bei einer formalen Beschreibung auch solche artverwandten Formen zu berücksichtigen. So wird auch «WEDUNIW» ebenso häufig von kleinen Kindern gespielt wie von Erwachsenen; dabei ist die Kindheitsversion im Prinzip die gleiche wie die später von Erwachsenen gespielte, nur tritt hier an die Stelle des verbotsfreudigen Ehemanns der wirkliche Elternteil.

Transaktions-Paradigma: Es bringt die Transaktions-Analyse eines typischen Falls, wobei eine bezeichnende verdeckte Transaktion sowohl auf sozialer als auch auf psychologischer Ebene sichtbar gemacht wird. In seiner dramatischsten Form ist «WEDUNIW» auf der Sozial-Ebene ein Spiel zwischen Eltern-Ich und Kindheits-Ich.

Mr. White: «Du bleib zu Hause und kümmere dich um den Haushalt!»

Mrs. White: «Wenn du nicht wärst, dann könnte ich jetzt ausgehen und mich amüsieren.»

Auf der psychologischen Ebene (verdeckter Heiratsgrund) besteht eine völlig andere Beziehung, und zwar zwischen Kindheits-Ich und Kindheits-Ich.

Mr. White: «Du mußt immer da sein, wenn ich heimkomme. Ich habe schreckliche Angst davor, verlassen zu werden.»

Mrs. White: «Ich werde immer da sein, aber du mußt mir dabei helfen, mich aus Situationen herauszuhalten, die in mir eine Phobie auslösen könnten.»

Auf der Abbildung 7 werden die beiden Ebenen dargestellt.

Einzelaktionen: Die einzelnen Aktionen (Schachzüge) eines Spiels entsprechen im großen ganzen etwa den *Streichel-Einheiten* beim Ritual. Wie bei jedem Spiel vervollkommnen auch hier die Spieler mit zunehmender Praxis ihre Geschicklichkeit. Unrentable Aktionen werden eliminiert, jede einzelne Aktion wird intensiver und zweckmäßiger. «Harmonische Freundschaften» gründen sich häufig auf die Tatsache, daß die ‹Spieler› einander ohne gro-

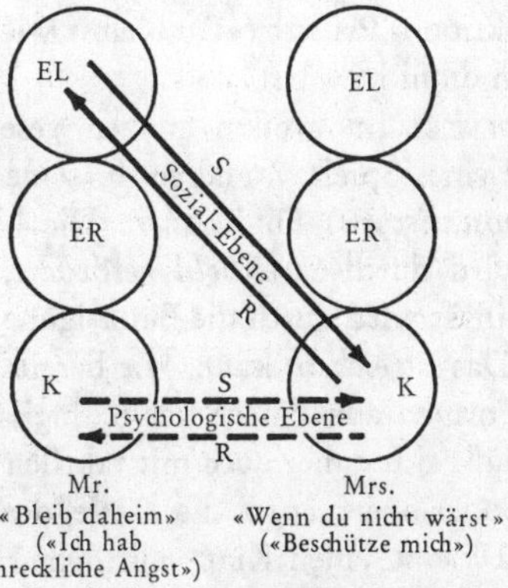

«Wenn du nicht wärst» («WEDUNIW»)

Ein Spiel

ABBILDUNG 7

ßen Aufwand und zu beider Zufriedenheit ergänzen, so daß sich aus den miteinander gespielten Spielen bei minimaler Mühe ein maximaler Nutzeffekt ergibt. Gewisse Einzelaktionen, die nur Zwischencharakter haben oder aus Vorsichts- bzw. Konzessionsgründen gestartet werden, können ohne weiteres entfallen, und die wechselseitigen Beziehungen erhalten so in hohem Maße etwas Stilvolles. Die Kräfte, die man beim Entfallen der Verteidigungs-Manöver einspart, lassen sich statt dessen zur Freude der beteiligten Partner, und manchmal auch des Publikums, zur ornamentalen Ausschmückung verwenden. Gründliche Untersuchungen zeigen, daß eine bestimmte Mindestzahl von Einzelaktionen für den Fortgang des Spiels erforderlich ist; diese lassen sich in einem ‹Protokoll› festhalten. Einzelne Spieler können dann diese Grundzüge je nach Bedarf, Talent und Wunsch ausschmücken oder erweitern. Für «WEDUNIW» gilt folgendes Schema als Ausgangsbasis:

1. Instruktion – Einwilligung («Du bleibst daheim» – «Gut, ich bleibe»)
2. Instruktion – Protest («Du bleibst wieder daheim» – «Wenn du nicht wärst ...»)

NUTZEFFEKTE: Im großen ganzen gesehen, liegt der Nutzeffekt eines Spiels vor allem in seinen stabilisierenden (*homeostatischen*) Funktionen. Die biologische Homeostase wird durch *Streicheln* gefördert, die psychologische Stabilität wird durch die Bestätigung einer Position verstärkt. Das *Streicheln* kann, wie bereits erwähnt, verschiedene Formen annehmen; der biologische Nutzen eines Spiels läßt sich daher auch mit taktilen Begriffen ausdrücken: So erinnert etwa die Rolle des Ehemanns in «WEDUNIW» an einen Klaps mit dem Handrücken (er unterscheidet sich erheblich von einem Schlag mit der Innenfläche der Hand, der eine unmittelbare Erniedrigung darstellt), und die Reaktion der Frau entspricht etwa einem mutwilligen, dabei doch nicht bös gemeinten Tritt ans Schienbein. Der biologische Nutzen des Spiels «WEDUNIW» leitet sich also aus einem Austausch von herausfordernden und mutwilligen Einzelaktionen ab: eine reichlich merkwürdige, aber offenbar recht wirkungsvolle Art, die Gesundheit des Nervensystems aufrechtzuerhalten.

Die Bestätigung der Frau in ihrer Position – «Alle Männer sind Tyrannen» – bildet den *existentiellen Nutzen.* Diese Position ergibt sich aus einer Reaktion auf das mit den Phobien eng verhaftete Bedürfnis zur Kapitulation, und sie läßt deutlich die allen Spielen zugrunde liegende kohärente Struktur erkennen. In erweiterter Form würde die Aussage der Frau etwa so lauten: «Ginge ich allein aus und begäbe mich in eine Menschenmenge, dann würde mich die Versuchung überkommen, vor der Masse zu kapitulieren; daheim kapituliere ich nicht von selbst: er zwingt mich dazu, und das beweist klar, daß alle Männer Tyrannen sind.» Daher wird dieses Spiel im allgemeinen auch von Frauen bevorzugt, die unter mangelndem Wirklichkeitssinn leiden; typisch dafür ist, daß es ihnen in Situationen, in denen eine starke Versuchung auf sie zukommt, recht schwerfällt, ihre Verhaltensweise nach dem Erwachsenen-Ich auszurichten. Eine detaillierte Erklärung dieser Zusammenhänge gehört allerdings eher in den Bereich der Psychoanalyse als in den der Spiel-Analyse. Diese befaßt sich in erster Linie mit den am Ende des Prozesses stehenden Auswirkungen.

Der *innere psychologische Nutzen* eines Spiels besteht in seiner direkten Einwirkung auf das psychische System (*libido*). In «WEDUNIW» bewahrt die im sozialen Bereich akzeptable Kapitulation vor der Autorität des Ehemanns die Frau vor neurotischen Angstzuständen. Gleichzeitig erfüllt sie auch masochistische Bedürfnisse, soweit diese vorhanden sind; dabei steht der Begriff ‹Masochismus› hier nicht im Sinne von Selbstverleugnung, sondern in seiner klassischen Bedeutung: sexuelle Erregung in Situationen von Deprivation, Erniedrigung und Schmerz, d. h. die Frau empfindet eine derartige Erregung, wenn sie der Deprivation und Tyrannisierung unterworfen ist.

Der *äußere psychologische Nutzen* besteht darin, daß man vermeidet, in eine Situation zu geraten, vor der man sich fürchtet, indem man das Spiel mitspielt. Das ist beim Spiel «WEDUNIW» besonders auffallend; hier liegt in diesem Vorgang zugleich das hervorstechendste Motiv: indem die Ehefrau sich dem strengen Reglement des Gatten unterwirft, weicht sie zugleich jenen Situationen in der Öffentlichkeit aus, vor denen sie sich fürchtet.

Der *innere soziale Nutzen* wird gekennzeichnet durch den Namen des Spiels, so wie es sich im Intimkreis des Individuums abspielt. Durch ihre Unterordnung erwirbt sich die Frau das Privileg, zu sagen: «Wenn du nicht wärst . . .»

Das hilft ihr bei der Strukturierung desjenigen Zeitabschnitts, den sie mit ihrem Ehemann verbringen muß; im Fall von Mrs. White war dieses Bedürfnis nach Zeit-Strukturierung wegen des Mangels an sonstigen gemeinsamen Interessen besonders stark; das gilt speziell für die Zeit, bevor ihre Kinder zur Welt kamen und nachdem sie dem Elternhaus entwachsen waren. In der Zwischenzeit wurde das Spiel weniger intensiv und weniger oft gespielt, denn in dieser Zeit waren es die Kinder, die für ihre Eltern die Funktion der Zeit-Strukturierung erfüllten; gleichzeitig waren sie auch der Anlaß für eine fast noch stärker verbreitete Version von «WEDUNIW», nämlich die Variante «Vielbeschäftigte Hausfrau». Die Tatsache, daß junge Mütter heutzutage wirklich vielbeschäftigt sind, ändert jedoch nichts an der Analyse dieser Variante. Die Spiel-Analyse versucht nur die folgende Frage vorurteilsfrei zu beantworten: vorausgesetzt, eine junge Frau ist in ihrem Haushalt stark beschäftigt, was unternimmt sie dann, um für ihre Geschäftigkeit eine gewisse Kompensation einzuhandeln?

Der *äußere soziale Nutzen* wird bestimmt von der Art, wie man die Situation in den sich außerhalb des engsten Kreises vollziehenden Sozialkontakten auswertet. Im Fall des Spiels «Wenn du nicht wärst...» (das sind die Worte, die die Frau zu ihrem Ehemann spricht) vollzieht sich eine Umwandlung in den Zeitvertreib «Wenn es *ihn* nicht gäbe», und zwar dann, wenn z.B. die Ehefrau mit ihren Freundinnen zum morgendlichen Kaffeeklatsch zusammenkommt. Auch hier zeigt sich der Einfluß von Spielen auf die Auswahl von Sozialpartnern. Für eine neue Nachbarin, die zum morgendlichen Kaffeeklatsch eingeladen wird, ist diese Einladung zugleich eine Aufforderung, «WEDUNIW» mitzuspielen. Tut sie das gut und gern, dann avanciert sie bald zur Busenfreundin der übrigen Kaffeetanten. Weigert sie sich mitzuspielen, und beurteilt sie ihren Gatten beständig mit Güte und Nachsicht, dann wird man sie nicht lange in diesem Kreis dulden. Sie wäre dann in der gleichen Situation, als wenn sie sich auf Cocktailparties weigerte, alkoholische Getränke zu sich zu nehmen – in den meisten Zirkeln dieser Art würde man sie allmählich ganz aus der Gästeliste streichen.

Damit ist die Analyse der formalen Merkmale des Spiels «WEDUNIW» abgeschlossen. Zur Klärung weiterer Faktoren halte man sich an die Analyse von «Warum nicht – Ja, aber ...» (Kap. 8, Nr. 4); dieses Spiel wird auf gesellschaftlichen Zusammenkünften, in Komitees und Psychotherapie-Gruppen auf der ganzen Welt am häufigsten gespielt.

Der Ursprung von Spielen

Nach der augenblicklich vorherrschenden Auffassung kann man die Kindererziehung als einen Bildungsprozeß betrachten, in dessen Verlauf das Kind lernt, welche Spiele es spielen soll und wie es sie spielen soll. Es erlernt auch Verfahren, Rituale und verschiedene Arten von Zeitvertreib, die seiner künftigen Position in der örtlichen Gesellschaft angemessen sind, doch ist ihre Bedeutung geringer. Das Ausmaß, in dem es sich in Verfahren, Ritualen und in verschiedenen Arten von Zeitvertreib auskennt, und die Geschicklichkeit, mit der es sie zu handhaben weiß, sind bestimmend dafür, welche Möglichkeiten sich ihm in Zukunft bei gleichartigen Voraussetzungen erschließen werden. Seine Spiele jedoch haben entscheidenden Einfluß darauf, wie es diese Möglichkeiten nutzen und welchen Erfolg es in den Stellungen haben wird, für die es sich qualifiziert hat. Als Elemente seines im Unbewußten vorgezeichneten Lebens-Plans sind die von ihm bevorzugten Spiele schließlich auch entscheidend für sein weiteres Schicksal (bei ebenfalls gleichartigen Voraussetzungen

zungen), für den Erfolg seiner Ehe und seiner beruflichen Karriere sowie für die näheren Umstände seines Todes.

Gewissenhafte Eltern verwenden zwar viel Aufmerksamkeit darauf, ihren Kindern die für ihren späteren Lebensweg angemessenen Verfahren, Rituale und die verschiedenen Arten von Zeitvertreib beizubringen, und sie wählen auch mit gleicher Sorgfalt diejenigen Schulen, Universitäten und Kirchen aus, von denen sie eine Vertiefung der von ihnen begonnenen Erziehung erwarten können; doch neigen sie dazu, den Bereich der Spiele ganz außer acht zu lassen; aber gerade sie bilden ja die Grundstruktur für die emotionelle Dynamik in jeder Familie, und die Kinder lernen sie schon von allerfrühester Kindheit an auf Grund bedeutsamer Erfahrungen im Alltagsleben. Verwandte Probleme sind zwar seit Tausenden von Jahren in ziemlich allgemeiner und unsystematischer Form erörtert worden, und in der modernen orthopsychischen Literatur sind auch einige Anstrengungen zu einer mehr methodischen Erfassung unternommen worden, doch besteht ohne das Konzept von den Spielen kaum die Möglichkeit zu einer konsistenten Erforschung dieser Probleme. Die Theorien über die innere individuelle Psychodynamik waren bisher nicht in der Lage, die Probleme der zwischenmenschlichen Beziehungen zufriedenstellend zu lösen. Es handelt sich hier nämlich um Transaktions-Vorgänge, für die eine Theorie der Sozialdynamik erforderlich ist, die sich nicht allein aus der Berücksichtigung der individuellen Motivationen ableiten läßt.

Da es bis jetzt erst wenige gut ausgebildete Spezialisten auf dem Gebiet der Kinder-Psychologie und der Kinder-Psychiatrie gibt, die zugleich auch die Spiel-Analyse beherrschen, stehen nur wenige Beobachtungsergebnisse über die Entstehung von Spielen zur Verfügung. Glücklicherweise ereignete sich nachfolgende Episode in Gegenwart eines Experten auf dem Gebiet der Transaktions-Analyse.

Tanjy, sieben Jahre alt, bekam während des gemeinsamen Essens Bauchschmerzen und bat darum, sich entfernen zu dürfen. Seine Eltern schlugen vor, er sollte sich eine Weile hinlegen. Daraufhin sagte sein kleiner dreijähriger Bruder Mike: «Ich hab auch Bauchschmerzen»; offensichtlich trachtete er danach, der gleichen fürsorglichen Behandlung teilhaft zu werden. Sein Vater sah ihn einige Sekunden lang streng an und antwortete dann: «Du willst doch nicht etwa dieses Spielchen mit mir spielen, nicht wahr?» Mike brach sofort in Gelächter aus und versicherte pflichtschuldigst: «Nein!»

Hätte es sich im vorliegenden Fall um einen Haushalt gehandelt, in dem sich alles um den Magen und ums Essen dreht, dann wäre Mike von seinen erschrockenen Eltern ebenfalls ins Bett gesteckt worden. Hätte sich die gleiche Szene mehrmals wiederholt, dann ließe sich leicht voraussehen, daß dieses Spiel zu einem Bestandteil von Mikes Charakter geworden wäre, wie das häufig der Fall ist, wenn die Eltern ‹mitspielen›. Die verdeckte Transaktion sähe dann etwa so aus: (Sozialebene) «Ich fühle mich nicht wohl», (psychologische Ebene) «Ihr müßt mir auch ein Privileg einräumen». Mike blieb jedoch eine solche hypochondrische Entwicklung erspart. Natürlich könnte ihm Schlimmeres passieren, aber das steht hier nicht zur Debatte. Hier kommt es darauf an, daß ein Spiel *in statu nascendi* an Ort und Stelle abgebrochen wurde, und zwar sowohl durch die Fragestellung des Vaters als auch durch das offene Eingeständnis des Jungen, seine Äußerung sei tatsächlich eine Art ‹Spiel› gewesen.

Daraus ergibt sich ganz klar, daß Spiele von Kindern oft ganz bewußt ‹in Szene gesetzt› werden. Hat sich erst eine feste Struktur von Reiz und Reaktion herausgebildet, dann verlieren sich ihre Ursprünge im Nebel der Zeit, und die verdeckte Natur der Spiele verdunkelt sich im Dunstkreis der Gesellschaft. Nur mit Hilfe ganz bestimmter Verfahren lassen sich beide Faktoren wieder ins Bewußtsein rücken: der Ursprung durch eine analytische

Therapie und der Aspekt des Verdecktseins durch eine Antithese. Immer wiederkehrende klinische Erfahrungen in dieser Richtung machen deutlich, daß Spiele ihrer Natur nach imitativ sind und daß sie ihren Beginn dem (*neopsychischen*) Aspekt des Erwachsenen-Ichs in der Persönlichkeit des Kindes verdanken. Läßt sich der ‹Kindheits-Ich›-Zustand im erwachsenen Spieler wieder zum Tragen bringen, dann ist die psychologische Kapazität dieses Segments (der Erwachsenen-Aspekt des ‹Kindheits-Ich›-Zustands) so auffallend und sein Geschick bei der Manipulation von Menschen so verblüffend, daß man dafür die umgangssprachliche Beziehung «Der (Psychiatrie-)Professor» geprägt hat. In Psychotherapie-Gruppen, die sich auf die Spiel-Analyse konzentrieren, besteht eines der differenzierteren Verfahren in der Suche nach dem kleinen ‹Professor› in jedem Patienten; seinen frühen, meist zwischen dem zweiten und achten Lebensjahr liegenden, wagemutigen Unternehmungen bei der Initiation von Spielen lauscht die gesamte anwesende Gruppe mit Faszination und, falls es sich nicht gerade um ein tragisches Spiel handelt, oft mit ungetrübter Freude und Heiterkeit, an der auch der Patient selbst mit berechtigter Selbstbewunderung und Selbstgefälligkeit teilhat. Hat er es erst einmal so weit gebracht, dann ist er auf dem besten Weg, von einem unglückseligen Verhaltensmuster abzulassen, ohne das er im Leben viel besser zurechtkommt.

Aus den eben angeführten Gründen unternimmt man daher bei der formalen Beschreibung eines Spiels stets den Versuch, auch die infantilen bzw. Kindheits-Prototypen des Spiels zu schildern.

Die Funktion von Spielen

Da im Alltagsleben die Gelegenheiten zu Intimerlebnissen recht spärlich sind und da einige Arten von Intimerlebnissen (besonders wenn sie intensiv sind) für die meisten Menschen aus psychologischen Gründen undenkbar sind, nehmen Spiele im seriösen gesellschaftlichen Leben einen sehr breiten Raum ein. Sie sind also ebenso notwendig wie wünschenswert, und es ergibt sich hier eigentlich nur ein einziges Problem, nämlich die Frage: sind die von einem bestimmten Menschen bevorzugten Spiele für ihn auch die ertragreichsten? In diesem Zusammenhang sollten wir uns noch einmal vor Augen halten, daß das entscheidende Merkmal eines Spiels sein Kulminationspunkt ist bzw. sein Nutzeffekt. Die Hauptfunktionen der Präliminarien bestehen darin, diesen Nutzeffekt Schritt für Schritt herbeizuführen, sie sind aber auch dazu bestimmt, in jedem einzelnen Zwischenstadium die maximal mögliche Befriedigung als Sekundäreffekt herbeizuführen. So besteht in dem Spiel «Schlemihl» (etwas anstellen und sich dann dafür entschuldigen) der Nutzeffekt, ebenso wie der Sinn des Spiels, darin, für irgend etwas Vergebung zu erlangen, eine Vergebung, die durch eine Entschuldigung gewissermaßen gewaltsam erzwungen wird; daß man etwas verschüttet oder einen Brandfleck mit seiner Zigarette verursacht, das sind nur Einzelaktionen, die zu dem gewünschten Ergebnis führen, wobei allerdings jede einzelne derartige ‹Missetat› beim Delinquenten ein Freudegefühl auslöst. Die Freude, die er bei einer solchen ‹Missetat› empfindet, macht diese aber keineswegs zu einem ‹Spiel›. Der entscheidende Reiz für den Ausgang des Spiels ist die Entschuldigung. Sonst wäre diese Missetat bloß eine destruktive Prozedur, ein Vergehen, das möglicherweise dem Täter selbst eine gewisse Freude bereitet.

Ähnlich verhält es sich auch beim Spiel «Alkoholiker». Welchen physiologischen Ursprung das Trinkbedürfnis auch immer haben mag, im Sinne der Spiel-Analyse ist das Trinken nur ein Schachzug im Rahmen des Spiels, das mit den Menschen der Umgebung getrieben wird. Das Trinken selbst mag recht angenehm und genußreich sein, es ist jedoch nicht der essentielle Faktor des Spiels. Das zeigt sich ganz deutlich bei der Variante «Trockener Alkoholiker»; dieses Spiel ist mit den gleichen Einzelaktionen verbunden wie das reguläre Spiel, und es erzielt auch den gleichen Nutzeffekt, aber irgendwelche ‹Flüssigkeiten› kommen dabei nicht ins Spiel (s. Kap. 6, Nr. 1).

Über ihre soziale Funktion hinaus: Zeit zufriedenstellend zu strukturieren, sind einige Spiele dringend erforderlich zur Aufrechterhaltung der Gesundheit in bestimmten Individuen. Die psychische Stabilität dieser Menschen ist so prekär und ihre Position so unsicher, daß sie einer abgrundtiefen Verzweiflung oder sogar einer Psychose anheimfallen können, wenn man sie ihrer Spiele beraubt. Leute dieser Art wehren sich gewöhnlich mit aller Kraft gegen jede antithetische Aktion. Das läßt sich häufig bei Ehepaaren beobachten, wenn nämlich die durch psychiatrische Behandlung bei einem Ehepartner erzielte Besserung (z. B. das Aufgeben von destruktiven Spielen) zu einer rapiden Verschlechterung beim anderen Partner führt, für den die Spiele von erheblicher Bedeutung für die Aufrechterhaltung des Equilibriums waren. Man muß also bei der Analyse von Spielen mit beträchtlicher Umsicht zu Werke gehen.

Das nicht spiel-gebundene Intimerlebnis, das die vollkommenste Form menschlichen Erlebens darstellt, oder doch zumindest darstellen sollte, ist erfreulicherweise so überaus beglückend, daß selbst Personen mit prekärem seelischem Gleichgewicht ohne weiteres und mit Freude auf ihre Spiele verzichten können, wenn sich ein entsprechender Partner für dieses vollkommenere Zueinander finden läßt.

In einem größeren Zusammenhang gesehen, sind Spiele integrale und dynamische Komponenten des im Unbewußten vorgezeichneten Lebens-Plans der einzelnen Individuen; sie dienen dazu, die Zeit auszufüllen, während der das Individuum auf seine abschließende Erfüllung wartet, und sie wirken zugleich als vorantreibende Kräfte. Da im letzten Akt eines Stückes charakteristischerweise entweder ein Wunder geschehen oder aber eine Katastrophe eintreten muß – und zwar je nachdem, ob das Stück eine konstruktive oder eine destruktive Tendenz hat –, sind auch die korrespondierenden Spiele entweder konstruktiv oder destruktiv. Umgangssprachlich ausgedrückt bedeutet das: Ein Individuum, dessen Lebens-Plan auf das ‹Warten auf den Weihnachtsmann› ausgerichtet ist, ist mit großer Wahrscheinlichkeit recht umgänglich in Spielen wie etwa «Sie sind wirklich wundervoll, Herr Michelmeier», dagegen kann jemand mit einem tragischen Lebens-Plan, der ausgerichtet ist auf das ‹Warten auf den Beginn von *rigor mortis*›, unter Umständen so unerfreuliche Spiele spielen wie z. B. «Jetzt hab ich dich endlich, du Schweinehund!».

‹Kolloquialismen› wie die im vorangegangenen Satz stehenden sind, das sollte man festhalten, ein integraler Bestandteil der Spiel-Analyse, und sie werden in transaktionellen Psychotherapie-Gruppen und -Seminaren häufig verwendet. Die Formulierung ‹Warten auf den Beginn von *rigor mortis*› verdankt ihre Entstehung dem Traum einer Patientin, in dem diese sich entschloß, gewisse Dinge zu erledigen, «bevor bei ihr *rigor mortis* einsetzte». In einer geistig differenzierten Gruppe wies ein Patient auf einen Umstand hin, den der Therapeut übersehen hatte: daß nämlich das ‹Warten auf den Weihnachtsmann› und das ‹Warten auf den Tod› in Wirklichkeit synonyme Begriffe sind. Da ‹Kolloquialismen› für die Spiel-Analyse von entscheidender Bedeutung sind, werden sie im Verlauf der Untersuchung noch ausführlich erörtert werden.

Die Klassifizierung von Spielen

Die meisten bei der Analyse von Spielen und verschiedenen Arten von Zeitvertreib verwendeten Variablen wurden bereits erwähnt; jede von ihnen ist zur systematischen Klassifizierung von Spielen und verschiedenen Arten von Zeitvertreib geeignet. Einige recht plausible Klassifikationen basieren auf folgenden Faktoren:

1. Anzahl der Spieler: zweiseitige Spiele («Frigide Frau»), dreiseitige Spiele («Macht den Sieger unter euch aus»), fünfseitige Spiele («Alkoholiker») und vielseitige Spiele («Warum nicht – Ja, aber...»)
2. Benutzte Valuta: Worte («Psychiatrie»), Geld («Schuldner») und Körperteile («Chirurgie»)
3. Klinische Arten: hysterisch («HIVE»), besessen-zwangshaft («Schlemihl»), paranoid («Warum muß das ausgerechnet immer mir passieren?») und depressiv («Jetzt hat's mich wieder erwischt!»)
4. Körperzonen: oral («Alkoholiker»), anal («Schlemihl») und phallisch («Macht den Sieger unter euch aus»)
5. Psychodynamik: antiphobisch («Wenn du nicht wärst»), projektiv («Elternbeirat») und introjektiv («Psychiatrie»)
6. Instinkt-Trieb: masochistisch («Wenn du nicht wärst»), sadistisch («Schlemihl») und fetischistisch («Frigider Mann»)

Oft ist es zweckdienlich, außer der Anzahl der Spieler drei weitere quantitative Variablen zu berücksichtigen:

1. Flexibilität. Einige Spiele, wie z. B. «Schuldner» und «Chirurgie», lassen sich nur mit einer ganz bestimmten Valuta regelgerecht spielen, andere Spiele, vor allem exhibitionistische, sind in dieser Beziehung flexibler.
2. Tenazität. Manche Menschen geben bei ihren Spielen verhältnismäßig leicht auf, andere zeigen entschieden mehr Ausdauer.

3. Intensität. Einige Menschen betreiben ihre Spiele lässig, andere sind dabei spannungsgeladen und aggressiv. Entsprechend diesen Voraussetzungen bezeichnet man ein Spiel entweder als zwanglos oder als hart.

Diese drei Variablen haben in ihrem Zusammenwirken entscheidenden Einfluß darauf, ob ein Spiel freundlichen oder gewalttätigen Charakter annimmt. Bei Geistesgestörten zeigt sich in dieser Hinsicht häufig eine bemerkenswerte Progression, so daß man von verschiedenen Stadien sprechen kann. So kann z. B. ein paranoider Schizophrener zunächst ein flexibles, lockeres, zwangloses Spiel «Ist es nicht schrecklich» in seinem ersten Stadium spielen, dann jedoch in ein inflexibles, zähes und hartes drittes Stadium übergehen. Diese einzelnen Stadien eines Spiels lassen sich folgendermaßen kennzeichnen:

a) Ein ‹Spiel ersten Grades› gilt im Bekanntenkreis des agierenden Urhebers als gesellschaftlich akzeptabel.

b) Ein ‹Spiel zweiten Grades› richtet zwar keinen bleibenden, nicht wiedergutzumachenden Schaden an, aber die Spieler zeigen die Neigung, es vor den Augen der Öffentlichkeit zu verbergen.

c) Ein ‹Spiel dritten Grades› hat *endgültigen* Charakter; es endet im Operationsraum, im Gerichtssaal oder in der Leichenhalle.

Spiele lassen sich auch auf Grund aller anderen spezifischen Faktoren klassifizieren, die bei der Analyse von «WEDUNIW» erörtert wurden: Ziele, Rollen und besonders ins Auge fallende Nutzeffekte. Am besten wäre wohl eine systematische wissenschaftliche Klassifizierung auf der Grundlage der existentiellen Position; da dieser Faktor jedoch bisher nicht hinreichend erforscht ist, muß diese Art der Klassifizierung vorerst unterbleiben. Nach ihr ist im Augenblick die soziologische Klassifizierung wohl die zweckmäßigste. Ihr wollen wir uns im folgenden Abschnitt zuwenden.

Nachtrag

Dank gebührt Stephan Potter [2] für seine scharfsinnigen und humorvollen Erörterungen von Manövern bzw. ‹Tricks› (*ploys*) in gesellschaftlichen Alltagssituationen und G. H. Mead [3] für seine wegbereitende Studie über die Rolle von Spielen im gesellschaftlichen Leben. Diejenigen Spiele, die zu psychiatrischer Invalidität führen, sind seit 1958 in den San Francisco Social Psychiatry Seminars gründlich erforscht worden, und in jüngster Zeit hat auch T. Szasz [4] sich diesem Sektor der Spiel-Analyse zugewandt. Mit der Rolle von Spielen in Gruppen-Aktionen befaßt sich mein Buch über ‹Gruppendynamik› [5].

II. *Ein Spiel-Brevier*

Einleitung

Die vorliegende Sammlung von Spielen kann bis zum Erscheinungsjahr des Buches (1962) als vollständig gelten, doch werden seither ständig neue Spiele entdeckt. Gelegentlich erweist sich ein Spiel, das man ursprünglich nur für ein weiteres Beispiel eines bereits bekannten Spiels hält, bei eingehenderer Untersuchung als völlig neuartig, andererseits ist manchmal ein Spiel, das zuerst neuartig erscheint, häufig nur die Variante eines bereits bekannten Spiels. Auch die einzelnen Faktoren der Analysen sind mit dem Auftauchen neuer Erkenntnisse gewissen Veränderungen unterworfen; wo z. B. bei der Erläuterung der Dynamik mehrere Alternativen bestehen, mag sich herausstellen, daß die hier getroffene Feststellung nicht unbedingt die zwingendste war. Doch sind die Liste der Spiele und die in den Analysen aufgeführten Faktoren für die klinische Arbeit durchaus geeignet.

Einige Spiele werden *in extenso* erörtert und analysiert. Andere, die noch einer eingehenderen Untersuchung bedürfen oder selten sind, oder aber solche, deren Bedeutung ziemlich auf der Hand liegt, werden nur kurz erwähnt. Der Hauptakteur wird gewöhnlich als ‹agierender Urheber› bezeichnet, oder er erhält den Namen ‹Weiß› und sein Partner wird als ‹Schwarz› apostrophiert.

Die Spiele werden in zusammengehörige Gruppen eingeteilt, und zwar entsprechend den Situationen, in denen man ihnen am häufigsten begegnet: ‹Lebensspiele›, ‹Ehespiele›, ‹Partyspiele›, ‹Sexspiele› und ‹Räuberspiele›; dann kommt, für den Fachmann gedacht, ein Kapitel über ‹Doktorspiele›, und zum Schluß folgen einige Beispiele für ‹Gute Spiele›.

Schema

Für die analytischen Protokolle gilt folgendes Schema:

TITEL: Hat das Spiel einen langen Namen, dann wird im Text eine geeignete Abkürzung verwendet. Haben ein Spiel bzw. seine Varianten mehrere Namen, dann erscheint ein entsprechender Hinweis im ‹Spiel-Index›. Bei mündlichen Berichten ist der vollständige Name eines Spiels einer Abkürzung bzw. einem Akronym vorzuziehen.

THESE: Sie wird so zwingend wie möglich formuliert.

ZIEL: Hier wird, basierend auf der Erfahrung des Autors, die sinnvollste Alternative angeführt.

ROLLEN: Die Rolle des Hauptakteurs, von dessen Blickwinkel aus das Spiel erörtert wird, erscheint zuerst und zwar *kursiv*.

DYNAMIK: Siehe Ziel.

BEISPIELE: 1. Hier steht zuerst ein Beispiel aus der Kindheit, denn es stellt den am besten erkennbaren einschlägigen Prototyp dar. 2. Es folgt ein Beispiel aus dem Erwachsenen-Leben.

PARADIGMA: Es erläutert in gebotener Kürze die entscheidenden Transaktionen auf sozialer und psychologischer Ebene.

EINZELAKTIONEN: Hier wird die minimale Anzahl von Transaktions-Stimuli und Transaktions-Reaktionen angeführt, wie sie sich aus der Praxis ergeben. Sie lassen sich in verschiedenen Situationen in unbegrenztem Ausmaß erweitern, umschichten oder ausschmücken.

Nutzeffekte: 1. Innerlich-psychologisch – Hier wird der Versuch gemacht, den Beitrag des Spiels zur inneren psychischen Stabilität zu fixieren. 2. Äußerlich psychologisch – Es wird versucht, festzustellen, welche furchtauslösenden Situationen bzw. Intimerlebnisse vermieden werden. 3. Innerlich sozial – Er wird gekennzeichnet durch die für das Spiel im intimen Kreis charakteristische Redensart. 4. Äußerlich sozial – Er wird erkennbar aus der bei einem derivativen Spiel oder Zeitvertreib in einem weniger intimen Kreis verwendeten Haupt-Redensart. 5. Biologisch – Hier wird darzulegen versucht, welche Art von *Streichel-Einheiten* das Spiel den beteiligten Partnern bietet. 6. Existentiell – Hier wird die Position fixiert, von der aus das Spiel üblicherweise gespielt wird.

Verwandte Spiele: Hier stehen die Namen von Spielen komplementären, verwandten und antithetischen Charakters.

Im Grunde erwächst ein adäquates Verständnis für ein Spiel nur aus einer therapeutischen Situation heraus. Menschen, die destruktive Spiele spielen, suchen den Therapeuten weit häufiger auf als solche, die sich konstruktiven Spielen widmen. Aus diesem Grund sind auch die meisten Spiele, die wir gut kennen, ihrem Wesen nach destruktiv: der Leser sollte aber die Tatsache nicht außer acht lassen, daß es auch konstruktive Spiele gibt, die freilich von glücklicheren Menschen gespielt werden. Um die Idee von den ‹Spielen› nicht allzusehr zu vulgarisieren, wie das bei so vielen psychiatrischen Begriffen der Fall ist, muß ich nochmals betonen, daß es sich hier um eine sehr präzise Idee handelt: Spiele müssen, mit Hilfe der oben angeführten Kriterien, klar abgegrenzt werden gegenüber Verfahren, Ritualen, allen Arten von Zeitvertreib, Operationen und Manövern sowie gegenüber den geistigen Haltungen, die jeweils mit verschiedenartigen Positionen korrespondieren. Ein Spiel wird von einer Position aus gespielt, aber eine Position oder die mit ihr korrespondierende Haltung sind nicht schon an sich ein Spiel.

Kolloquialismen

Viele der hier benutzten Kolloquialismen wurden von Patienten geprägt. Benutzt man sie mit hinreichender Rücksichtnahme auf den rechten Zeitpunkt und die Sensibilität der Mitspieler, dann werden sie alle auch von ihnen verstanden, geschätzt und genossen. Mögen auch einige von ihnen etwas respektlos klingen, so richtet sich doch die ihnen anhaftende Ironie gegen die Spiele selbst und nicht gegen die Spieler, die sie spielen. Kolloquialismen sollen in erster Linie zweckdienlich sein; wenn sie sich häufig amüsant anhören, dann deswegen, weil sie den Nagel genau auf den Kopf treffen. Wie ich schon an anderer Stelle, bei der Erörterung umgangssprachlicher Epitheta, darzulegen versucht habe, ist es durchaus möglich, daß eine ganze Seite vielsilbiger gelehrter Wörter weniger ausdrucksstark ist als z. B. die schlichte Feststellung: diese Frau ist eine Hure, oder: dieser Mann ist ein Querkopf.[1] Man kann psychologische Wahrheiten zu akademischen Zwecken in streng wissenschaftlichen Formulierungen ausdrücken; will man aber emotionelle Regungen aus dem praktischen Leben wirksam zum Ausdruck bringen, dann erfordert das eine völlig andere Methode. So ziehe ich z. B. für ein Spiel die Bezeichnung «Ist es nicht schrecklich» der folgenden vor: «Verbal-Formulierung einer projizierten analen Aggression». Erstere ist nicht nur als Bedeutungsträger und Einflußfaktor dynamischer, sie ist auch effektiv präziser; und manchmal tritt bei den Menschen eine Besserung ihres Zustands in strahlend hellen Räumen rascher ein als in eintönig düsteren.

6. *Lebensspiele*

Unter normalen sozialen Voraussetzungen haben alle Spiele einen wesentlichen, wenn nicht gar entscheidenden Einfluß auf das Schicksal der Spieler; einige bieten jedoch mehr als andere die Chance zu einer lebenslänglichen Karriere, und bei ihnen erhöht sich die Wahrscheinlichkeit, daß auch relativ unbeteiligte Zuschauer in das Geschehen mit einbezogen werden. Diese Gruppe kann man zweckmäßig als ‹Lebensspiele› bezeichnen. Zu ihr gehören die Spiele «Alkoholiker», «Schuldner», «Mach mich fertig», «Sieh bloß, was du angerichtet hast», «Jetzt hab ich dich endlich, du Schweinehund!» und ihre hauptsächlichen Varianten. Sie gehen am einen Ende der Skala in die ‹Ehespiele› über, am anderen in die ‹Räuberspiele›.

1. *«Alkoholiker»*

THESE. Die Spiel-Analyse kennt weder den ‹Alkoholismus› noch ‹einen Alkoholiker›, es gibt nur in einem bestimmten Spiel eine Rolle, die man als ‹Alkoholiker› bezeichnet. Ist eine biochemische oder physiologische Anomalie die Hauptursache für exzessives Trinken – diese Frage ist noch nicht hinreichend geklärt –, dann gehört eine diesbezügliche Untersuchung in den Bereich der inneren Medizin. Die Spiel-Analyse ist an ganz anderen Problemen interessiert – daran nämlich, was für soziale Transaktionen mit derartigen Exzessen verbunden sind. Daher das Spiel «Alkoholiker».

In voller Besetzung handelt es sich hier um ein fünfseitiges Spiel, doch lassen sich die Rollen so kondensieren, daß es als zweiseitiges Spiel beginnen und enden kann. Die Hauptrolle ist die des ‹Alkoholikers› – sie wird von ‹Weiß› gespielt. Die wichtigste Nebenrolle ist die des ‹Nörglers›, die normalerweise von einem Vertreter des anderen Geschlechts gespielt wird, gewöhnlich von der eigenen Ehefrau. Die dritte Rolle ist die des ‹Retters›, sie wird für gewöhnlich von einem Geschlechtsgenossen gespielt, häufig vom guten Hausarzt, der sich ebenso für den Patienten interessiert wie für die Probleme des Trinkens. In der klassischen Situation gelingt es dem Arzt, den Alkoholiker zu heilen. Weiß hat inzwischen sechs Monate lang keinen Tropfen mehr zu sich genommen, und man beglückwünscht sich gegenseitig zu diesem Erfolg. Tags darauf findet man Weiß wieder im Rinnstein.

Die vierte Rolle ist die des ‹Stummen Helfers›. In der Literatur wird sie meist vom Besitzer einer Imbißstube gespielt, der Weiß Kredit einräumt oder ihm gelegentlich ein Sandwich und eine Tasse Kaffee spendiert, ohne daß er ihm Vorwürfe macht oder versucht, ihn zu ‹retten›. Im Leben findet man in dieser Rolle häufiger Weiß' Mutter, die ihm Geld gibt und mitfühlendes Verständnis dafür zeigt, daß ihn seine Frau nicht versteht. In dieser Phase des Spiels muß Weiß für seinen Geldbedarf eine plausible Erklärung finden, eine Erklärung, die beide Partner nach außen hin als glaubhaft hinnehmen, obschon sie genau wissen, wofür Weiß in Wirklichkeit den größten Teil des Geldes ausgibt. Manchmal nimmt der ‹Stumme Helfer› auch eine andere, allerdings nicht so wesentliche Rolle an, nämlich die des ‹Agitators›, des ‹guten Kerls›, der weiteren

‹Stoff› anbietet, ohne daß er darum gebeten worden wäre: «Komm, laß uns einen hinter die Binde gießen (und es wird mit dir noch rascher bergab gehen).»

Der Versorgungs-Experte in allen Trinkspielen ist der Barmixer. Im Spiel «Alkoholiker» spielt er die fünfte Rolle, die des ‹Verbindungsmannes›; er ist die direkte Versorgungsquelle, versteht sich auf Gespräche unter Alkoholeinfluß und ist gewissermaßen die wichtigste Person im Leben jedes Süchtigen. Der Unterschied zwischen dem ‹Verbindungsmann› und den anderen Spielern ist der gleiche, wie er in jedem Spiel zwischen einem Profi und einem Amateur besteht: der Profi weiß, wann er aufhören muß. Von einem bestimmten Zeitpunkt an verweigert ein guter Barmixer den weiteren Ausschank von Getränken an den Alkoholiker; dieser bleibt nun auf dem Trockenen sitzen, wenn es ihm nicht gelingt, einen nachgiebigeren ‹Verbindungsmann› ausfindig zu machen.

In den ersten Phasen des Spiels «Alkoholiker» können der Ehefrau alle drei Nebenrollen zufallen: um Mitternacht die des ‹Stummen Helfers›: sie bringt ihren Mann zu Bett, macht ihm Kaffee und nimmt es hin, wenn er sie schlägt; am Morgen die des ‹Nörglers›: sie macht ihm Vorhaltungen wegen seines üblen Lebenswandels; und am Abend die des ‹Retters›: sie fleht ihn an, sich zu bessern. In späteren Phasen – und das geschieht häufig auf Grund der Verschlechterung seines organischen Zustands – können die Rollen des ‹Nörglers› und des ‹Retters› wegfallen; sie werden jedoch toleriert, wenn sie sich gleichzeitig bereit zeigen, als Versorgungsquellen zu fungieren. Weiß geht zur Karitas oder zur Inneren Mission und läßt sich ‹retten›, wenn er dafür gratis eine warme Mahlzeit erhält; oder er läßt Beschimpfungen und Vorwürfe – sei es von Amateuren oder Profis – über sich ergehen, wenn man ihm dafür nachher etwas spendiert.

Die bisher gemachten Erfahrungen deuten darauf hin, daß der *Nutzeffekt* beim Spiel «Alkoholiker» (und das gilt im Prinzip für alle Spiele) sich gerade aus dem Aspekt ergibt, dem die Experten, die sich damit befassen, die geringste Beachtung schenken. Die Analyse des vorliegenden Spiels zeigt, daß das Trinken selbst sozusagen nur als Nebenprodukt Freude und zusätzliche Vorteile bringt; erst im weiteren Verlauf des Trinkprozesses kommt es zum eigentlichen Kulminationspunkt: zum ‹Kater›. Das gleiche ist beim Spiel «Schlemihl» der Fall: das Begehen irgendeiner Missetat, das gewöhnlich die größte Aufmerksamkeit auf sich zieht, ist für Weiß nur ein Mittel zum Zweck, das ihm zwar eine gewisse Freude bereitet, das aber erst zum eigentlichen Kulminationspunkt führt: er besteht darin, daß Weiß von Schwarz die ersehnte Verzeihung gewährt wird.

Für den ‹Alkoholiker› besteht der ‹Kater› nicht so sehr im physischen Unwohlsein, als vielmehr im psychischen Unbehagen. Trinker haben gewöhnlich zwei Lieblingsarten von Zeitvertreib: «Martini» (Wieviel wurde getrunken, und wie waren die Getränke gemixt?) und «Der Morgen danach» (Laß mich dir von *meinem* ‹Kater› berichten). «Martini» wird meist von Leuten gespielt, die auf Empfängen und Parties alkoholische Getränke zu sich nehmen; viele Alkoholiker bevorzugen jedoch ein hartes Spiel «Der Morgen danach» auf psychologischer Ebene, und Organisationen wie Alcoholics Anonymous [vertrauliche Hilfsorganisation für chronische Trinker] bieten ihnen dazu unbegrenzt Gelegenheit.

Ein Patient suchte nach einem ‹Quartalstag› regelmäßig seinen Psychiater auf und belegte in dessen Gegenwart sich selbst mit einer Reihe von Schimpfnamen; der Psychiater äußerte sich dazu nicht. Als Weiß später im Rahmen einer Therapie-Gruppe von diesen Besuchen berichtete, erzählte er recht selbstgefällig und befriedigt, es sei der Psychiater gewesen, der ihm all diese Schimpfnamen gegeben habe. Bei der therapeutischen Behandlung gilt das hauptsächliche Gesprächsinteresse vieler Alkoholiker nicht ihrer Trunksucht, von der sie ganz offensichtlich überhaupt nur im Zusammenhang mit ihren ‹Nörglern› sprechen, sondern in erster Linie dem durch das Trinken verursachten Leidenszustand. Abgesehen von dem ganz persönlichen Vergnügen, das das Trinken bereitet, besteht sein Transaktions-Ziel darin, eine Situation herbeizuführen, in der dem Kindheits-Ich ernste Vorhaltungen gemacht werden können, und zwar nicht nur von dem eigenen inneren Eltern-Ich, sondern von jeder Eltern-Figur der sozialen Umwelt, die sich interessiert zeigt, darauf einzugehen. Daher sollte sich bei diesem Spiel die Therapie nicht auf das Trinken selbst konzentrieren, sondern auf den ‹Morgen danach›: auf die Selbstbemitleidung und Selbstkasteiung. Es gibt allerdings einen Typ des chronischen Trinkers, der keinen ‹Kater› kennt; er gehört jedoch nicht in die eben besprochene Kategorie.

Es gibt auch das Spiel «Trockener Alkoholiker»; in ihm macht Weiß, ohne zur Flasche zu greifen, den gleichen Prozeß des finanziellen und sozialen Ruins durch, er vollzieht die gleiche Folge von Einzelaktionen und sieht sich von den gleichen Mitspielern umgeben. Auch hier liegt das entscheidende Element im ‹Morgen danach›. Gerade die Ähnlichkeit zwischen «Trockener Alkoholiker» und «Alkoholiker» deutet mit Nachdruck darauf hin, daß es sich in beiden Fällen um Spiele handelt; so ist zum Beispiel die Prozedur der Kündigung des Arbeitsverhältnisses bei beiden Spielen die gleiche. «Süchtig» zeigt gewisse Ähnlichkeiten mit «Alkoholiker», ist jedoch unheilvoller und verläuft dramatischer, sensationeller und rascher. Zumindest in unserer Gesellschaft stützt es sich noch stärker auf die Rolle des ‹Nörglers› und ‹Verfolgers›; die ‹Stummen Helfer› und ‹Retter› sind hier freilich seltener, dafür spielt aber der ‹Verbindungsmann› in erheblich größerem Ausmaß eine zentrale Rolle.

Es gibt eine ganze Reihe von Organisationen, die sich mit dem Spiel «Alkoholiker» befassen; einige von ihnen haben einen nationalen oder sogar internationalen Wirkungskreis, andere tragen mehr lokalen Charakter. Viele machen sogar die Spielregeln publik. Nahezu alle erläutern, wie man die Rolle des ‹Alkoholikers› spielt: Fang schon vor dem Frühstück mit dem Trinken an, vertrinke Geld, das für andere Zwecke bestimmt ist etc. ... Auch die Funktion des ‹Retters› wird erläutert. So setzt zum Beispiel Alcoholics Anonymous das Spiel regelgerecht fort, konzentriert sich jedoch darauf, den ‹Alkoholiker› dazu zu bewegen, selbst die Rolle des ‹Retters› zu übernehmen. Ehemalige Alkoholiker werden dabei bevorzugt, denn sie kennen sich in den ‹Spielregeln› gut aus und sind daher für die Besetzung der Nebenrollen besser qualifiziert als Leute, die das Spiel noch nicht kennen. Es sind sogar Fälle bekanntgeworden, in denen eine Sektion von Alcoholics Anonymous, bei der der ‹Vorrat› an zu betreuenden Alkoholikern zur Neige ging, ihre Mitglieder aufforderte, das Trinken wieder aufzunehmen, da sonst in Ermangelung rettungsbedürftiger Personen das Spiel nicht hätte fortgesetzt werden können![1]

Daneben gibt es auch Organisationen, die sich zur Aufgabe gesetzt haben, das Los der übrigen Mitspieler zu verbessern. Einige versuchen einen gewissen Druck auf die Ehefrauen dahingehend auszuüben, daß diese statt der Rolle des ‹Nörglers› lieber die des ‹Retters› spielen sollten. Diejenige Organisation, die theoretisch der idealen Behandlung wohl am nächsten kommt, befaßt sich mit den heranwachsenden Jugendlichen, die aus Alkoholikerfamilien stammen; diese jungen Leute werden dazu ermutigt, sich lieber von dem Spiel gänzlich loszusagen, als nur ihre Rolle zu wechseln.

Auf psychologischer Ebene besteht die Heilung eines Alkoholikers ebenfalls darin, ihn dazu zu bringen, lieber das ‹Spiel› gänzlich aufzugeben, als einfach nur von einer Rolle in die andere hinüberzuwechseln. In einigen Fällen hat sich das als durchaus möglich erwiesen; es ist allerdings ziemlich schwierig, irgend etwas ausfindig zu machen, das für den Alkoholiker mindestens ebenso interessant ist wie die Fortsetzung seines Spiels. Da er gewöhnlich Intimerlebnisse scheut, sollte als Ersatz für sein Trinken eher ein anderes ‹Spiel› dienen als eine nicht spielgebundene menschliche Beziehung. Häufig sind sogenannte ‹geheilte Alkoholiker› nicht gerade sehr anregende Gefährten auf gesellschaftlichen Zusammenkünften; möglicherweise haben sie das Gefühl, ihr Leben sei nicht spannend genug, und sie sehen sich beständig der Versuchung ausgesetzt, in ihre alten Gewohnheiten zurückzufallen. Das Kriterium für eine echte ‹Heilung› besteht darin, daß der ehemalige ‹Alkoholiker› in der Lage sein sollte, in Gesellschaft alkoholische Getränke zu sich zu nehmen, ohne dabei der Gefahr eines Rückfalls zu erliegen. Die übliche Heilung mit Hilfe einer ‹totalen Abstinenz› stellt in den Augen des Spiel-Analytikers keine befriedigende Lösung dar.

Aus der Beschreibung des Spiels «Alkoholiker» geht klar hervor, daß die verschiedenen Rolleninhaber dieses Spiels eine starke Neigung zeigen, auch andere Spiele zu spielen: der ‹Retter›: «Ich versuche nur, dir [Ihnen] zu helfen»; der ‹Nörgler›: «Da siehst du, was du wieder angerichtet hast»; und der ‹Stumme Helfer›: «Guter Kamerad.» Mit dem Entstehen neuer Hilfsorganisationen, die die Auffassung verbreiten, der Alkoholismus sei eine Krankheit, haben die Alkoholiker auch gelernt, das Spiel «Holzbein» zu spielen. Die Rechtsprechung, die sich an solchen Fällen interessiert zeigt, bestärkt diese Leute heutzutage noch in ihrem Verhalten. In der Bedeutung der einzelnen Rollen hat sich der Akzent von der des ‹Nörglers› auf die des ‹Retters› verlagert, von der Auffassung «Ich bin ein Sünder» zu «Was erwarten Sie von einem kranken Mann?» (hier erkennt man eine Begleiterscheinung zu dem Trend im modernen Denken, der sich von der Religion löst und zur Wissenschaft hin bewegt). Vom existentiellen Standpunkt aus ist diese Akzentverlagerung fragwürdig, vom praktischen Standpunkt aus gesehen hat sie kaum dazu beigetragen, das Verkaufsvolumen von alkoholischen Getränken an chronische Trinker zu verringern. Trotzdem ist die Organisation Alcoholics Anonymous für die meisten Leute immer noch die beste Einführung in die Therapie der übermäßigen Nachsicht.

Antithese. Bekanntlich ist «Alkoholiker» ein recht hartes Spiel, von dem man nur schwer ablassen kann. In einem Fall zeigte eine weibliche Alkoholikerin in einer Therapie-Gruppe nur eine geringe Eigenbeteiligung, und zwar so lange, bis sie glaubte, sie wisse nun genug über die anderen Mitglieder der Gruppe, um jetzt mit ihrem eigenen Spiel zu beginnen. Sie bat alle, ihr zu sagen, wie sie über sie dächten. Da sie sich bisher durchaus liebenswürdig gegeben hatte, machten ihr verschiedene Mitglieder der Gruppe artige Komplimente, gegen die sie jedoch Protest erhob: «Das ist nicht das, was ich hören will. Ich will wissen, wie Sie wirklich über mich denken.» Sie ließ deutlich erkennen, daß sie durchaus abfällige Bemerkungen hören wollte. Die anderen Frauen weigerten sich jedoch, ihr diesen Gefallen zu erweisen; daraufhin ging sie heim und machte ihrem Gatten zur Auflage, sich entweder von ihr scheiden zu lassen oder sie in eine Klinik einzuliefern, falls sie noch einmal zu trinken anfangen sollte. Er versprach, das zu tun, und als sie sich noch am gleichen Abend betrank, schickte er sie in ein Sanatorium. Hier weigerten sich die anderen Patienten ebenfalls, die ‹Nörgler›-Rolle zu spielen, die Frau Weiß ihnen zugedacht hatte; sie sah sich nicht in der Lage, dieses antithetische Verhalten zu tolerieren, obwohl jedermann sich bemühte, sie in ihren bereits gewonnenen Einsichten zu bestärken. Nur daheim fand sie schließlich jemanden, der willens war, die von ihr geforderte Rolle zu übernehmen.

In anderen Fällen erscheint es jedoch durchaus möglich,

auf den Patienten so einzuwirken, daß das Spiel aufgegeben werden kann, und den Versuch einer echten sozialen Heilung zu unternehmen, bei der der Therapeut sich strikt weigert, die Rolle des ‹Nörglers› oder des ‹Retters› zu spielen. Vom therapeutischen Standpunkt aus ist es für ihn ebenso unfruchtbar, die Rolle des ‹Stummen Helfers› zu spielen, indem er dem Patienten erlaubt, seinen finanziellen Verpflichtungen nicht nachzukommen bzw. unpünktlich zur Konsultation zu erscheinen. Vom transaktionellen Standpunkt aus gesehen, besteht die sachgerechte therapeutische Prozedur darin, nach sorgfältiger, grundlegender Vorarbeit eine strikt vertragsmäßige Position auf der Ebene des Erwachsenen-Ichs einzunehmen und die Übernahme jeglicher Rolle im Spiel zu verweigern, in der Hoffnung, der Patient werde in der Lage sein, sich nicht nur mit der Abstinenz vom Trinken abzufinden, sondern auch damit, daß er sein Spiel aufgeben muß. Kann er das nicht, dann verweist man ihn am besten an einen ‹Retter›.

Als besonders schwierig erweist sich die Antithese deshalb, weil man in den meisten Ländern der westlichen Welt den chronischen Trinker in hohem Maß als wünschenswertes Objekt für mißbilligende Kritik ebenso wie für Hilfs- und Betreuungsmaßnahmen betrachtet; jemand, der sich weigert, eine der oben angeführten Rollen zu spielen, läuft daher Gefahr, sich den Unwillen der Öffentlichkeit zuzuziehen. Eine rationale Methode kann auf die ‹Retter› weit alarmierender wirken als auf den ‹Alkoholiker› selbst, und gelegentlich ergeben sich daraus für die Therapie recht unglückliche Konsequenzen. In einem klinischen Arbeitskreis war eine Gruppe von Mitarbeitern ernsthaft am Spiel «Alkoholiker» interessiert, und sie versuchte, echte Heilungen dadurch zu bewirken, daß sie die Patienten nicht nur rettete, sondern das Spiel gänzlich abbrach. Sobald dieser Tatbestand an die Öffentlichkeit drang, wurden diese Mitarbeiter von dem Laienkomitee, das diese Klinik unterstützte, kaltgestellt, und keiner von ihnen wurde jemals wieder zur Behandlung derartiger Patienten herangezogen.

Verwandte Spiele. Ein interessantes Nebenspiel zum «Alkoholiker» bezeichnet man als «Nimm einen [Drink]». Diesen Sachverhalt entdeckte ein mit gutem Auffassungsvermögen begabter Student der Industrie-Psychiatrie. Weiß und seine Frau (eine nicht-trinkende ‹Nörglerin›) veranstalten ein Picknick mit Schwarz und seiner Frau (beide ‹Stumme Helfer›). Weiß sagt zu Schwarz und seiner Frau: «Nehmt einen Drink mit mir!» Gehen sie darauf ein, dann erhält Weiß die Möglichkeit, schnell vier oder fünf Drinks zu nehmen. Weigert sich jedoch das Ehepaar Schwarz, dann wird das Spiel entlarvt. Nach den Spielregeln von «Alkoholiker» muß Weiß sich nun Vorhaltungen machen lassen; er wird also für das nächste Picknick die Gesellschaft von Leuten suchen, die besser auf seine Wünsche eingehen. Was sich auf der Sozial-Ebene wie Großzügigkeit des Erwachsenen-Ichs ausnimmt, erweist sich auf psychologischer Ebene als eine geradezu unverschämte Aktion: Unter den Augen von Frau Weiß, die keine Möglichkeit hat zu protestieren, erschleicht sich das Kindheits-Ich von Weiß durch einen Akt von glatter Bestechung die Einwilligung vom Eltern-Ich des Ehepaars Schwarz. Gerade weil sie keine Möglichkeit hat zu protestieren, stimmt Frau Weiß dem ganzen Arrangement zu, denn ihr ist ebenso an der Fortsetzung des Spiels gelegen, und zwar mit ihr selbst in der Rolle des ‹Nörglers›, wie Herr Weiß das wünscht, wobei er sich selbst in der Rolle des ‹Alkoholikers› sieht. Daß ihm seine Frau am Morgen nach dem Picknick schwere Vorwürfe macht, kann man sich lebhaft vorstellen. Zu Komplikationen kann diese Variante des Spiels dann führen, wenn Weiß der Vorgesetzte von Schwarz ist.

Die ‹Stummen Helfer› sind im allgemeinen einsame Menschen, die selbst nicht unerhebliche Vorteile davon haben, daß sie sich um die Alkoholiker kümmern. Der Besitzer einer Imbißstube, der den ‹Guten Kameraden› spielt, macht auf diese Weise eine ganze Reihe von Bekanntschaften, und er hat so die Möglichkeit, sich in seinem eigenen Bekanntenkreis einen guten Namen als großzügiger Mensch und guter Unterhalter zu machen.

Eine Variante des Spiels «Guter Kamerad» besteht darin, in seiner näheren Umgebung herumzuhorchen und um Rat zu bitten, wie man den Menschen am besten helfen kann. Hier haben wir ein Beispiel für ein erfreuliches und konstruktives Spiel, zu dem man durchaus ermutigen sollte. Sein Gegenbeispiel ist das Spiel «Harter Bursche»: man trainiert auf Gewalttätigkeit oder holt sich Ratschläge, wie man den Leuten am besten ‹eins auswischen› kann. Auch wenn der Spieler die einstudierten Gewaltakte niemals in die Praxis umsetzt, genießt er doch das Privileg, sich mit echten ‹harten Burschen› zu assoziieren, die sozusagen Profi-Spieler sind, und er kann sich im Abglanz ihres zweifelhaften Ruhmes ‹sonnen›. Dieser Spielertyp gehört zu einer Spezies, die die Franzosen als *un fanfaron de vice* bezeichnen.

Analyse

THESE: Wie schlecht hab ich mich benommen! Sieh mal zu, ob du mich davon abhalten kannst!

ZIEL: Selbstkasteiung.

ROLLEN: *Alkoholiker,* Nörgler, Retter, Stummer Helfer und Verbindungsmann.

DYNAMIK: Orale Deprivation.

BEISPIELE: 1. Sieh mal zu, ob du mich erwischen kannst! Die Prototypen dieses Spiels lassen sich wegen seiner Komplexität nur schwer identifizieren. Jedoch praktizieren Kinder, besonders Kinder von Alkoholikern, häufig viele derjenigen Manöver, die für das Spiel «Alkoholiker» charakteristisch sind. «Sieh mal zu, ob du mich davon abhalten kannst!» ist verbunden mit Lügen, mit dem Verstekken von Gegenständen, mit dem Herausfordern von abfälligen Bemerkungen, mit der Suche nach hilfreichen Mitmenschen und mit der Inanspruchnahme eines menschenfreundlichen Nachbarn, der des öfteren etwas spendiert etc. Die Selbstkasteiung wird oft auf einen späteren Zeitpunkt verschoben. 2. Der Alkoholiker und sein Kreis.

SOZIAL-PARADIGMA: Erwachsenen-Ich / Erwachsenen-Ich.

Erwachsenen-Ich: «Sag mir, wie du wirklich über mich denkst, oder hilf mir dabei, das Trinken aufzugeben.»

Erwachsenen-Ich: «Ich will offen mit dir reden.»

PSYCHOLOGISCHES PARADIGMA: Eltern-Ich / Kindheits-Ich.

Kindheits-Ich: «Sieh mal zu, ob du mich davon abhalten kannst.»

Eltern-Ich: «Du mußt mit dem Trinken aufhören, denn ...»

EINZELAKTIONEN: 1. Provokation – Anschuldigung oder Verzeihung. 2. Duldung – Ärger oder Verzweiflung.

NUTZEFFEKTE: 1. Innerlich psychologisch – a) Trinken als ‹Verfahren› – Rebellion, Ermutigung und Befriedigung eines dringenden Verlangens; b) «Alkoholiker» als Spiel – (Mögliche) Selbstkasteiung. 2. Äußerlich psychologisch – Vermeidung sexueller und anderer Intimerlebnisse. 3. Innerlich sozial – Sieh mal zu, ob du mich davon abhalten kannst. 4. Äußerlich sozial – «Der Morgen danach», «Martini» und andere Arten von Zeitvertreib. 5. Biologisch – Alternierender Austausch von liebevollen und zornigen Bekundungen. 6. Existentiell – Jeder will mir etwas vorenthalten.

2. *«Schuldner»*

THESE. «Schuldner» ist mehr als nur ein Spiel. In Amerika, ebenso wie in einigen Dschungelgebieten von Afrika und Neuguinea, zeigt es die Tendenz, sich zu einem Schema für die gesamte Lebensgestaltung zu entwickeln.[2] Dort wenden die Verwandten eines jungen Mannes für den Brautkauf eine ungeheure Summe auf und machen ihn so auf lange Sicht hin zu ihrem Schuldner. In Amerika herrscht, zumindest in den zivilisierteren Gebieten, im Prinzip die gleiche Sitte, nur wird hier aus dem Brautkaufpreis ein Hauskaufpreis, und wenn die Kaufsumme nicht von den Verwandten erlegt wird, dann übernimmt eine Bank diese Rolle.

So wiegen sich beide in dem gleichen Gefühl, ein bestimmtes ‹Lebensziel› vor sich zu haben: der junge Mann aus Neuguinea, der eine alte Armbanduhr von seinem Ohr herabbaumeln läßt, um den Erfolg zu verbürgen, und der junge Mann in Amerika, der sich eine neue Armbanduhr ums Handgelenk schnallt, um den Erfolg zu verbürgen. Die große Feier: die Hochzeit bzw. der Einstand im neuen Haus findet nicht erst dann statt, wenn er sich der Schuld entledigt hat, sondern bereits dann, wenn er sie übernimmt. Auch bei den Darbietungen im Fernsehen zum Beispiel wird nicht in erster Linie der Mann mittleren Alters gezeigt, der endlich seine Hypothekenschuld abgetragen hat, sondern der junge Mann, der mit seiner Familie in das neue Eigenheim einzieht und voller Stolz die eben unterzeichneten Urkunden schwenkt, die ihn von nun an für ein Großteil seiner produktiven Jahre belasten werden. Hat er seine Schuldenlast schließlich getilgt – die Hypotheken, die Ausbildungskosten für seine Kinder und seine Versicherungsbeiträge –, dann wird er zum Problem, zu einem ‹älteren Bürger›, dem die Gesellschaft nicht nur materiellen Komfort zu bieten hat, sondern für den sie auch eine neue Lebensaufgabe bereithalten muß. Ist er recht gewitzt und gerissen, dann mag es ihm hier wie dort gelingen, sich aus einem großen Schuldner in einen großen Gläubiger zu verwandeln, doch geschieht das relativ selten.

Während ich diese Zeilen schreibe, kriecht gerade eine Kellerassel über meinen Schreibtisch. Legt man sie auf den Rücken, dann kann man beobachten, welch ungeheure Anstrengungen sie unternimmt, um wieder auf ihre Füße zu kommen. Während dieser Zeitspanne hat sie ein ‹bestimmtes Ziel› in ihrem Leben. Hat sie mit ihren Bemühungen Erfolg, dann kann man ihr die Freude über diesen ‹Sieg› geradezu aus den Augen ablesen. Sie kriecht davon, so schnell sie ihre Füße tragen, und man kann sich lebhaft vorstellen, wie sie auf dem nächsten Kellerassel-Treffen stolz von ihrer Heldentat berichtet und wie die ‹jüngere Generation› zu ihr aufschaut als zu einem Krebstier, das seinen Weg gemacht hat. Und doch mischt sich in ihre Selbstzufriedenheit eine kleine Enttäuschung. Jetzt, da sie ihre Heldentat vollbracht hat, hat sie kein bestimmtes Ziel mehr im Leben. Vielleicht kehrt sie noch einmal zurück, in der Hoffnung, ihren Triumph zu wiederholen. Man sollte eigentlich auf ihrem Rücken ein Kennzeichen mit Tinte anbringen, um festzustellen, ob sie es noch einmal riskiert. Wirklich ein mutiges Geschöpf, diese Kellerassel! Kein Wunder, daß sie Millionen von Jahren überdauert hat.

Die meisten jungen Amerikaner nehmen ihre Hypothekenschulden nur in Krisenzeiten wirklich ernst. Leiden sie unter Depressionen oder ist die allgemeine Wirtschaftslage kritisch, dann sind ihre Verpflichtungen ein Antrieb zu intensiverer Tätigkeit, und sie mögen sogar manchen davon abhalten, sich das Leben zu nehmen. Die meiste Zeit über spielen sie in nicht allzu ernster Form das Spiel «Wenn ich diese Schulden nicht hätte...», im übrigen aber genießen sie durchaus ihr Leben. Nur ganz wenige machen ein ‹knallhartes› Spiel «Schuldner» sozusagen zu ihrem Beruf.

«Versuch's und kassiere!» («VUK») wird gewöhnlich von jungen Ehepaaren gespielt; es ist ein gutes Beispiel dafür, wie man ein Spiel so arrangieren kann, daß der Spieler auf jeden Fall ‹gewinnt›, ganz gleich, wie das Spiel auch laufen mag. Das Ehepaar Weiß nimmt für alle möglichen Waren und Dienstleistungen Kredite in Anspruch, und zwar für solche einfacherer oder luxuriöserer Art, entsprechend ihrem jeweiligen gesellschaftlichen Status bzw. der Art und Weise, in der ihnen dieses ‹Spiel› von ihren Eltern und Großeltern beigebracht wurde. Gibt der Gläubiger nach einigen zaghaften Inkassoversuchen seine Bemühungen auf, dann kann das Ehepaar Weiß seine Erwerbungen straflos genießen, und in diesem Sinne hat es ‹gewonnen›. Unternimmt der Gläubiger intensivere Versuche zu kassieren, dann genießen sie nicht nur die Benutzung ihrer Erwerbungen, sondern auch eine Art sportliches Vergnügen an der fortgesetzten ‹Verfolgungsjagd›. Knallhart wird das ‹Spiel› dann, wenn der Gläubiger zum Inkasso fest entschlossen ist. Um zu seinem Geld zu kommen, muß er zu außergewöhnlichen Maßnahmen greifen. Ihnen haftet gewöhnlich ein koerzitives Element an – der Gläubiger geht entweder zum Arbeitgeber von Weiß, oder er fährt vor Weiß' Haus recht geräuschvoll in einem grellbemalten Geschäftswagen vor, auf dem in riesigen Buchstaben zu lesen ist: INKASSO-AGENTUR.

Zu diesem Zeitpunkt tritt eine Wende ein. Weiß wird jetzt klar, daß er wohl oder übel wird zahlen müssen. Auf Grund des koerzitiven Elements, das in den meisten Fällen im ‹letzten Mahnbrief› des Inkasso-Agenten deutlich genug zum Ausdruck kommt («Falls Sie nicht innerhalb von 48 Stunden...»), fühlt Weiß sich entschieden dazu berechtigt, wütend zu werden; er verlegt sich nunmehr auf eine Variante des Spiels «Jetzt hab ich dich endlich, du Schweinehund!». In diesem Fall betrachtet er sich als Gewinner, indem er demonstriert, daß der Gläubiger habgierig, rücksichtslos und nicht vertrauenswürdig ist.

Daraus ergeben sich zwei deutlich erkennbare Nutzeffekte:

1. Weiß wird in seiner existentiellen Position bestärkt, mit der er in verhüllter Form zum Ausdruck bringt «Alle Gläubiger sind raffgierig»; 2. auch der äußerlich soziale Nutzeffekt ist beträchtlich, denn Weiß ist nunmehr in der Lage, vor seinen Freunden den Gläubiger ganz offen zu beschimpfen, ohne dabei seinen eigenen Status als ‹Guter Kamerad› zu verlieren. Er kann außerdem auch noch einen inneren sozialen Nutzeffekt herausholen, indem er dem Gläubiger persönlich die Stirn bietet. Zusätzlich sieht er im Verhalten des Gläubigers eine nachträgliche Bestätigung dafür, daß er sich die Vorteile des Kreditsystems zunutze gemacht hat: wenn sich die Gläubiger so benehmen, wie es sich gerade in seinem Fall gezeigt hat, warum soll man dann überhaupt ans Zahlen denken?

In der Form von «Versuch's, aber laß dich nicht erwischen» («VALDNE») wird das Spiel «Gläubiger» manchmal von weniger bemittelten Hausbesitzern gespielt. «VUK»- und «VALDNE»-Spieler durchschauen einander relativ leicht; wegen der prospektiven transaktionellen Nutzeffekte und des ins Haus stehenden sportlichen Vergnügens reiben sie sich jedoch heimlich die Hände und lassen sich nicht ungern miteinander ein. Ungeachtet der Tatsache, wer schließlich das Geld ‹gewinnt›, hat jeder von beiden für den Zeitpunkt nach Abschluß der Auseinandersetzung seine Ausgangsposition für das folgende Spiel «Warum muß das ausgerechnet immer mir passieren?» verbessert.

Geld-Spiele können schwerwiegende Folgen haben. Wenn die hier gegebenen Beschreibungen einen leicht scherzhaften Eindruck hinterlassen, dann nicht deshalb, weil es sich hierbei um triviale Dinge handelt, sondern weil hier die triviale Motivierung von Dingen aufgedeckt wird, die die Leute ernst zu nehmen gelernt haben.

Antithese. Die Antithese zu «VUK» besteht ganz offensichtlich darin, eine sofortige Barzahlung zu verlangen. Ein guter «VUK»-Spieler verfügt jedoch über Ausweichmethoden, die nur bei den hartgesottensten Gläubigern ihre Wirkung verfehlen. Die Antithese zu «VALDNE» besteht im Promptheit und Rechtschaffenheit. Da gewiegte «VUK»- und «VALDNE»-Spieler in des Wortes vollster Bedeutung als ‹Profis› zu bezeichnen sind, sind die Chancen eines Amateurs im Kampf gegen sie ebenso gering wie gegen professionelle Glücksspieler. Hat der Amateur auch nur äußerst geringe Gewinnchancen, so kann es ihm doch ein gewisses Vergnügen bereiten, in einem dieser Spiele eine, und sei es auch noch so kleine, Rolle zu spielen. Da beide Spiele traditionell ‹mit harten Bandagen› gespielt werden, bringt einen Profi nichts so stark aus der Fassung, als wenn ein Amateur-Opfer sich über den Ausgang des Spiels lustig macht. In Finanzkreisen gilt eine solche Reaktion als vollkommen unmöglich. Aus den dem Autor bekanntgewordenen Fällen ergibt sich folgendes Bild: Lacht ein Gläubiger über einen Schuldner, wenn er ihm auf der Straße begegnet, dann ist das für diesen ebenso verblüffend, irritierend und frustrierend, als wenn man mit einem «Schlemihl»-Spieler «Anti-Schlemihl» spielt.

3. *«Mach mich fertig»*

These. Dieses Spiel wird von Männern gespielt, die in Gesellschaft ein Verhalten an den Tag legen, als trügen sie ein Schild um den Hals mit der Aufschrift «Bitte, tut mir nichts zuleide!». Die Versuchung ist geradezu unwiderstehlich, und wenn sich die natürliche Folge einstellt, dann fängt Weiß an zu jammern: «Aber das Schild besagt doch: ‹Tut mir nichts zuleide›!» Ungläubig fügt er noch hinzu: «Warum muß das ausgerechnet immer mir passieren?» («WAIM»). Vom klinischen Standpunkt aus läßt sich «WAIM» in verkappter Form in das ‹Psychiatrie›-Schema einbauen: «Immer wenn ich einer großen Belastung ausgesetzt bin, gerate ich ganz durcheinander.» Ein Spiel-Element in «WAIM» leitet sich aus inversem Stolz ab: «Meine Mißgeschicke sind besser als deine.» Dieser Faktor spielt häufig bei Paranoiden eine wichtige Rolle.

Werden die Menschen in der Umgebung des Spielers durch Güte («Ich versuche nur, dir zu helfen»), Sozial-Konventionen oder gesellschaftliche Spielregeln davon abgehalten, ihm etwas anzutun, dann steigert sich sein provokatorisches Verhalten so lange, bis er die gesetzten Grenzen überschreitet und die anderen dazu zwingt, gegen ihn vorzugehen. Solche Menschen werden von der Gesellschaft ausgestoßen, von den Frauen sitzengelassen und von ihren Arbeitgebern entlassen.

Ein korrespondierendes Spiel gibt es auch unter Frauen, und man kann es als «Lumpentante» bezeichnen. Diese Frauen geben sich häufig liebenswürdig, achten aber recht pingelig darauf, äußerlich stets einen schäbigen Eindruck zu machen. Sie sorgen, aus ‹guten› Gründen, dafür, daß ihr Verdienst niemals wesentlich über das Existenzminimum hinausgeht. Kommen sie unerwartet zu Geld, dann finden sich immer unternehmungsfreudige junge Männer, die ihnen dabei behilflich sind, es wieder loszuwerden, indem sie ihnen wertlose Industrieaktien oder ähnliche Dinge andrehen. Umgangssprachlich nennt man eine solche Frau «Mutters Freundin»; sie ist stets bereit, wohlgemeinte elterliche Ratschläge zu erteilen, und lebt ständig in einer Art Ersatzbefriedigung, die sie aus den Erfahrungen und Erlebnissen anderer Menschen bezieht. Das «WAIM» dieser Frauen bleibt unausgesprochen, und nur ihr stetes tapferes Ringen mit den Realitäten deutet hin auf das «Warum muß das ausgerechnet immer mir passieren?».

Einer interessanten Form von «WAIM» begegnen wir bei innerlich ausgeglichenen Menschen, die – oft weit über ihre eigenen Erwartungen hinaus – Erfolg auf Erfolg häufen. Nimmt das «WAIM» hier die Form an von «Womit habe ich das alles eigentlich verdient?», dann kann es durchaus zu ernsten und konstruktiven Gedankengängen führen und, im besten Sinn des Wortes, zur Reifung der Persönlichkeit.

4. «Jetzt hab ich dich endlich, du Schweinehund!» («JEHIDES»)

These. Für sie gibt es ein geradezu klassisches Beispiel beim Pokerspiel. Weiß bekommt ein sogenanntes todsicheres Blatt, z. B. vier Asse. Gehört er zu den «JEHIDES»-Spielern, dann ist er mehr an der Tatsache interessiert, daß ihm nun Schwarz auf Gedeih und Verderb ausgeliefert ist, als daran, ein gutes Pokerspiel zu machen oder Geld zu verdienen.

Weiß mußte in seinem Haus einige Installateurarbeiten ausführen lassen; er besprach mit dem Installateur sehr eingehend die anfallenden Kosten, bevor er ihn mit den Arbeiten beginnen ließ. Der Preis wurde fixiert, und man war sich darin einig, daß keine zusätzlichen Kosten entstehen würden. Als der Installateur dann seine Rechnung vorlegte, setzte er darin noch einige Dollar zusätzlich für ein Ventil an, dessen Anbringung ursprünglich nicht vorgesehen war – der Betrag belief sich auf etwa vier Dollar bei einer Gesamtrechnung von 400 Dollar. Weiß wurde wütend, rief den Installateur an und forderte eine Erklärung. Dieser war jedoch nicht bereit, nachzugeben. Daraufhin schrieb Weiß ihm einen längeren Brief, in dem er seine Integrität und sein Berufsethos anzweifelte und sich entschieden weigerte, die Rechnung zu begleichen, bevor nicht die zusätzlichen Kosten gestrichen würden. Am Ende gab der Installateur dann doch nach.

Daß Weiß und der Installateur eine Art Spiel miteinander spielten, war schon bald nach Beginn ihrer Transaktionen klargeworden. Im Verlauf ihrer Auseinandersetzungen hatten sie wechselseitig ihre potentielle Reaktion ausgelotet. Der Installateur provozierte Weiß durch die Vorlage der erhöhten Rechnung. Da er vorher Weiß sein Wort gegeben hatte, war er eindeutig im Unrecht. Weiß fühlte sich nun berechtigt, seine nahezu grenzenlose Wut an ihm auszulassen. Anstatt, entsprechend dem Standard des Erwachsenen-Ichs, den er sich zur Norm gemacht hatte, vernünftig zu verhandeln und den Verdruß nur anzudeuten, nahm Weiß die Gelegenheit wahr, die gesamte Lebensauffassung des Installateurs zu kritisieren. Oberflächlich betrachtet, handelte es sich hier um eine Transaktion von Erwachsenen-Ich zu Erwachsenen-Ich, um eine legitime geschäftliche Auseinandersetzung über eine bestimmte Geldsumme. Auf der psychologischen Ebene vollzog sich die Transaktion zwischen Eltern-Ich und Erwachsenen-Ich: Weiß nutzte seine zwar geringfügige, vom sozialen Standpunkt aus jedoch zu verteidigende Reklamation (Position!) dazu aus, um Jahre hindurch aufgestauten Wutgefühlen nun seinem betrügerischen Opponenten gegenüber freien Lauf zu lassen, wie das wohl auch seine Mutter in einer ähnlichen Situation getan haben würde. Er war sich rasch über die seinem Verhalten zugrunde liegende geistige Einstellung im klaren («JEHIDES») und begriff auch, welch heimliches Vergnügen ihm die Provokation des Installateurs bereitet hatte. Zugleich erinnerte er sich daran, daß er schon seit frühester Kindheit ähnliche Fälle von Ungerechtigkeit herbeigesehnt, sie mit Vergnügen genossen und mit dem gleichen Nachdruck ausgebeutet hatte. Bei vielen von den Fällen, an die er sich erinnerte, war ihm der eigentliche provokatorische Anlaß bereits entfallen, doch erinnerte er sich bis ins kleinste Detail an die darauffolgenden Auseinandersetzungen. Der Installateur spielte offensichtlich eine Variante des Spiels «Warum muß das ausgerechnet immer mir passieren?» («WAIM»).

«JEHIDES» ist ein zweiseitiges Spiel, das man streng unterscheiden muß von «Ist es nicht schrecklich?» («INS»). Beim «INS»-Spiel sucht der agierende Urheber nach Ungerechtigkeiten, um sich darüber einem Dritten gegenüber beklagen zu können; es handelt sich hier also um ein dreiseitiges Spiel mit den Rollen: Aggressor, Opfer und Vertrauter. «INS» spielt man nach der Devise «Geteiltes Leid ist halbes Leid». Die Vertrauensperson ist gewöhnlich jemand, der selber «INS» spielt. Auch «WAIM» ist ein dreiseitiges Spiel, doch versucht hier der agierende Urheber, seine Mißgeschicke als einzigartig hinzustellen, und er ärgert sich über die ‹Konkurrenz› von seiten anderer Leidensgenossen. «JEHIDES» wird in dreiseitiger professioneller Form auch kommerziell ausgenutzt als sogenanntes «Badger»-Spiel [Erpressung eines Mannes durch eine ihn kompromittierende Frau]. In mehr oder minder subtilen Formen kann es auch als zweiseitiges Ehespiel gespielt werden.

Antithese. Die beste Antithese ist eine korrekte Verhaltensweise. Die Struktur einer auf vertraglicher Basis beruhenden Beziehung zu einem «JEHIDES»-Spieler sollte gleich zu Beginn bis ins Detail klar festgelegt werden, und an diese Regelung sollte man sich nachher strikt halten. So muß zum Beispiel in der klinischen Praxis die Frage der Bezahlung für versäumte Konsultationen bzw. für Stornierungen gleich zu Beginn der Behandlung unmißverständlich geregelt werden, und es müssen zusätzliche Vorsichtsmaßnahmen getroffen werden, um Mißverständnisse bei der Buchführung auszuschalten. Kommt es trotzdem zu einem unvorhergesehenen Zwischenfall, dann besteht die Antithese darin, zunächst ohne Diskussion in taktvoller Form nachzugeben, bis dann der Therapeut in der Lage ist, die Angelegenheit zu bereinigen. Im Alltagsleben muß man bei geschäftlichen Transaktionen mit «JEHIDES»-Spielern immer ein gewisses Risiko einkalkulieren. Der Ehefrau eines solchen Menschen gegenüber sollte man sich stets höflich und korrekt verhalten und auch die Andeutung eines Flirts, eines starken persönlichen Interesses oder einer Kränkung vermeiden, besonders dann, wenn der Ehemann sich den Anschein gibt, als unterstütze er ein solches Verhalten.

Analyse

THESE: Jetzt hab ich dich endlich, du Schweinehund!

ZIEL: Rechtfertigung.

ROLLEN: *Opfer*, Aggressor.

DYNAMIK: Eifersuchts- bzw. Wutanfall.

BEISPIELE: 1. Diesmal hab ich dich erwischt. 2. Eifersüchtiger Ehemann.

SOZIAL-PARADIGMA: Erwachsenen-Ich/Erwachsenen-Ich.

Erwachsenen-Ich: «Was du getan hast, war nicht richtig.»

Erwachsenen-Ich: «Jetzt, da du mich darauf aufmerksam machst, sehe ich es wohl ein.»

PSYCHOLOGISCHES PARADIGMA: Eltern-Ich / Kindheits-Ich.

Eltern-Ich: «Ich habe dich die ganze Zeit beobachtet, und ich habe gehofft, du würdest dir etwas zuschulden kommen lassen.»

Kindheits-Ich: «Diesmal hast du mich erwischt.»

Eltern-Ich: «Und ob! Ich bin entschlossen, meine ganze Wut an dir auszulassen.»

EINZELAKTIONEN: 1. Provokation – Anschuldigung. 2. Verteidigung – Anschuldigung. 3. Verteidigung – Bestrafung.

Nutzeffekte: 1. Innerlich psychologisch – Rechtfertigung für einen Wutausbruch. 2. Äußerlich psychologisch – Vermeidung einer Konfrontation mit eigenen Schwächen. 3. Innerlich sozial – Jetzt hab ich dich endlich, du Schweinehund! 4. Äußerlich sozial – Die Leute sind immer darauf aus, einen zu erwischen. 5. Biologisch – Austausch von aggressiven Bekundungen, gewöhnlich autoerotischer Natur. 6. Existentiell – Man kann den Leuten nicht trauen.

5. *«Sieh bloß, was du angerichtet hast»* *(«SIWADAH»)*

These. In seiner klassischen Form ist dieses Spiel ein Ehespiel, und es beschwört meist einen ‹Mords-Ehekrach› herauf; es kann aber auch zwischen Eltern und Kindern und am Arbeitsplatz gespielt werden.

1. «SIWADAH» ersten Grades: Weiß, der nicht sehr umgänglich ist, vertieft sich in eine Tätigkeit, die es ihm erlaubt, sich von den anderen Menschen abzusondern. Alles, was er sich im Augenblick wünscht, ist nur, daß man ihn in Ruhe läßt. Plötzlich stören ihn seine Kinder oder seine Frau: sie wollen entweder gestreichelt werden oder stellen eine Frage wie z. B.: «Wo ist die große Kneifzange?» Diese plötzliche Unterbrechung ist nun die ‹Ursache› dafür, daß er sich mit seinem Meißel oder Pinsel, seiner Schreibmaschine oder seinem Lötkolben irgendwie verhaspelt; wütend wendet er sich gegen den Störenfried und schreit ihn an: «Sieh bloß, was du da angerichtet hast!» Wiederholt sich ein solcher Vorgang im Laufe der Jahre immer wieder, dann neigt die Familie immer mehr dazu, ihn sich selbst zu überlassen, wenn er sich in irgend etwas vertieft hat. Natürlich ist nicht der Störenfried die eigentliche ‹Ursache› seines Mißgeschicks, sondern sein eigener gereizter Zustand, aber im Grunde kommt ihm der Zwi-

schenfall sehr gelegen, denn dieser liefert ihm einen günstigen Vorwand, um den Eindringling hinauszuwerfen. Unglücklicherweise eignen sich Kinder dieses Spiel nur allzu leicht an, und es wird dann von Generation zu Generation weitergegeben. Die ihm zugrunde liegenden Befriedigungs- und Nutzeffekte lassen sich noch deutlicher demonstrieren, wenn ein verführerisches Element mit hineinspielt.

2. «SIWADAH» zweiten Grades: Wird das Spiel («SIWADAH») nicht nur gelegentlich als persönlicher Schutzwall benutzt, sondern dient als Ausgangsbasis für eine ganz bestimmte Lebensweise, dann heiratet z. B. Weiß eine Frau, die «Ich versuche nur, dir zu helfen» oder eine seiner Varianten spielt. Für ihn ist es dann leicht, alle Entscheidungen ihr zu überlassen. Das kann häufig unter dem Deckmantel von taktvoller Rücksichtnahme oder Ritterlichkeit geschehen. Er kann ihr z. B. höflich und rücksichtsvoll die Entscheidung darüber überlassen, in welches Speiserestaurant oder in welches Kino man gehen soll. Verläuft alles nach Wunsch, dann hat er Grund zu guter Laune. Geht etwas schief, dann kann er sie dafür verantwortlich machen, indem er sagt oder zumindest andeutet: «Du hast mir das eingebrockt»; das ist eine einfache Variante von «SIWADAH». Er kann ihr auch die Verantwortung für die Erziehung der Kinder aufbürden, während er selbst sozusagen nur die vollziehende Gewalt ausübt; klappt dann bei den Kindern nicht alles so, wie man sich das vorgestellt hatte, dann hat er einen guten Anlaß, «SIWADAH» zu spielen. Im Laufe der Jahre ergibt sich daraus die Konsequenz, daß der Mutter die Schuld dafür in die Schuhe geschoben wird, wenn aus den Kindern nichts Ordentliches wird; «SIWADAH» ist in diesem Fall nicht mehr Selbstzweck, sondern es bietet nur eine vorübergehende Befriedigung auf dem Weg zum Spiel «Ich hab's dir ja gleich gesagt!».

Der Profi-Spieler, der mit «SIWADAH» psychologisch erfolgreich arbeitet, verwendet es auch an seinem Arbeitsplatz. Bei dieser Variante tritt an die Stelle von Worten der leidende, ressentimentgeladene Gesichtsausdruck. Der Spieler bittet als Ausdruck ‹demokratischer Gesinnung› oder ‹guter Menschenführung› die ihm unterstellten Mitarbeiter um Ratschläge und Anregungen. Auf diese Weise kann er sich eine unangreifbare Ausgangsposition für die Terrorisierung seiner jüngeren Mitarbeiter schaffen. Jedes Mißgeschick, das ihm selbst passiert, kann er als Waffe gegen sie verwenden, indem er ihnen die Schuld dafür in die Schuhe schiebt. Verwendet man das Spiel gegenüber Vorgesetzten (indem man sie für die eigenen Irrtümer verantwortlich macht), dann nimmt es selbstzerstörerische Formen an und kann zur Kündigung des Beschäftigungsverhältnisses oder, bei der Armee, zur Versetzung zu einer anderen Einheit führen. In diesem Fall wird es zu einer Komponente der Spiele «Warum muß das ausgerechnet immer mir passieren?» bzw. «Jetzt hat's mich wieder erwischt!» (beide gehören zur Gruppe der «Mach mich fertig»-Spiele).

3. «SIWADAH» dritten Grades: In dieser ‹harten› Form kann «SIWADAH» von Paranoiden gegenüber Leuten gespielt werden, die unvorsichtig genug sind, ihnen Ratschläge geben zu wollen (siehe «Ich versuche nur, dir zu helfen»). Das kann sehr gefährlich sein und in einigen seltenen Fällen sogar tödliche Folgen haben.

«Sieh bloß, was du angerichtet hast» («SIWADAH») und «Du hast mir das eingebrockt» («DUHME») ergänzen einander vortrefflich, so daß man die Kombination «SIWADAH»–«DUHME» als klassische Ausgangsbasis für eine Art heimlichen Spiel-Kontrakt in vielen Ehen betrachten kann. Ein derartiger Kontrakt läßt sich mit Hilfe der folgenden Begebenheit verdeutlichen:

In gegenseitigem Einvernehmen mit ihrem Mann verwaltete Frau Weiß die Familienkasse und beglich die anfallenden Rechnungen von ihrem gemeinsamen Scheckkonto, denn Herr Weiß kam mit Zahlen nicht sehr gut zurecht. Alle paar Monate erhielten sie eine Benachrichtigung, daß das Konto überzogen war, und Weiß mußte das bei der Bank wieder in Ordnung bringen. Forschten sie beide gemeinsam nach der Ursache dieser ‹Panne›, dann stellte sich regelmäßig heraus, daß Frau Weiß irgendeine kostspielige Anschaffung gemacht hatte, ohne ihren Mann davon in Kenntnis zu setzen. Als das herauskam, machte Weiß wütend sein «DUHME»-Spiel, seine Frau entschuldigte sich unter Tränen und versprach, daß das nie wieder vorkommen werde. Für eine Weile ging danach alles gut, bis eines Tages plötzlich ein Gläubiger auftauchte, der die Bezahlung einer längst überfälligen Rechnung verlangte. Weiß hatte von dieser Rechnung noch nie etwas gehört und erkundigte sich bei seiner Frau. Daraufhin machte sie ihr «SIWADAH»-Spiel und schob ihm die Schuld in die Schuhe. Da er ihr verboten hatte, das gemeinsame Konto zu überziehen, bestand die einzige Möglichkeit, mit dem Geld auszukommen, für sie darin, diese große Rechnung unbezahlt zu lassen und die eintreffenden Zahlungsaufforderungen vor ihm zu verbergen.

Während eines Zeitraums von zehn Jahren wiederholte sich das Spielchen immer wieder, jedesmal unter der Voraussetzung, daß es diesmal das letzte Mal sein und sich nun alles ändern würde – das geschah auch in der Tat, aber immer nur für wenige Monate. Bei der therapeutischen Behandlung analysierte Herr Weiß dieses Spiel sehr scharfsinnig und ohne jede Hilfe von seiten des Therapeuten, und er schlug auch ein wirksames Heilmittel vor. In gegenseitigem Einvernehmen ließen beide ihre sämtlichen Konten auf seinen Namen überschreiben. Frau Weiß verwaltete nach wie vor die Haushaltskasse und schrieb die Schecks aus, doch kontrollierte Herr Weiß vorher die eingehenden Rechnungen und die ausgehenden Zahlungsanweisungen. Auf diese Weise konnte ihm weder eine Zahlungsaufforderung noch eine Überziehung des Kontos entgehen, und er entwarf gemeinsam mit seiner Frau das Haushaltsbudget. Die Tatsache, daß sie sich nun der Befriedigungen und Nutzeffekte aus den Spielen «SIWADAH» und «DUHME» beraubt sah, brachte die Familie Weiß zunächst in einige Verlegenheit, doch war sie nun gezwungen, nach weniger verdeckten und mehr konstruktiven Nutzeffekten zu suchen.

ANTITHESE. Die Antithese zu «SIWADAH» ersten Grades besteht darin, den Spieler sich selbst zu überlassen, die zu «SIWADAH» zweiten Grades darin, die Verantwortung für eine Entscheidung wieder auf Weiß zurückzuübertragen. Wer das Spiel im ersten Grad spielt, mag so reagieren, daß er sich zwar verlassen vorkommt, er wird aber selten zornig werden; wer das Spiel im zweiten Grad spielt, neigt im allgemeinen zu Widerspenstigkeit, wenn man ihn dazu zwingt, die Initiative zu ergreifen, so daß eine konsequente anti-«SIWADAH»-Einstellung zu unerfreulichen Folgen führt. Die Antithese zu «SIWADAH» dritten Grades sollte man kompetenten Fachleuten überlassen.

Teil-Analyse

Das Ziel dieses Spiels ist eine Rechtfertigung. In dynamischer Hinsicht könnte man das Spiel in seiner milderen Form mit einer vorzeitigen Ejakulation in Verbindung bringen, in seiner ‹harten› Form mit einem Wutanfall, der durch die Angst vor einer ‹Kastration› ausgelöst wird. Kinder erlernen das Spiel verhältnismäßig leicht. Der äußerliche psychologische Nutzeffekt (Ausweichen gegenüber jeder Verantwortung) liegt auf der Hand; häufig wird das Spiel auch durch ein unmittelbar drohendes Intimerlebnis ausgelöst, denn der ‹berechtigte› Zornausbruch bietet einen guten Vorwand, um sexuellen Beziehungen aus dem Wege zu gehen. Die existentielle Position wird gekennzeichnet durch die Formulierung «Mich trifft keine Schuld».

Nachtrag

Für ihre fortgesetzten Bemühungen bei der Untersuchung des Spiels «Alkoholiker», für ihre Beiträge zur vorliegenden Erörterung und für ihre kritische Begutachtung bin ich folgenden Damen und Herren zu Dank verpflichtet: Dr. Rodney Nurse und Mrs. Frances Matson vom Center for Treatment and Education on Alcoholism in Oakland, Kalifornien, Dr. Kenneth Everts, Dr. R. J. Starrels, Dr. Robert Goulding und allen anderen, die ein besonderes Interesse an diesem Projekt bezeugt haben.

7. *Ehespiele*

Nahezu jedes beliebige Spiel kann zu einer Art ‹Korsett› für das Ehe- und Familienleben werden, aber unter dem Schutz der staatlich konzessionierten Intim-Gemeinschaft gedeihen einige Spiele besser, wie z. B. «Wenn du nicht wärst», oder sie werden länger toleriert, wie z. B. «Frigide Frau». Zwischen den Ehespielen und den in einem gesonderten Kapitel behandelten Sexspielen läßt sich natürlich nur eine mehr oder weniger willkürliche Trennungslinie ziehen. Zu den Spielen, die charakteristischerweise im ehelichen Leben zu voller Blüte gedeihen, gehören «Zwickmühle», «Gerichtssaal», «Frigide Frau» und «Frigider Mann», «Überlastet», «Wenn du nicht wärst», «Du siehst, ich gebe mir wirklich die größte Mühe» und «Schätzchen».

1. *«Zwickmühle»*

These. Deutlicher als bei den meisten Spielen kommen bei «Zwickmühle» der manipulierbare Aspekt der Spiele und ihre Funktion als Intimitäts-Barriere zum Ausdruck. Paradoxerweise besteht es gerade aus einer unaufrichtigen Weigerung, das Spiel eines anderen Partners mitzuspielen.

1. Frau Weiß schlägt ihrem Mann vor, gemeinsam ins Kino zu gehen. Weiß stimmt zu.

2. a) Frau Weiß unterläuft ein ‹unbewußter› Lapsus. Sie erwähnt im Laufe der Unterhaltung ganz nebenbei, daß das Haus neu gestrichen werden müsse. Das ist ein kostspieliges Unterfangen, und ihr Mann hatte sie erst unlängst darauf hingewiesen, daß seine finanzielle Lage recht angespannt sei; er hatte sie gebeten, ihn zumindest nicht vor Beginn des nächsten Monats mit unnötigen und ungewöhnlichen Anschaffungsvorschlägen zu belästigen. Es ist jetzt also ein absolut ungeeigneter Moment, um Reparaturen am Haus vorzuschlagen, und Weiß reagiert darauf auch ausgesprochen unfreundlich.

2. b) Alternative: Weiß kommt im Laufe der Unterhaltung absichtlich auf das Haus zu sprechen, und seine Frau kann nur schwer der Versuchung widerstehen, zu sagen, das Haus müsse neu gestrichen werden. Auch in diesem Fall reagiert ihr Mann ausgesprochen unfreundlich.

3. Frau Weiß fühlt sich beleidigt und sagt, wenn er einen Anfall von schlechter Laune habe, dann würde sie ihn nicht ins Kino begleiten, und er solle am besten allein gehen. Er antwortet darauf, wenn sie das so haben wolle, dann werde er tatsächlich allein gehen.

4. Weiß geht ins Kino (oder mit seinen Freunden aus), seine Frau spielt die Gekränkte und bleibt allein daheim.

Bei diesem Spiel sind zwei verschiedene Pointen möglich:

a) Frau Weiß weiß aus Erfahrung sehr wohl, daß sie sein Aufbrausen nicht allzu ernst nehmen sollte. Was er in Wirklichkeit von ihr erwartet, ist, daß sie einige anerkennende Bemerkungen darüber macht, daß er intensiv für ihren gemeinsamen Lebensunterhalt arbeitet; täte sie das, dann könnten sie jetzt zusammen ins Kino gehen. Aber sie weigert sich mitzuspielen, und er fühlt sich arg im Stich gelassen. Er verläßt das Haus enttäuscht und verbittert, sie bleibt allein daheim, scheinbar gekränkt, nährt aber heimlich das Gefühl, triumphiert zu haben.

b) Weiß weiß aus Erfahrung sehr wohl, daß er ihre Verstimmung nicht allzu ernst nehmen sollte. Was sie in Wirklichkeit von ihm erwartet, ist, daß er sie ein bißchen umschmeichelt und begütigend auf sie einwirkt; täte er das, dann könnten sie jetzt zusammen ins Kino gehen. Aber er weigert sich mitzuspielen, obwohl er weiß, daß seine Weigerung nicht aufrichtig ist: er weiß sehr wohl, daß sie umschmeichelt und begütigt werden will, aber er tut so, als wüßte er's nicht. Er verläßt das Haus mit einer Miene, als sei ihm Unrecht geschehen, aber innerlich fühlt er sich froh und erleichtert. Sie dagegen bleibt enttäuscht und verbittert daheim zurück.

Ganz unbefangen betrachtet, ist in beiden Fällen die Position des jeweiligen Siegers in dem Spiel unangreifbar; was er bzw. sie getan hat, bestand einfach darin, den anderen wörtlich zu nehmen. Das zeigt sich noch deutlicher im Fall b), wo Weiß die Weigerung seiner Frau, mit ihm zu gehen, für bare Münze nimmt. Beide wissen sehr wohl, daß das in Wirklichkeit nicht zutrifft, aber sie hat es gesagt und sitzt jetzt in der Zwickmühle.

Der am meisten ins Auge fallende Nutzeffekt ist hier der äußerlich psychologische. Beide betrachten Kinobesuche als eine Art sexuelles Stimulans und sind sich mehr oder minder darüber im klaren, daß sie nach der Heimkehr aus dem Kino intime Beziehungen miteinander haben werden. Wer von ihnen beiden also ein Intimerlebnis vermeiden will, bringt das Spiel mit Aktion 2.a) bzw. 2.b) in Gang. Es handelt sich hier um eine besonders scharfe Variante des Spiels «Tumult» (s. Kap. 9, Nr. 5). Der Partner, der sich verletzt fühlt, hat natürlich einen guten Grund, intime Beziehungen im Zustand gerechtfertigter Entrüstung abzulehnen, und dem Partner, der in die Zwickmühle geraten ist, bleibt nichts anderes übrig, als sich damit abzufinden.

ANTITHESE. Diese ist für Frau Weiß verhältnismäßig einfach. Sie braucht nur ihre Meinung zu ändern, ihren Gatten beim Arm zu nehmen, versöhnlich zu lächeln und dann mit ihm auszugehen (eine Umschaltung vom ‹Kindheits-Ich›- auf den ‹Erwachsenen-Ich›-Zustand). Für Weiß selbst ist die Situation etwas schwieriger, da seine Frau ja die Initiative hat; überdenkt er jedoch die ganze Sachlage nochmals, dann gelingt es ihm vielleicht, sie mit einigen Schmeicheleien dazu zu überreden, ihn zu begleiten, und zwar entweder wie ein schmollendes Kind, das man gerade besänftigt hat, oder, besser noch, wie es sich für einen richtigen erwachsenen Menschen gehört.

In etwas veränderter Form findet man «Zwickmühle» als Familien-Spiel, an dem auch die Kinder mitbeteiligt sind; in dieser Form ähnelt es dem von Bateson und seinen Mitarbeitern beschriebenen ‹Dilemma›-Spiel (*double-bind*)[1]. Hierbei gerät das Kind so in die Zwickmühle, daß alles, was es dann tut, falsch ist. Nach Auffassung der Bateson-Schule könnte dieser Umstand ein wichtiger ätiologischer Faktor für die Schizophrenie sein. In der von uns hier benutzten Terminologie könnte man also bei Kindern die Schizophrenie gewissermaßen als Antithese zum Spiel «Zwickmühle» bezeichnen. Die Erfahrungen, die man bei der Behandlung schizophrener Erwachsener mit Hilfe der Spiel-Analyse gemacht hat, bestätigt diese Annahme – d. h. wenn man das Familien-Spiel «Zwickmühle» analysiert, um zu demonstrieren, daß die Partner das schizophrene Verhalten gerade deswegen an den Tag gelegt haben, um dem Spiel entgegenzuwirken, dann tritt bei hinreichend vorbereiteten Patienten ein teilweises oder sogar völliges Nachlassen der Krankheitserscheinungen ein.

Einer Alltagsversion des Spiels «Zwickmühle», die von der ganzen Familie gespielt wird und die höchstwahrscheinlich einen ungünstigen Einfluß auf die charakterliche Entwicklung der heranwachsenden Kinder hat, begegnen wir bei stark von ihrem Eltern-Ich bestimmten Eltern, die die Sucht haben, sich dauernd in alles einzumischen. Die heranwachsenden Kinder werden von den Eltern angehalten, sich im Haushalt nützlich zu machen; befolgen sie den Rat, dann mäkeln die Eltern an dem, was sie dann tun, fortgesetzt herum – ein Schulbeispiel für die Devise: «Der Teufel hol dich, wenn du's tust, und der Teufel hol dich, wenn du's nicht tust.»

Als ätiologischer Faktor wirkt «Zwickmühle» manchmal auch bei asthmatischen Kindern.

Kleines Mädchen: «Mammi, liebst du mich?»

Mutter: «Was ist das, Liebe?»

Diese Antwort ist für das Kind unbefriedigend und macht es hilflos. Es möchte über die Mutter sprechen, die Mutter aber wechselt das Thema und spricht über Philosophie: damit weiß das kleine Mädchen nichts anzufangen. Sein Atem wird schwer, die Mutter ist plötzlich irritiert, beim Kind setzt ein Asthma-Anfall ein, die Mutter sagt, es tut ihr leid, und so nimmt das «Asthma»-Spiel seinen Lauf. Für diese «Asthma»-Variante des «Zwickmühle»-Spiels stehen eingehendere Untersuchungen noch aus.

Einer eleganteren Variante von «Zwickmühle», die man als «Russell-Whitehead-Variante» bezeichnen kann, begegnet man gelegentlich in Therapie-Gruppen.

Schwarz: «Nun, wenn keiner was sagt, dann werden wenigstens auch keine Spiele gespielt.»

Weiß: «Das Schweigen kann ja selbst auch ein Spiel sein.»

Rot: «Heute hat hier niemand gespielt.»

Weiß: «Aber an sich kann ja: nicht zu spielen, auch eine Art Spiel sein.»

Die therapeutische Antithese ist nicht weniger elegant. Logische Paradoxa werden einfach untersagt. Beraubt man Weiß derartiger taktischer Manöver, dann rücken bei ihm rasch die zugrunde liegenden Angst-Komplexe in den Vordergrund.

Einerseits eng verwandt mit «Zwickmühle», andererseits aber auch mit «Lumpentante» ist das Ehespiel «*Lunch*-Paket». Der Ehemann, der es sich sehr wohl leisten könnte, mittags in einem guten Restaurant zu essen, macht sich trotzdem jeden Morgen ein paar belegte Brote und nimmt sie dann in einem Papierbeutel in sein Büro mit. Auf diese Weise findet er eine nützliche Verwendung für die Brot- und Wurst-Reste vom Abendessen und für die Papierbeutel, die die Frau immer für ihn aufhebt. Damit stärkt er seine Position bei der Verwaltung der Familien-Finanzen, denn welche Frau würde es angesichts solch selbstloser Opferbereitschaft schon riskieren, sich eine Nerzstola anzuschaffen. Der Ehemann erzielt mit seinem Verhalten auch eine Reihe anderer Nutzeffekte, so hat er z. B. das Privileg, in der Mittagspause sein Essen ungestört allein einnehmen zu können und danach noch liegengebliebene Arbeiten vom Vormittag zu erledigen! Hier handelt es sich in vieler Hinsicht um ein konstruktives Spiel, das sicherlich den Beifall Benjamin Franklins gefunden hätte, denn es fördert die Tugenden der Sparsamkeit, der intensiven Arbeit und der Pünktlichkeit.

2. *«Gerichtssaal»*

THESE. Seiner Beschreibung nach gehört dieses Spiel in die Gruppe derjenigen Spiele, bei deren Definition man am besten Ausdrücke aus dem Bereich der Rechtsprechung verwenden kann; dazu zählen: «Holzbein» (Plädoyer für geistige Unzurechnungsfähigkeit bzw. körperliche Unzulänglichkeit) und «Schuldner» (Zivilklage). In klinischer Form findet man es meistens bei Eheberatern und psychotherapeutischen Ehe-Gruppen. In der Tat bestehen eine ganze Anzahl von Ehe-Beratungs- und Therapie-Gruppen aus einer ständigen Wiederholung des Spiels

«Gerichtssaal»: zu einer Lösung kommt es nicht, denn das Spiel wird praktisch niemals endgültig abgebrochen. Bei derartigen Fällen wird ohne weiteres ersichtlich, daß der Berater bzw. Therapeut selbst stark in das Spiel mit verwickelt ist, ohne daß er sich jedoch dessen bewußt wird.

Am Spiel «Gerichtssaal» kann sich eine beliebige Anzahl von Mitspielern beteiligen, doch ist es im Prinzip dreiseitig: mit den Rollen des Klägers, des Beklagten und des Richters; sie werden dargestellt vom Ehemann, seiner Frau und dem Therapeuten. Vollzieht sich das Spiel in einer Therapie-Gruppe, im Rundfunk oder im Fernsehen, dann übernehmen die übrigen Anwesenden die Rolle der Jury. Der Ehemann fängt an, sich zu beklagen: «Jetzt will ich euch mal erzählen, was ... [Name der Ehefrau] gestern angestellt hat. Sie nimmt ...» etc. etc. Die Ehefrau beginnt nun, sich zu verteidigen: «Jetzt will ich euch mal sagen, wie das wirklich zugegangen ist ...; und außerdem hat er gerade vorher ...; und im übrigen waren wir zu dieser Zeit beide ...» etc. Daraufhin sagt der Ehemann mit einem Anflug von Ritterlichkeit: «Nun gut, ich bin froh, daß ihr die Möglichkeit hattet, euch beide Seiten anzuhören, ich möchte absolut fair sein.» In diesem Augenblick greift der Therapeut mit abwägenden Bemerkungen ein: «Wenn man berücksichtigt, daß ... dann scheint mir ...» etc. etc. Ist eine Zuhörer-Gruppe anwesend, dann kann er sich jetzt an sie wenden und vorschlagen: «So, jetzt wollen wir mal hören, was die anderen dazu zu sagen haben.» Handelt es sich dabei um eine bereits geschulte Gruppe, dann kann sie ohne weitere Anweisungen von seiten des Therapeuten die Rolle der Jury übernehmen.

Antithese. Der Therapeut sagt zum Ehemann: «Sie sind absolut im Recht!» Gibt sich daraufhin der Ehemann selbstzufrieden oder triumphierend, dann fragt ihn der Therapeut: «Wie fühlen Sie sich jetzt, nachdem Sie mein

Urteil gehört haben?» – «Ausgezeichnet», antwortet der Ehemann. Nun sagt ihm der Therapeut: «Eigentlich glaube ich nämlich, daß Sie im Unrecht sind.» Ist der Ehemann aufrichtig, dann müßte er jetzt sagen: «Das hab ich schon die ganze Zeit über gewußt.» Ist er es nicht, dann wird man an seiner Reaktion deutlich erkennen, daß hier ein Spiel im Gange ist. Es ist nun möglich, die Angelegenheit eingehender zu untersuchen. Das Spiel-Element liegt in der Tatsache, daß der Kläger zwar nach außen hin seinen ‹Sieg› bescheinigt haben will, im Grunde aber selbst davon überzeugt ist, daß er unrecht hat.

Sobald in ausreichendem Maß klinisches Material zur Klärung der Situation vorliegt, kann das Spiel durch ein taktisches Manöver unterbunden werden, das in der gesamten Kunst der Antithese zu den elegantesten zählt. Der Therapeut stellt eine Regel auf, mit der der (grammatische) Gebrauch der dritten Person innerhalb der Gruppe verboten wird. Von nun an können die einzelnen Mitglieder der Gruppe einander nur noch direkt mit ‹Du› (bzw. ‹Sie›) apostrophieren oder über sich selbst in der Ich-Form berichten, aber sie dürfen nicht mehr sagen: «Jetzt will ich euch mal über ihn [bzw. über sie] berichten.» Das Ehepaar hört nun entweder gänzlich damit auf, innerhalb der Gruppe seine Spiele zu spielen, oder es weicht aus auf das Spiel «Schätzchen», das eine gewisse Verbesserung gegenüber dem vorhergehenden bedeutet, oder aber es geht über zum Spiel «Außerdem ...», und in diesem Fall wird die ganze Sache sinnlos. Das Spiel «Schätzchen» wird in einem anderen Abschnitt dieses Kapitels (Nr. 7) beschrieben. Im Spiel «Außerdem ...» bringt der Kläger eine Anschuldigung nach der anderen vor. Der beklagte Partner antwortet auf jede einzelne: «Das kann ich leicht aufklären.» Der Kläger schenkt jedoch diesen ‹Erklärungen› nicht die geringste Beachtung, sondern er bringt, sobald der Beklagte zu reden aufgehört hat, sofort mit einem erneuten ‹Außerdem› seine nächste Anschuldigung vor, der dann wieder eine weitere ‹Erklärung› folgt – es handelt sich hier um eine typische Transaktion zwischen Eltern-Ich und Kindheits-Ich.

Am intensivsten wird «Außerdem...» von Paranoiden in der Rolle des Beklagten gespielt. Gerade weil sie alles allzu wörtlich auslegen, ist es für sie besonders leicht, die Anklagen von Leuten zu parieren, die ihre Anschuldigungen in humorvoller oder metaphorischer Form vorbringen. Ganz allgemein sind beim Spiel «Außerdem...» Metaphern diejenigen Fallstricke, denen man in erster Linie zu entgehen versuchen sollte.

In seiner üblichen Form findet man «Gerichtssaal» als dreiseitiges Spiel häufig bei Kindern; es spielt sich dann zwischen zwei Geschwistern und einem Elternteil ab. «Mutti, sie hat mir meine ‹Guttis› weggenommen.» – «Ja, aber er hat mir meine Puppe weggenommen, und vorher hat er mich auch noch gehauen, und wir haben sowieso ausgemacht, daß wir uns die ‹Guttis› teilen wollen.»

Analyse

THESE: Man muß mir bestätigen, daß ich im Recht bin.

ZIEL: Ermutigung.

ROLLEN: *Kläger*, Beklagter, Richter (und/oder Jury).

DYNAMIK: Rivalität zwischen Geschwistern.

BEISPIELE: 1. Kinder streiten sich, ein Elternteil schreitet ein. 2. Ein Ehepaar sucht Rat und Hilfe.

SOZIAL-PARADIGMA: Erwachsenen-Ich / Erwachsenen-Ich.

Erwachsenen-Ich: «Das hat sie mir angetan.»

Erwachsenen-Ich: «So sieht die Sache in Wirklichkeit aus.»

PSYCHOLOGISCHES PARADIGMA: Kindheits-Ich / Eltern-Ich.

Kindheits-Ich: «Sag, daß *ich* recht habe.»

Eltern-Ich: «Er hat recht», oder: «Ihr habt beide recht.»

EINZELAKTIONEN: 1. Vorbringen der Anklage – Vorbringen der Verteidigung. 2. Widerlegung, Eingeständnis oder versöhnliche Geste des Klägers. 3. Entscheidung des Richters oder Instruktionen für die Jury. 4. Das abschließende Urteil wird gefällt.

NUTZEFFEKTE: 1. Innerlich psychologisch – Übertragung von Schuldgefühlen. 2. Äußerlich psychologisch – Befreiung von Schuldgefühlen. 3. Innerlich sozial – «Schätzchen», «Außerdem...», «Tumult» und andere Spiele. 4. Äußerlich sozial – «Gerichtssaal». 5. Biologisch – Anerkennung (*Streichel-Einheiten*) von seiten des Richters und der Jury. 6. Existentiell – Depressive Position; ich bekomme niemals recht.

3. *«Frigide Frau»*

THESE. Hier handelt es sich nahezu immer um ein Ehespiel, denn es ist kaum vorstellbar, daß eine informelle Liaison über einen ausreichenden Zeitraum hin die erforderlichen Möglichkeiten und Privilegien bieten würde oder daß eine solche Liaison trotz dieses Spiels weiter bestehen bliebe.

Der Ehemann macht zärtliche Annäherungsversuche bei seiner Frau und wird von ihr abgewiesen. Als er diese unzweideutigen Annäherungsversuche wiederholt, wirft ihm seine Frau vor, alle Männer benähmen sich wie die Tiere, er liebe sie in Wirklichkeit gar nicht, zumindest nicht um ihrer selbst willen, und er sei ausschließlich am ‹Sex› interessiert. Für eine Weile hält er sich zurück, dann nimmt er seine Annäherungsversuche wieder auf – mit dem gleichen Resultat. Schließlich resigniert er und unterläßt weitere Versuche. Wochen und Monate verstreichen, und die Frau gibt sich in zunehmendem Maß zwanglos und manchmal recht vergeßlich. Sie geht in halbbekleidetem Zustand durch das Schlafzimmer oder vergißt, wenn sie ein Bad nimmt, sich vorher ein sauberes Handtuch zurechtzulegen, so daß er es ihr dann bringen muß. Spielt sie das Spiel in scharfer Form oder ist sie eine starke Trinkerin, dann läßt sie sich bei Parties auf kleine Flirts mit fremden Männern ein. Nach einer gewissen Zeit reagiert der Mann schließlich auf dieses provokative Verhalten und unternimmt erneute Annäherungsversuche bei seiner Frau. Nach einer erneuten Abweisung kommt es zu dem Spiel «Tumult», bei dem ihr beiderseitiges Verhalten, andere Ehepaare, ihre Verwandten, ihre Finanzen und ihre eigenen Schwächen zur Sprache kommen; den Abschluß bildet das Zuknallen einer Tür.

Diesmal kommt der Ehemann zu dem Schluß, daß er mit ihr fertig ist und daß sie nun zu einem sex-losen *modus vivendi* finden müssen. Monate vergehen. Die Parade im Negligé und das Manöver mit dem vergessenen Handtuch lassen ihn kalt. Die Frau gibt sich herausfordernd zwanglos und lässig, doch er widersteht. Eines Abends schließlich beginnt sie ihn mit Zärtlichkeiten und Küssen zu traktieren. Zunächst hält er seinen Entschluß aufrecht und zeigt keine Reaktion, aber nach der langen ‹Durststrecke› nimmt die Natur dann doch ihren Lauf, und er glaubt, jetzt habe er es geschafft. Die ersten, noch zaghaften Annäherungsversuche werden nicht zurückgewiesen und machen ihn kühner und aggressiver. Aber im entscheidenden Augenblick schreckt dann die Frau doch zurück und schreit: «Siehst du, was hab ich dir gesagt! Alle Männer benehmen sich wie die Tiere. Ich wollte nur zärtliche Zuneigung, aber du bist ja nur an Sex interessiert!» Bei dem nun folgenden Spiel «Tumult» entfallen dann gewöhnlich die ersten vorbereitenden Phasen und es treten gleich die finanziellen Probleme in den Mittelpunkt.

Man muß hier festhalten, daß der Mann, trotz seines

gegenteiligen Verhaltens, sich im Grunde vor sexuellen Intimitäten ebenso fürchtet wie seine Frau, und er hat seine Gefährtin sorgfältig unter dem Gesichtspunkt ausgesucht, die Gefahr einer Überschätzung seiner leicht lädierten Potenzkraft, die er nun ihr anlasten kann, so gering wie möglich zu halten.

In seiner Alltagsform wird dieses Spiel auch von unverheirateten Damen aller Altersklassen gespielt, und es bringt ihnen meist nach kurzer Zeit ein allgemein bekanntes Slang-Epitheton ein. Bei ihnen verschmilzt es häufig mit dem Entrüstungs-Spiel «HIVE» (s. Kap. 9, Nr. 3).

ANTITHESE. Das hier besprochene Spiel ist durchaus gefährlich, und die möglichen Antithesen sind es nicht minder. Sich eine Geliebte zu nehmen, bedeutet ein gewisses Risiko. Angesichts der animierenden Konkurrenz ist es durchaus möglich, daß die Frau ihr Spiel aufgibt und nun versucht, ein normales Eheleben zu führen, auch wenn es dazu jetzt vielleicht zu spät ist. Andererseits kann sie aber auch, besonders mit Hilfe eines Anwalts, die Affäre ihres Mannes zu seinem Nachteil auswerten, und zwar in einem Spiel «Jetzt hab ich dich endlich, du Schweinehund!». Das Resultat ist gleichermaßen ungewiß, wenn der Mann sich in therapeutische Behandlung begibt, seine Frau dagegen nicht. Es kann sein, daß die Frau ihr Spiel fallenläßt, wenn der Mann durch die Behandlung in seiner Position gestärkt wird, und das führt dann zu einem vernünftigen Arrangement. Ist die Frau jedoch eine gewiegte Spielerin, dann kann die Besserung beim Mann schließlich zur Scheidung führen. Die bestmögliche Lösung für beide Teile ist die, daß sie sich einer transaktionellen Ehe-Gruppe anschließen, in der sich die dem Spiel zugrunde liegenden Nutzeffekte und der fundamentale sexualpathologische Befund bloßlegen lassen. Dieser vorbereitende Schritt kann dazu führen, daß sich nun beide Ehepartner an einer intensiven individuellen

Psychotherapie interessiert zeigen, die eine Art psychologischer Wiederheirat bewirken kann. Aber auch wenn das nicht der Fall ist, sind für beide Teile die Chancen für ein vernünftigeres Arrangement ihrer wechselseitigen Beziehungen zumindest besser, als das sonst der Fall gewesen wäre.

Eine dezente Antithese zum Spiel «Frigide Frau» besteht darin, daß man sich einfach anderen gesellschaftlichen Umgang sucht. Einige der raffinierteren bzw. brutaleren Antithesen haben ausgesprochen korrupten, wenn nicht gar kriminellen Charakter.

VERWANDTE SPIELE. Das umgekehrte Spiel «Frigider Mann» ist weniger verbreitet, aber, wenn es vorkommt, nimmt es im allgemeinen den gleichen Verlauf, bis auf geringfügige Veränderungen im Detail. Das Resultat hängt von dem persönlichen Verhalten der beteiligten Partner ab.

Der entscheidende Punkt beim Spiel «Frigide Frau» ist die Schlußphase von «Tumult». Ist diese erst einmal abgelaufen, dann kommt für die Beteiligten ein sexuelles Intimerlebnis nicht mehr in Frage, denn beide Partner leiten aus dem Spiel «Tumult» eine perverse Befriedigung ab und haben danach nicht mehr das Bedürfnis nach wechselseitiger sexueller Erregung. Daher besteht der wichtigste Faktor bei der Bekämpfung des Spiels «Frigide Frau» darin, das «Tumult»-Spiel zu unterbinden. Die Frau bleibt auf diese Weise in einem Zustand sexueller Unbefriedigtheit zurück, der so akute Form annehmen kann, daß sie sich bald entgegenkommender gibt. Die Rolle, die ‹Tumult› bei «Frigide Frau» spielt, unterscheidet dieses Spiel von «Schlag mich, Papi», bei dem «Tumult» zu den Präliminarien gehört; im Spiel «Frigide Frau» ist der ‹Tumult› ein unmittelbarer Ersatz für den Geschlechtsakt selbst. Beim Spiel «Schlag mich, Papi» ist der ‹Tumult› eine Voraussetzung für den eigentlichen Geschlechtsakt, eine Art Fetisch, der die Erregung steigert, bei «Frigide Frau» ist die Episode beendet, sobald der ‹Tumult› stattgefunden hat.

Eine frühe Analogie zum Spiel «Frigide Frau» findet man in Dickens' Roman *‹Große Erwartungen›*; hier wird es von einem preziösen kleinen Mädchen gespielt. Es kommt in seinem frisch gestärkten Kleidchen aus dem Haus und bittet einen kleinen Jungen, ihm einen Kuchen aus dem feuchten Sand zu backen. Hinterher macht sich das Mädchen über seine schmutzigen Hände und seinen beschmierten Anzug lustig und zeigt ihm, wie sauber es selbst ist.

Analyse

THESE: Jetzt hab ich dich endlich, du Schweinehund!

ZIEL: Rechtfertigung.

ROLLEN: *Anständige Frau,* rücksichtsloser Ehemann.

DYNAMIK: Penis-Neid.

BEISPIELE: 1. Danke für den feuchten Sandkuchen, du dreckiger kleiner Junge du. 2. Aufreizende, dabei frigide Ehefrau.

SOZIAL-PARADIGMA: Eltern-Ich / Kindheits-Ich.

Eltern-Ich: «Du darfst mir einen feuchten Sandkuchen machen [mich küssen].»

Kindheits-Ich: «Liebend gern.»

Eltern-Ich: «Sieh bloß, wie schmutzig du jetzt bist.»

PSYCHOLOGISCHES PARADIGMA: Kindheits-Ich / Eltern-Ich.

Kindheits-Ich: «Versuch mal, ob du mich verführen kannst.»

Eltern-Ich: «Ich will's versuchen, aber du mußt Widerstand leisten.»

Kindheits-Ich: «Siehst du, du hast mit allem angefangen.»

EINZELAKTIONEN: 1. Verführung – Reaktion. 2. Abfuhr

– Resignation. 3. Provokation – Reaktion. 4. Abfuhr – ‹Tumult›.

NUTZEFFEKTE: 1. Innerlich psychologisch – Freiheit von Schuldgefühlen wegen sadistischer Phantasien. 2. Äußerlich psychologisch – Vermeidung einer befürchteten Exhibition und Penetration. 3. Innerlich sozial – ‹Tumult›. 4. Äußerlich sozial – Was fängt man mit schmutzigen kleinen Jungen (Ehemännern) an? 5. Biologisch – Inhibierte Sex-Präliminarien und Austausch von aggressiven Bekundungen. 6. Existentiell – Ich bin makellos.

4. *«Überlastet»*

THESE. Dieses Spiel wird vorzugsweise von arbeitsmäßig überlasteten Hausfrauen gespielt. Von ihnen verlangt man, daß sie in zehn oder zwölf verschiedenen Beschäftigungsarten gleich tüchtig sind oder, anders ausgedrückt, daß sie zehn oder zwölf verschiedene Rollen mit gleicher Anmut ausfüllen. Von Zeit zu Zeit erscheinen in den Sonntagsbeilagen der Tageszeitungen in halb scherzhafter Form Listen, in denen diese Beschäftigungen bzw. Rollen aufgeführt sind: Geliebte, Mutter, Krankenschwester, Hausmädchen, etc. Da diese Rollen miteinander kollidieren und überdies recht anstrengend sind, führt ihre Aufbürdung im Laufe der Jahre bei der Frau zu einem Zustand, der symbolisch unter dem Namen ‹Hausfrauen-Knie› bekannt ist (das Knie braucht man beim Kinderwiegen, Schrubben, Heben, Autofahren usw.) und dessen Symptome sich kurz und bündig in der Klage «Ich bin abgespannt» zusammenfassen lassen.

Kann die Frau ihr Arbeitstempo selbst bestimmen und in der Liebe zu ihrem Gatten und zu ihren Kindern eine ausreichende Befriedigung finden, dann wird sie die 25 Jahre, in denen sie alle Rollen ausfüllen muß, nicht nur abdienen, sondern freudig auf sich nehmen, und wenn sie ihr jüngstes Kind zum Besuch einer Universität in die Fremde gehen läßt, dann wird sie die plötzliche Einsamkeit schmerzlich empfinden. Wird sie aber einerseits von ihrem Eltern-Ich angetrieben und von dem kritischen Ehemann, den sie sich zu diesem Zweck ausgesucht hat, fortgesetzt zur Rechenschaft gezogen, und ist sie andererseits nicht in der Lage, in der Liebe zu ihrer Familie eine hinreichende Erfüllung zu finden, dann wird sie allmählich immer unglücklicher werden. Zunächst mag sie versuchen, sich mit den Nutzeffekten aus den Spielen «Wenn du nicht wärst» und «Makel» (s. Kap. 8, Nr. 2) zu trösten (tatsächlich greift jede Hausfrau auf diese Spiele zurück, wenn die Situation zusehends unerfreulicher wird); aber schon nach kurzer Zeit gibt ihr das keinen Auftrieb mehr. Sie muß also nach einem anderen Ausweg suchen, und den findet sie in dem Spiel «Überlastet».

Die für dieses Spiel geltende These ist recht einfach. Die Hausfrau erledigt nicht nur die anfallenden Aufgaben, sondern bürdet sich noch zusätzliche Belastungen auf. Sie akzeptiert die Kritik ihres Gatten und erfüllt sämtliche Wünsche ihrer Kinder. Erwartet sie Gäste zum Abendessen, dann fühlt sie nicht nur die Verpflichtung, die Funktionen als Gesprächspartnerin, als Beschließerin und Personalchefin, als Innendekorateurin, als Proviantmeisterin, als Reklameschönheit, als jungfräuliche Königin und als Diplomatin auf gleich perfekte Weise zu erfüllen; sie erklärt sich auch noch freiwillig bereit, am Vormittag des gleichen Tages einen Kuchen zu backen und die Kinder zum Zahnarzt zu begleiten. Fühlt sie sich bereits abgespannt, dann gestaltet sie den Tagesablauf noch aufreibender. Verständlicherweise bricht sie dann am Nachmittag plötzlich zusammen, und alles bleibt liegen. Sie läßt praktisch ihren Mann, ihre Kinder und ihre Gäste im Stich, und die Vorwürfe, die sie sich macht, vergrößern nur noch ihr Elend. Ereignet sich ein solcher Vorfall zwei-

oder dreimal, dann ist ihre Ehe ernsthaft in Gefahr; die Kinder sind verstört, sie selbst verliert an Gewicht, ihr Haar ist unordentlich, ihr Gesichtsausdruck ist verhärmt und ihre Schuhe sind abgetragen. Schließlich erscheint sie im Ordinationsraum eines Psychiaters, bereit, sich in ein Krankenhaus einweisen zu lassen.

ANTITHESE. Die logische Antithese ist im Grunde ganz einfach: Frau Weiß kann im Verlauf der Woche nacheinander jede einzelne der ihr zugefallenen Rollen ausfüllen, aber sie muß sich entschieden weigern, zwei oder mehr Rollen gleichzeitig zu spielen. Gibt sie eine Cocktailparty, dann kann sie vorher entweder die Proviantmeisterin oder das Kindermädchen spielen, aber nicht beides zugleich. Leidet sie am ‹Hausfrauen-Knie›, dann ist sie vielleicht selbst in der Lage, sich die nötigen Beschränkungen aufzuerlegen.

Spielt sie jedoch aktiv das Spiel «Überlastet», dann wird es für sie sehr schwer sein, sich diesem Prinzip zu unterwerfen. Ihren Ehegatten hat sie sich sorgfältig ausgesucht; er ist im allgemeinen ein ganz vernünftiger Mann, aber er übt immer dann Kritik an seiner Frau, wenn er glaubt, sie sei nicht so tüchtig wie seine Mutter. In Wirklichkeit heiratet sie ihres Ehemanns Wunschbild von seiner eigenen Mutter, wie es sich in seinem Eltern-Ich niedergeschlagen hat; es hat eine gewisse Ähnlichkeit mit dem Wunschbild, das sie sich selbst von ihrer eigenen Mutter oder Großmutter gemacht hat. Hat sie einen passenden Partner gefunden, dann kann ihr Kindheits-Ich sich in die Rolle der Überlasteten einleben, die sie zur Aufrechterhaltung ihres psychischen Gleichgewichts benötigt und die sie nur schwer wieder aufgeben wird. Je größer der berufliche Verantwortungsbereich des Ehemanns ist, desto leichter ist es für beide, Gründe für die Beibehaltung der unerfreulichen Aspekte ihrer wechselseitigen Beziehungen zu finden.

Wird die Situation schließlich unhaltbar (häufig geschieht das, wenn die Schulbehörde zugunsten der unglücklichen Kinder interveniert), dann wird der Psychiater herbeizitiert, und es kommt nun zu einem dreiseitigen Spiel. Entweder wünscht der Ehemann, der Psychiater soll eine Art psychischer Generalüberholung an seiner Ehefrau vornehmen, oder sie benötigt ihn als Bundesgenossen im Kampf gegen ihren Mann. Wie sich die Dinge nun weiterentwickeln, das hängt von der Geschicklichkeit und Tüchtigkeit des Psychiaters ab. Die erste Phase, die Linderung der depressiven Empfindungen der Frau, verläuft gewöhnlich glatt. Entscheidend ist die zweite Phase, in der sie das Spiel «Überlastet» zugunsten des Spiels «Psychiatrie» aufgibt. In diesem Stadium macht sich bei beiden Ehepartnern eine wachsende Neigung zu oppositioneller Haltung bemerkbar. Manchmal wird sie für eine Weile gut getarnt und kommt dann ganz plötzlich, wenn auch nicht unerwartet, zum Ausbruch. Ist diese Krise erst einmal überwunden, dann kann man mit der eigentlichen Arbeit, der Spiel-Analyse, beginnen.

Den eigentlichen Schuldigen muß man in dem auf die Mutter bzw. Großmutter zurückzuführenden Eltern-Ich der Frau suchen; der Ehemann ist bis zu einem gewissen Grad nur eine für diese Rolle im Spiel bestimmte Marionette. Der Therapeut muß nicht nur gegen das Eltern-Ich der Frau und gegen den Ehemann ankämpfen, sondern auch gegen ein Sozial-Milieu, in dem die Willfährigkeit der Frau noch gefördert wird. Eine Woche nachdem der Artikel über die vielen Rollen, die der Hausfrau zufallen, erschienen ist, bringt die nächste Sonntagsbeilage ein Testformular zur Selbstbefragung: «Wie gut sind Sie als Gastgeberin/Ehefrau/Mutter/Haushälterin/Verwalterin des Budgets etc.?» Für die Hausfrau, die das Spiel «Überlastet» betreibt, hat dieser Testbogen etwa die gleiche Bedeutung, die das Merkblatt mit den Spielregeln, das jedem neugekauften Spiel beiliegt, für die Kinder hat. Es kann die Steigerung des Spiels «Überlastet» beschleunigen, das bei mangelnder Kontrolle häufig in das Spiel «Städtisches Krankenhaus» einmündet («Das letzte, was ich mir wünschte, ist, daß man mich ins Krankenhaus einliefert»).

In der Praxis besteht bei solchen Ehepaaren eine große Schwierigkeit darin, daß der Ehemann, abgesehen von dem Spiel «Du siehst, ich gebe mir wirklich die größte Mühe», keine weitere persönliche Beteiligung an der Behandlung seiner Frau wünscht; er ist nämlich in den meisten Fällen erheblich beunruhigter, als er zuzugeben bereit ist. Statt dessen läßt er dem Therapeuten indirekt Nachrichten zukommen, denn er weiß genau, daß die Temperamentsausbrüche, zu denen er sich hinreißen läßt, von seiner Frau dem Therapeuten geschildert werden. Das Spiel «Überlastet» macht leicht eine Eskalation bis zum dritten Grad durch, in dem es zu einem Kampf auf Leben, Tod und Scheidung wird. Der Psychiater steht nahezu allein auf der Seite des Lebens, und er wird dabei nur von dem ‹überlasteten› Erwachsenen-Ich der Patientin unterstützt, das gegen alle drei Ich-Aspekte des Ehemanns sowie gegen ihr eigenes inneres Eltern- und Kindheits-Ich in einen erbitterten Kampf verwickelt ist, der leicht einen tödlichen Ausgang nehmen kann. Es ist ein recht dramatischer Kampf, bei dem die Chancen fünf gegen zwei stehen, und der selbst an das berufliche Können eines absolut nicht spiel-anfälligen Therapeuten die höchsten Anforderungen stellt. Verliert er dabei den Mut, dann bleibt ihm der bequeme Ausweg, seine Patientin auf dem Altar des Scheidungsgerichts zu opfern; das ist dann das gleiche, als sagte er: «Ich geb's auf; macht den Sieger unter euch aus.» (Siehe Kap. 9, Nr. 1.)

5. *«Wenn du nicht wärst»* *(«WEDUNIW»)*

These. Eine detaillierte Analyse dieses Spiels wurde bereits in Kapitel 5 gegeben. Nach dem Spiel «Warum nicht – Ja, aber...», das man bislang nur als interessantes Phänomen betrachtet hatte, war «WEDUNIW» der zeitlichen Reihenfolge nach das zweite Spiel, dem man auf die Spur kam. Mit dieser Neuentdeckung wurde deutlich, daß es eine ganze Gruppe von Sozial-Aktionen geben mußte, die auf verdeckten Transaktionen beruhten. Das führte zu einer intensiveren Erforschung derartiger Vorgänge, und die vorliegende Sammlung ist eines der erzielten Ergebnisse.

Eine Frau heiratet einen tyrannischen Mann, damit er sie in ihrem Aktionsradius beschränkt und sie auf diese Weise davor bewahrt, in Situationen zu geraten, die bei ihr Angstgefühle auslösen. Handelte es sich hier um eine einfache ‹Operation›, dann würde sie ihm wohl ihre Dankbarkeit dafür ausdrücken, daß er ihr diesen Dienst erweist. Im Spiel «WEDUNIW» zeigt sie jedoch eine genau entgegengesetzte Reaktion: sie nutzt die Situation aus, um sich über die ihr auferlegten Beschränkungen zu beklagen; das hat zur Folge, daß ihr Mann sich unbehaglich fühlt und sie selbst alle möglichen Vorteile ergattert. Das Spiel selbst ist der innerlich soziale Nutzeffekt. Der äußerlich soziale Nutzeffekt besteht in dem aus diesem Spiel abgeleiteten Zeitvertreib: «Wenn *er* nicht wäre», dem sie sich beim Kaffeekränzchen mit ihren gleichgesinnten Freundinnen hingibt.

6. *«Du siehst, ich gebe mir wirklich die größte Mühe»*

These. In seiner üblichen klinischen Form handelt es sich hier um ein dreiseitiges Spiel, gespielt von einem Ehepaar und einem Psychiater. Meist geht der Ehemann auf eine Scheidung aus, obwohl er nach außen hin lauthals das Gegenteil behauptet, seine Frau hingegen ist aufrichtig an der Weiterführung der Ehe interessiert. Der Mann sucht sozusagen unter Protest den Therapeuten auf und berichtet nur so viel, wie nötig ist, um der Frau seinen guten Willen zu demonstrieren; gewöhnlich spielt er dabei in relativ milder Form entweder «Psychiatrie» oder «Gerichtssaal». Mit fortschreitender Zeit zeigt er jedoch gegenüber dem Therapeuten eine in zunehmendem Maß ressentimentgeladene Pseudo-Willfährigkeit oder aber eine aggressive Streitlust. Daheim gibt er sich anfangs verständiger und zurückhaltender, benimmt sich aber bald schlimmer als je zuvor. Manchmal, schon nach einer Konsultation, manchmal, und das hängt von der Geschicklichkeit des Therapeuten ab, auch erst nach fünf oder zehn Besuchen, weigert sich der Mann, weiterhin zur Konsultation zu erscheinen und geht statt dessen zur Jagd oder zum Angeln. Die Frau sieht sich nun ihrerseits gezwungen, die Scheidung einzureichen. Jetzt steht der Mann als der schuldlose Teil da, denn schließlich hat ja die Frau die Initiative ergriffen, während er seinen guten Willen dadurch demonstriert hat, daß er den Therapeuten aufgesucht hat. Er befindet sich nun in der glücklichen Lage, jedem Anwalt, Richter, Freund oder Verwandten gegenüber zu sagen: «Du siehst [Sie sehen], ich gebe mir wirklich immer die größte Mühe!»

ANTITHESE. Man bestellt das Ehepaar zunächst gemeinsam zur Konsultation. Zeigt sich, daß einer von ihnen – nehmen wir einmal an, der Ehemann – offensichtlich dieses Spiel spielt, dann beginnt man mit dem anderen Partner eine individuelle Behandlung; den ‹Spieler› dagegen schickt man mit der zutreffenden Begründung weg, er sei für eine therapeutische Behandlung noch nicht hinreichend vorbereitet. Er kann natürlich trotzdem die Scheidung durchsetzen, aber nur dann, wenn er seine Behauptung fallenläßt, er «gebe sich wirklich die größte Mühe». Notfalls kann auch die Frau den Scheidungsprozeß einleiten, doch ist ihre Position zweifellos stärker, denn sie hat sich ja tatsächlich ‹große Mühe gegeben›. Das erhoffte günstige Ergebnis besteht nun darin, daß der Ehemann, wenn sein Spiel abgebrochen wird, in einen Zustand der Verzweiflung verfallen und nunmehr, aus echten inneren Motiven heraus, einen anderen Therapeuten konsultieren wird.

Im Alltagsleben kann man das Spiel leicht bei Kindern beobachten, und zwar in einer zweiseitigen Form, bei der ein Elternteil und ein Kind beteiligt sind. Es läßt sich von zwei Positionen aus spielen: «Ich bin hilflos» oder «Ich bin schuldlos». Das Kind versucht irgend etwas zu tun, aber es mißlingt ihm. Ist es ‹hilflos›, dann muß ein Elternteil die Sache für das Kind erledigen, ist es ‹schuldlos›, dann hat der betreffende Elternteil keinen vernünftigen Grund, es dafür zu bestrafen. Hier werden die Grundelemente des Spiels erkennbar. Die Eltern müssen vor allem zwei Dinge herausfinden: 1. wer von ihnen dem Kind das Spiel beigebracht hat, und 2. wodurch sie die fortwährende Wiederholung des Spiels begünstigen.

Eine interessante, dabei jedoch manchmal recht unheilvolle Variante des Spiels ist «Du siehst, ich habe wirklich mein Äußerstes getan». Hier handelt es sich gewöhnlich um ein härteres Spiel zweiten oder dritten Grades. Das läßt sich am besten am Fall eines Mannes darlegen, der schwer arbeitet, obwohl er ein Magengeschwür hat. Es gibt viele Menschen mit progressiver physischer Invalidität, die ihr möglichstes tun, um mit dieser Situation fertig zu werden; sie können dabei auf ganz legitime Weise die Hilfe ihrer Familienangehörigen in Anspruch nehmen. Allerdings läßt sich ein derartiger Zustand auch zu verdeckten Zwecken ausschlachten.

Spiel ersten Grades: Ein Mann erzählt seiner Frau und seinen Freunden, daß er ein Magengeschwür hat. Gleichzeitig macht er ihnen klar, daß er weiter auf seinem Arbeitsplatz bleiben wird. Diese Tatsache löst bei ihnen Bewunderung aus. Ein Mensch, dessen Gesundheitszustand schlecht ist und der Schmerzen hat, ist wohl bis zu einem gewissen Grad dazu berechtigt, sich mit seiner Krankheit ein bißchen in Szene zu setzen; das ist nur eine etwas dürftige Kompensation für sein Leiden. Man sollte anerkennen, daß er nicht auf das Spiel «Holzbein» ausweicht, und ihn verdientermaßen dafür belohnen, daß er die Verantwortung für seinen Aufgabenbereich weiter auf sich lädt. Die freundliche Antwort auf «Ihr seht, ich gebe mir wirklich die größte Mühe» lautet in diesem Fall «Gewiß, wir alle sehen das und bewundern dich, weil du so tapfer und gewissenhaft bist».

Spiel zweiten Grades: Ein Mann erfährt, daß er ein Magengeschwür hat, aber er hält diese Tatsache vor seiner Frau und seinen Freunden verborgen. Er setzt seine Arbeit mit unvermindertem Eifer fort und bricht eines Tages an seinem Arbeitsplatz zusammen. Wenn seine Frau diese Nachricht erhält, versteht sie sofort, was der Mann ihr indirekt damit sagen will: «Du siehst, ich habe wirklich mein Äußerstes gegeben!» Man erwartet nun von ihr, daß sie ihrem Mann eine größere Wertschätzung entgegenbringen soll als je zuvor und daß sie sich all der weniger erfreulichen Dinge schämen soll, die sie vorher gesagt und getan hat. Kurzum: nachdem alle voraufgehenden Versuche, sie für sich zu gewinnen, fehlgeschlagen sind, wird nun von ihr erwartet, daß sie ihrem Mann wirkliche Liebe entgegenbringt. Unglücklicherweise sind aber zu diesem Zeitpunkt ihre Manifestationen von Zuneigung und Besorgtheit weniger aus Liebe motiviert als vielmehr von einem gewissen Schuldgefühl. Im tiefsten Innern grollt sie ihm wahrscheinlich sogar, weil er in unfairer Weise Druck auf sie ausübt und weil er sich dadurch, daß er die Krankheit vor ihr verheimlicht hat, ihr gegenüber einen unrechtmäßigen Vorteil verschafft hat. Mit anderen Worten: mit einem Diamant-Armband kann man einer

Frau seine Zuneigung weit besser und aufrichtiger bezeigen als mit einem durchlöcherten Magen. Sie hat zwar immer noch die Möglichkeit, dem Mann den kostbaren Schmuck wieder an den Kopf zu werfen, aber sie kann ihn nicht wegen eines Magengeschwürs verlassen, ohne sich dabei moralisch ins Unrecht zu setzen. Die plötzliche Konfrontation mit einer schweren Krankheit gibt ihr wohl eher das Gefühl, in eine Falle geraten zu sein, als das, nun endgültig zu ihrem Mann zu gehören.

Das Spiel läßt sich häufig zu einem ganz bestimmten Zeitpunkt entlarven, nämlich unmittelbar nachdem der Patient zum erstenmal von seiner möglicherweise progressiven Invalidität erfährt. Hat er vor, das Spiel zu spielen, dann wird ihm aller Wahrscheinlichkeit nach der ganze Plan zu diesem Zeitpunkt durch den Kopf gehen; eine sorgfältige psychiatrische Analyse der gegebenen Situation deckt nun die Hintergründe auf: heimlich empfindet sein Kindheits-Ich eine geradezu hämische Freude darüber, daß ihm eine solche Waffe in die Hand gegeben wird, überdeckt wird sie jedoch von den Überlegungen, die sein Erwachsenen-Ich angesichts der sich aus der Krankheit ergebenden praktischen Probleme anstellt.

Spiel dritten Grades: Noch unheilvoller und tückischer ist die Situation, wenn es wegen der schweren Krankheit zu einem plötzlichen und unvorhergesehenen Selbstmord kommt. Aus dem Magengeschwür entwickelt sich Krebs; die Ehefrau, die niemals erfahren hat, daß ihr Mann ernstlich krank ist, geht eines Tages ins Badezimmer und findet dort unvermutet die Leiche ihres Mannes. Was ihr der tote Gatte noch zu sagen hat, ist deutlich genug: «Du siehst, ich habe wirklich mein Äußerstes getan!» Passiert ein solches Mißgeschick zweimal der gleichen Frau, dann ist es höchste Zeit für sie, herauszufinden, was für eine Art von Spiel sie eigentlich die ganze Zeit über gespielt hat.

Analyse

THESE: Ich laß mich nicht herumschubsen.

ZIEL: Rechtfertigung.

ROLLEN: *Standhafte Person,* Quälgeist, Autoritätsperson.

DYNAMIK: Anale Passivität.

BEISPIELE: 1. Ein Kind zieht sich an. 2. Ein Ehepartner geht auf Scheidung aus.

SOZIAL-PARADIGMA: Erwachsenen-Ich / Erwachsenen-Ich.

Erwachsenen-Ich: «Es ist höchste Zeit, daß du dich anziehst [zu einem Psychiater gehst].»

Erwachsenen-Ich: «Gut, ich will's versuchen.»

PSYCHOLOGISCHES PARADIGMA: Eltern-Ich / Kindheits-Ich.

Eltern-Ich: «Ich werde dafür sorgen, daß du dich anziehst [zu einem Psychiater gehst].»

Kindheits-Ich: «Du siehst ja, es klappt nicht.»

EINZELAKTIONEN: 1. Vorschlag – Widerspruch. 2. Druck – Willfährigkeit. 3. Billigung – Mißerfolg.

NUTZEFFEKTE: 1. Innerlich psychologisch – Freisein von aggressiver Schuld. 2. Äußerlich psychologisch – Ausweichen vor familiären Verpflichtungen. 3. Innerlich sozial – «Du siehst, ich gebe mir wirklich immer die größte Mühe.» 4. Äußerlich sozial – wie vor. 5. Biologisch – Austausch von aggressiven Bekundungen. 6. Existentiell – Ich bin hilflos (schuldlos).

7. *«Schätzchen»*

THESE. In seiner deutlichsten Ausprägung findet man dieses Spiel in den frühen Stadien der ehelichen Gruppen-Therapie, wenn die Partner sich noch in die Defensive gedrängt fühlen; man begegnet ihm aber auch bei verschiedenen gesellschaftlichen Gelegenheiten. Weiß macht eine leicht abfällige Bemerkung über seine Frau, bringt sie jedoch in Form einer Anekdote vor und schließt mit den Worten: «So war es doch, Schätzchen, nicht wahr?» Frau Weiß neigt dazu, ihm zuzustimmen, und zwar aus zwei Gründen, die offensichtlich von ihrem Erwachsenen-Ich bestimmt werden: a) die Anekdote ist in ihren Grundzügen richtig, und es erschiene pedantisch, hinsichtlich der Dinge zu widersprechen, die nur als periphere Details präsentiert werden (die jedoch in Wirklichkeit den Kernpunkt der Transaktion darstellen); b) man müßte sie für ausgesprochen kratzbürstig halten, wenn sie einem Mann widerspricht, der sie öffentlich ‹Schätzchen› nennt. Der psychologische Grund für ihre Zustimmung ist allerdings ihre depressive Position. Sie hat ihn gerade deswegen geheiratet, weil sie genau wußte, daß er ihr den Dienst erweisen würde, ihre Mängel aufzudecken, und daß er ihr dadurch die peinliche Situation ersparen würde, es selbst tun zu müssen. Als sie noch ein Kind war, haben ihre Eltern ihr den gleichen Dienst erwiesen.

Neben «Gerichtssaal» wird das hier besprochene Spiel in Ehe-Gruppen am häufigsten gespielt. Je gespannter die Lage ist und je näher das Spiel seiner Aufdeckung entgegenrückt, desto bitterer ist der Unterton, mit dem das Wort ‹Schätzchen› ausgesprochen wird, bis schließlich das zugrunde liegende Ressentiment offen zutage tritt. Bei sorgfältiger Abwägung aller Gegebenheiten kommt man zu der Feststellung, daß es sich hier um eine verwandte Variante zum Spiel «Schlemihl» handelt, denn die kennzeichnende Einzelaktion besteht darin, daß Frau Weiß die Ressentiments ihres Gatten, die sie krampfhaft zu übersehen sucht, ausdrücklich verzeiht. Daher spielt man auch «Anti-Schätzchen» analog zu «Anti-Schlemihl»: «Du kannst meinetwegen abträgliche Anekdoten über mich erzählen, aber bitte nenn mich nicht immer ‹Schätzchen›.» Diese Antithese birgt allerdings die gleichen Gefahren in sich wie «Anti-Schlemihl». Eine elegantere und weniger gefährliche Antithese besteht aus der Antwort: «Ja, *mein Süßer*!»

In einer anderen Variante des Spiels stimmt die Ehefrau nicht zu, sondern antwortet mit einer ähnlichen ‹Schätzchen›-Anekdote über ihren Mann, mit der sie praktisch zum Ausdruck bringen will: «Du hast auch Dreck am Stecken, mein Lieber!»

Manchmal werden die ‹Kosenamen› nicht tatsächlich ausgesprochen, wer intensiv zuhört, kann sie jedoch auch in diesem Fall heraushören. Hier handelt es sich dann um die stumme Variante des Spiels «Schätzchen».

8. *Partyspiele*

Parties sind zum Zeitvertreib da, und alle Arten von Zeitvertreib eignen sich für Parties (einschließlich der Wartezeit vor dem offiziellen Beginn eines Gruppentreffens); mit fortschreitender Bekanntschaft zeichnet sich jedoch eine Tendenz zur Entstehung von Spielen ab. Der «Schlemihl» und sein Opfer erkennen einander, und all jene vertrauten, aber meist kaum beachteten Selektionsprozesse kommen in Gang. In diesem Kapitel werden vier Spiele erörtert, die in ihrer typischen Form in sozialen Alltagssituationen gespielt werden: «Ist es nicht schrecklich», «Makel», «Schlemihl» und «Warum nicht – Ja, aber ...»

1. *«Ist es nicht schrecklich»*

THESE. «Ist es nicht schrecklich» begegnet uns in vier typischen Formen: als Zeitvertreib auf der Ebene des Eltern-Ichs, als Zeitvertreib auf der Ebene des Erwachsenen-Ichs, als Zeitvertreib auf der Ebene des Kindheits-Ichs und als eigentliches *Spiel*. Bei den verschiedenen Arten von Zeitvertreib gibt es keine Entwicklung und keinen Nutzeffekt im eigentlichen Sinn, sondern nur ungute Gefühle.

1. «Heutzutage» ist die Bezeichnung für den selbstge-

rechten, strafsüchtigen, manchmal sogar tückischen Zeitvertreib auf der Ebene des Eltern-Ichs. Soziologisch gesehen, begegnet man ihm am häufigsten bei einem gewissen Typ von Frauen mittleren Alters mit geringem eigenem Einkommen. Eine Frau dieser Sozialschicht zog sich aus einer Therapie-Gruppe zurück, als sie mit ihrem ‹Eröffnungszug› auf Schweigen stieß und nicht auf jene begeisterte Bestätigung, wie sie sie aus ihrer sozialen Umwelt her gewohnt war. In dieser geistig differenzierteren und mit der Spiel-Analyse vertrauten Gruppe war ein beträchtlicher Mangel an Zusammengehörigkeitsgefühl spürbar, als Frau Weiß berichtete: «Da wir gerade davon sprechen, daß man den Leuten nicht trauen kann, muß ich sagen, es ist ja auch kein Wunder, daß man heutzutage überhaupt niemandem trauen kann. Ich durchstöberte gerade den Schreibtisch eines meiner Untermieter, und was glauben Sie, was ich darin gefunden habe?» Sie wußte eine Antwort auf die meisten Sozialprobleme unserer Zeit: Jugendkriminalität (heutzutage sind die Eltern zu nachsichtig); Scheidung (die Frauen sind heutzutage nicht beschäftigt genug); Verbrechen (farbige Ausländer ziehen heutzutage in vorwiegend von Weißen bewohnte Viertel) und steigende Preise (die Geschäftsleute sind heutzutage zu gewinnsüchtig). Sie brachte deutlich zum Ausdruck, daß sie selbst weder ihrem straffälligen Sohn noch ihren straffälligen Untermietern gegenüber in irgendeiner Weise nachsichtig sei.

«Heutzutage» unterscheidet sich gegenüber bloß müßigem Geschwätz durch das Schlagwort «Kein Wunder». Der ‹Eröffnungszug› mag bei beiden der gleiche sein («Haben Sie schon gehört, die Fanny Michelmeier soll...»), aber in «Heutzutage» gibt es eine bestimmte Richtung und einen Abschluß; man versucht vielleicht sogar, die Sache irgendwie zu ‹erklären›. Müßiges Geschwätz plätschert nur so dahin und verliert sich schließlich.

2. «Zerschundene Haut», begleitet von dem Schlag-

wort «Wie schade!», heißt die entsprechende Variante auf der Ebene des Erwachsenen-Ichs; sie erscheint zwar weniger tückisch, doch sind die zugrunde liegenden Motive gleichermaßen morbid. «Zerschundene Haut» befaßt sich vorwiegend mit Dingen, bei denen Blut fließt; es ist im Prinzip ein zwangloses klinisches Kolloquium. Jeder kann einen Fall zur Sprache bringen, je grauenerregender, desto besser – Details werden genüßlich durchgehechelt. Blutige Verletzungen im Gesicht, Unterleibsoperationen und komplizierte Geburtsfälle werden mit Vorliebe als Gesprächsthemen akzeptiert. Der Unterschied zu müßigem Geschwätz liegt hier in der Rivalität bei der Zurschaustellung chirurgischer Kenntnisse. Pathologische Anatomie, Diagnose, Prognose und vergleichende Einzelfallstudien werden systematisch erörtert. Bei nur müßigem Geschwätz wird eine günstige Prognose allgemein gebilligt, in «Zerschundene Haut» kann jedoch eine fortgesetzt günstige Beurteilung der ‹Fälle› – wenn sie nicht deutlich als unaufrichtig erkennbar ist – dazu führen, daß das ‹Zulassungskomitee› ein heimliches Treffen anberaumt, weil der Spieler *non particeps criminis* ist.

3. Auf der Kindheits-Ebene ist dieser Zeitvertreib von dem Schlagwort «Da siehst du, was man uns jetzt wieder antut» begleitet und hat den Namen «Kaffeepause». Hier handelt es sich um eine rein organisatorische Variante. Nach Einbruch der Dunkelheit kann man diesem Zeitvertreib auch in einer milderen politischen bzw. ökonomischen Form begegnen; man nennt ihn dann: «Barhocker». Beteiligt sind im Prinzip drei Personen, wobei sich die Trümpfe in der Hand der oft etwas schattenhaften, als ‹Man› zitierten Figur befinden.

4. Als *Spiel* findet man «Ist es nicht schrecklich» in seiner dramatischsten Ausdrucksform bei fanatischen Anhängern der «Chirurgie»; in ihren Transaktionen werden auch die Charakteristika des Spiels deutlich. Es handelt sich hier um Leute, die um jeden Preis einen chirurgischen

Eingriff erstreben, auch wenn die gesunde medizinische Erfahrung dagegen spricht. Das Erlebnis an sich, die Einlieferung ins Krankenhaus und der operative Eingriff haben ihre ganz bestimmten Nutzeffekte. Der innerliche psychologische Nutzeffekt ergibt sich aus der ‹Verstümmelung› des Körpers; der äußerliche psychologische Nutzeffekt besteht in der Vermeidung aller Intimerlebnisse und Verantwortlichkeiten, mit einer Ausnahme: man gibt sich völlig in die Hand des behandelnden Arztes. Den biologischen Nutzeffekt macht die fürsorgliche Pflege aus. Die innerlichen sozialen Nutzeffekte steuern der Stab von Ärzten und Krankenschwestern und die anderen Patienten bei. Nach der Entlassung aus dem Krankenhaus fallen dem Patienten die äußerlichen sozialen Nutzeffekte dadurch zu, daß er bei anderen Mitgefühl und Bewunderung auslöst. In seiner extremen Form wird das Spiel profimäßig gespielt, und zwar von betrügerischen und zu allem entschlossenen Leuten, die auf eine Haftung wegen falscher ärztlicher Behandlung ausgehen und ihren Lebensunterhalt am liebsten dadurch bestreiten möchten, daß sie sich bewußt oder aus opportunistischen Gründen eine Invalidität zuziehen. Sie verlangen dann nicht nur wie die Amateurspieler Mitgefühl, sondern auch eine Entschädigung. «Ist es nicht schrecklich» wird also dann zu einem Spiel, wenn der Spieler sich zwar nach außen hin bekümmert gibt, sich aber sozusagen heimlich die Hände reibt angesichts der Nutzeffekte, die er aus seinem Mißgeschick herauspressen kann.

Im großen ganzen kann man Leute, die derartigen Mißgeschicken ausgesetzt sind, in drei Gruppen einteilen.

1. Das Leiden stellt sich ohne eigenes Zutun ein und ist unerwünscht. Diese Leute können das ihnen bereitwillig entgegengebrachte Mitgefühl ausnutzen oder auch nicht. Ein gewisses Maß von Ausnutzung ist im Grunde nur natürlich, und man kann daher solchen Leuten mit der üblichen Höflichkeit begegnen.

2. Das Leiden stellt sich ohne eigenes Zutun ein, doch wird es von den Betroffenen wegen der sich bietenden Ausnutzungsmöglichkeiten höchst dankbar akzeptiert. Hier entspringt das Spiel einer nachträglichen Überlegung und wird zu einem ‹Sekundäreffekt› im Sinne Freuds.

3. Das Leiden wird bewußt gesucht, wie z. B. bei «Chirurgie»-Fanatikern, die von einem Chirurg zum anderen rennen, bis sie schließlich einen finden, der bereit ist, sie zu operieren. In solchen Fällen entspringt das Spiel einer primären Erwägung.

2. *«Makel»*

THESE. Dieses Spiel ist die Quelle eines hohen Prozentsatzes von kleinlichen Alltagsstreitereien; es wird von der depressiven Position des Kindheits-Ichs aus gespielt: «Ich tauge zu nichts», die dann zum Selbstschutz in die Position des Eltern-Ichs transformiert wird: «Sie taugen zu nichts». Das Transaktions-Problem des Spielers besteht nun darin, die eben zitierte These zu beweisen. Daher fühlen sich «Makel»-Spieler im Umgang mit einer neu in ihren Kreis tretenden Person so lange nicht behaglich, bis sie an ihr einen Makel entdeckt haben. In seiner extremsten Form kann es zu einem von ‹autoritären› Persönlichkeiten gespielten totalitären politischen Spiel werden und zu folgenschweren historischen Nachwirkungen führen. In diesem Fall ist seine Verwandtschaft mit dem Spiel «Heutzutage» durchaus klar. Im Lebenskreis der Vorstadtbezirke bewirkt das Spiel «Wie mache ich mich?» eine Ermutigung im positiven Sinn, während von «Makel» eine Ermutigung im negativen Sinn ausgeht. Eine Teilanalyse soll einige Elemente dieses Spiels verdeutlichen.

Sein Bereich erstreckt sich vom ganz Unwesentlichen und Trivialen («Hat den Hut vom letzten Jahr auf») bis zum Zynischen («Hat nicht mal 30 000 DM auf der Bank»), Bösartigen («Ist nicht 100 % arisch»), Esoterischen («Hat nicht mal Rilke gelesen»), Intimen («Kann seine Erektion nicht halten») und Intellektuellen («Was will er eigentlich damit beweisen?»). Psychodynamisch beruht das Spiel gewöhnlich auf sexueller Unsicherheit, und sein Ziel ist die Ermutigung. Im Transaktionsbereich kommt es zur Einmischung in die Angelegenheiten anderer, zu krankhafter Neugier und Spioniererei, wobei manchmal die ernste Besorgtheit des Eltern-Ichs oder des Erwachsenen-Ichs die Tatsache verdeckt, daß das Kindheits-Ich all das genüßlich auskostet. Der innerliche psychologische Nutzeffekt besteht in der Abwehr von Depressionen, der äußerliche in der Vermeidung von Intimerlebnissen, die Weiß' eigene Makel aufdecken könnten. Weiß fühlt sich dazu berechtigt, eine unmodern gekleidete Frau ebenso abzulehnen wie einen Mann ohne finanziellen Hintergrund, einen Nicht-Arier, einen literarisch Unbewanderten, einen Impotenten oder einen Mann mit labiler Persönlichkeitsstruktur. Zugleich bietet die Einmischung in die Angelegenheiten anderer die Möglichkeit zu einigen Sozial-Aktionen mit biologischem Nutzeffekt. Der äußerliche soziale Nutzeffekt ist der gleiche wie bei der unter der Bezeichnung «Ist es nicht schrecklich» zusammengefaßten Gruppe von Spielen.

Aufschlußreich ist die Tatsache, daß Weiß unabhängig von seiner geistigen Kapazität bzw. seinem Bildungsgrad den Bereich auswählt, in dem er dann einen ‹Makel› feststellt. So erzählte z. B. ein Mann, der im Auswärtigen Dienst seines Landes verschiedene verantwortungsvolle Positionen bekleidet hatte, einmal seinen Zuhörern, ein gewisses anderes Land sei im Vergleich zu seinem eigenen Land zweitklassig, weil dort, unter anderem, die Männer Sakkos mit zu langen Ärmeln trügen. Auf der Ebene seines Erwachsenen-Ichs war dieser Mann als durchaus kompetent anzusehen. Nur wenn er auf ‹Eltern-Ich›-Ebene ein

Spiel wie «Makel» spielte, ließ er sich zu so irrelevanten Bemerkungen hinreißen.

3. *«Schlemihl»*

THESE. Der Begriff ‹Schlemihl› bezieht sich nicht auf jenen ‹Mann ohne Schatten›, den Titelhelden in Adelbert von Chamissos Erzählung, sondern auf ein populäres jiddisches Wort, das mit dem deutschen Wort ‹Schlaukopf› verwandt ist. Schlemihls Opfer, das etwa dem ‹gutmütigen Burschen› in dem Roman von Paul de Kock [1] ähnelt, bezeichnet man umgangssprachlich als ‹Schlemazl›. In einem typischen «Schlemihl»-Spiel vollziehen sich die einzelnen Schachzüge etwa folgendermaßen:

1. W. Weiß kippt (scheinbar versehentlich) der Gastgeberin seinen Cocktail aufs Abendkleid.

1. S. Schwarz (der Gastgeber) zeigt zunächst die Tendenz, wütend zu werden, aber er spürt (wenn auch häufig nur vage), daß Weiß gewinnt, wenn er sich seine Erregung anmerken läßt. Schwarz reißt sich also zusammen, und das gibt ihm die Illusion, er sei der Gewinner.

2. W. Weiß entschuldigt sich: «Oh, das tut mir aber leid!»

2. S. Schwarz akzeptiert die Entschuldigung in mehr oder minder deutlicher Form und bestärkt sich dadurch in seiner Illusion, er habe gewonnen.

3. W. Weiß geht nun dazu über, Schwarz noch weiteren Schaden zuzufügen. Er zerbricht was, vergießt was und richtet alles mögliche Unheil an. Nachdem Weiß mit seiner Zigarette ein Loch ins Tischtuch gebrannt, ein Stuhlbein durch den kostbaren Vorhang gerammt und die fette Sauce auf den Teppich geklatscht hat, jubelt das Kindheits-Ich in ihm, denn ihm haben all diese Dinge, für die man seine Entschuldigung akzeptiert hat, ausgespro-

chen Spaß gemacht, während Schwarz entgegenkommenderweise trotz allen Unheils eine musterhafte Selbstdisziplin an den Tag gelegt hat. So profitieren beide von der unglücklichen Situation, und Schwarz ist nicht unbedingt darauf bedacht, Weiß die Freundschaft aufzukündigen.

Wie bei den meisten Spielen gewinnt auch hier Weiß, der den ersten Zug macht, auf jeden Fall. Läßt Schwarz sich seinen Ärger anmerken, dann kann Weiß sich zur Erwiderung dieses Ressentiments berechtigt fühlen. Hält Schwarz sich zurück, dann kann Weiß die Gelegenheit zu weiteren Missetaten ausnützen und sich dabei amüsieren. Der eigentliche Nutzeffekt bei diesem Spiel ist jedoch nicht die Freude an den destruktiven Auswirkungen, die für Weiß sozusagen nur eine zusätzliche ‹Annehmlichkeit› sind, sondern er besteht in der Tatsache, daß man Weiß' Entschuldigung akzeptiert. Das führt direkt zur Antithese.

Antithese. Man spielt «Anti-Schlemihl», indem man die angebotene Entschuldigung *nicht* akzeptiert. Entschuldigt sich Weiß mit den Worten, «Das tut mir aber leid», dann murmelt Schwarz nicht, «Ist schon gut», sondern er sagt: «Meinetwegen können Sie heute abend meine Frau aus der Fassung bringen, die Möbel ruinieren und den Teppich am Boden zerstören, aber tun Sie mir einen Gefallen, und sagen Sie ja nicht noch mal ‹Das tut mir aber leid!›.» Auf diese Weise schaltet Schwarz vom verzeihenden Eltern-Ich auf das objektive Erwachsenen-Ich um, das die volle Verantwortung für alles und vor allem dafür übernimmt, daß Weiß überhaupt eingeladen wurde.

Wie intensiv Weiß sein Spiel spielt, das zeigt sich an der nun folgenden Reaktion, die recht explosiv sein kann. Jemand, der «Anti-Schlemihl» spielt, geht stets das Risiko ein, sich unmittelbaren Vergeltungsmaßnahmen ausgesetzt zu sehen, oder sich zumindest jemanden zum persönlichen Feind zu machen.

Kinder spielen «Schlemihl» in etwas verstümmelter

Form, denn sie sind durchaus nicht immer sicher, ob man ihre Entschuldigung akzeptieren wird, aber sie genießen zumindest das Vergnügen, Unheil der verschiedensten Art anzurichten. Sobald sie jedoch gelernt haben, sich gesellschaftlich richtig zu benehmen, können sie ihre zunehmende Erfahrenheit sehr wohl dazu ausnutzen, jene Verzeihung zu erlangen, die das hauptsächliche Ziel dieses Spiels ist, so wie man es im Rahmen gut erzogener Erwachsenen-Gesellschaften spielt.

Analyse

THESE: Ich kann mich destruktiv verhalten, und man verzeiht mir doch.

ZIEL: Verzeihung.

ROLLEN: *Aggressor*, Opfer (umgangssprachlich: Schlemihl und Schlemazl).

DYNAMIK: Anale Aggression.

BEISPIELE: 1. Unordentliche und destruktive Kinder. 2. Unbeholfener Gast.

SOZIAL-PARADIGMA: Erwachsenen-Ich / Erwachsenen-Ich.

Erwachsenen-Ich: «Da ich höflich bin, müssen auch Sie höflich sein.»

Erwachsenen-Ich: «Das geht in Ordnung. Ich verzeihe Ihnen.»

PSYCHOLOGISCHES PARADIGMA: Kindheits-Ich / Eltern-Ich.

Kindheits-Ich: «Du mußt mir die kleinen Pannen verzeihen, die allem Anschein nach zufällig passiert sind.»

Eltern-Ich: «Du hast recht. Ich muß dir zeigen, wie man sich tadellos benimmt.»

EINZELAKTIONEN: 1. Provokation – Verärgerung. 2. Entschuldigung – Verzeihung.

NUTZEFFEKTE: 1. Innerlich psychologisch – Freude daran, Unheil anzurichten. 2. Äußerlich psychologisch – Vermeidung von Strafe. 3. Innerlich sozial – ‹Schlemihl›. 4. Äußerlich sozial – ‹Schlemihl›. 5. Biologisch – Provozierendes und sanftes ‹Streicheln›. 6. Existentiell – Mich trifft keine Schuld.

4. *«Warum nicht – Ja, aber . . .»* *(«WANJA»)*

THESE. «Warum nicht – Ja, aber . . .» spielt bei der Spiel-Analyse eine ganz besondere Rolle, denn von ihm ging der ursprüngliche Anreiz für das gesamte Konzept von den Spielen aus. Es war das erste Spiel, das aus seinem sozialen Kontext herausgelöst wurde, und da man an ihm die erste Spiel-Analyse vollzogen hat, gehört es auch zu denen, die man heute am besten versteht. Es ist auch dasjenige Spiel, das auf Parties und in Gruppen aller Art, einschließlich der Psychotherapie-Gruppen, am häufigsten gespielt wird. Das folgende Beispiel möge zur Verdeutlichung seiner hauptsächlichen Charakteristika dienen:

Weiß: «Mein Mann besteht immer darauf, die anfallenden Reparaturen eigenhändig auszuführen, und dabei bringt er niemals etwas Rechtes zuwege.»

Schwarz: «Warum nimmt er dann nicht mal einen Kurs zur Erlernung der Zimmerei?»

Weiß: «Ja, das wäre gut, aber er hat keine Zeit.»

Blau: «Warum kaufen Sie ihm dann nicht ein paar gute Werkzeuge?»

Weiß: «Ja, das sollte ich tun, aber er weiß ja nicht mal, wie man mit ihnen arbeitet.»

Rot: «Warum lassen Sie denn Ihren Bau nicht einfach von einem Zimmermann errichten?»

Weiß: «Ja, mein Gott, das käme aber viel zu teuer.»

Braun: «Warum akzeptieren Sie denn dann nicht das, was Ihr Mann macht, so, wie es ist.»

Weiß: «Ja, das möchte ich schon, aber das Ganze könnte glatt auseinanderfallen.»

Einem solchen Wortwechsel folgt gewöhnlich betretenes Schweigen. Schließlich unterbricht Frau Grün das Schweigen, indem sie etwa folgendes sagt: «Ja, da seht ihr's, so ist das mit den Männern, immer wollen sie euch vor Augen führen, wie tüchtig sie in allem sind.»

«Warum nicht – Ja, aber...» («WANJA») kann von einer beliebigen Anzahl von Mitspielern gespielt werden. Der agierende Urheber stellt ein Problem zur Diskussion. Die anderen Mitspieler präsentieren verschiedene Lösungsversuche, von denen jeder mit den Worten beginnt: «Warum nicht...?» Auf jede dieser Fragen hat Weiß einen Einwand: «Ja, aber...» Ein guter Spieler ist in der Lage, die Vorschläge der anderen mit seinen Einwänden auf unbegrenzte Zeit hinaus zu parieren; schließlich geben alle das Spiel auf und Weiß gewinnt. In vielen Situationen muß sich Frau Weiß mit mindestens einem Dutzend von Lösungsvorschlägen auseinandersetzen, bis es ihr gelingt, jenes betretene Schweigen heraufzubeschwören, das das Signal für ihren Sieg ist und sozusagen das Feld freigibt für das nächste Spiel; in dem oben angeführten Beispiel schaltet Frau Grün auf das Spiel «Elternbeirat» um, und zwar zu der Variante «Der Gatte als Delinquent».

Da die Lösungsvorschläge, abgesehen von wenigen Ausnahmen, alle verworfen werden, muß das Spiel ganz offensichtlich einem verdeckten Zweck dienen. «WANJA» wird also nicht aus dem nach außen hin vorgeschobenen Grund (das Erwachsenen-Ich bittet um Informationen und Lösungsvorschläge) gespielt, sondern um das Kindheits-Ich zu ermutigen und zu befriedigen. Die im Gespräch gewechselten Worte mögen so klingen, als spielte sich das Ganze auf der Ebene des Erwachsenen-Ichs ab, aber zwischen dem Wortgeflecht kann man deutlich heraushören, daß Frau Weiß sich mit ihrem Kindheits-Ich präsentiert, das einer bestimmten Situation nicht gewachsen ist; daraufhin schalten die anderen auf ihr lebenskluges Eltern-Ich um und sind eifrig bestrebt, mit ihrer Lebenserfahrung dem Kindheits-Ich von Frau Weiß zu helfen.

Dieser Vorgang wird in Abbildung 8 graphisch dargestellt. Das Spiel kann sich entfalten, denn auf der Sozial-Ebene vollziehen sich Reiz und Reaktion von Erwachsenen-Ich zu Erwachsenen-Ich, und auch auf der psychologischen Ebene handelt es sich um Komplementär-Transaktionen: der Reiz ist vom Eltern-Ich auf das Kindheits-Ich gerichtet («Warum nicht...») und löst beim

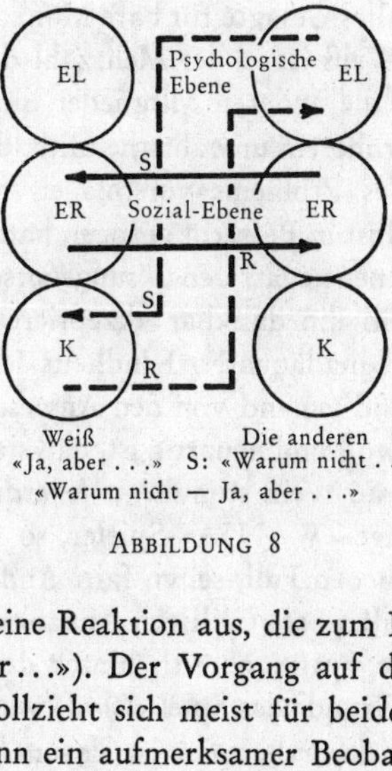

ABBILDUNG 8

Kindheits-Ich eine Reaktion aus, die zum Eltern-Ich hingeht («Ja, aber...»). Der Vorgang auf der psychologischen Ebene vollzieht sich meist für beide Seiten unbewußt, doch kann ein aufmerksamer Beobachter die Umschaltung von einem Ich-Zustand auf einen anderen (vom Erwachsenen-Ich zum ‹inadäquaten› Kindheits-Ich bei Weiß, vom Erwachsenen-Ich zum ‹lebensklugen› Eltern-Ich bei den anderen Mitspielern) leicht entdecken, und zwar auf Grund der Veränderungen in Haltung, Stimmlage und Wortwahl.

Um die mit dem Spiel verbundenen Implikationen zu verdeutlichen, ist es am besten, man führt jetzt noch das oben zitierte Beispiel zu Ende.

Therapeut: «Hat Ihnen jemand irgend etwas vorgeschlagen, das Sie nicht schon selbst in Betracht gezogen hatten?»

Frau Weiß: «Nein, niemand. Praktisch habe ich schon alles, was man mir vorschlug, selbst ausprobiert. Ich habe meinem Mann einige Werkzeuge gekauft, und er hat einen Kurs zur Erlernung der Zimmerei genommen.»

Hier läßt Frau Weiß zwei Gründe dafür erkennen, warum man nicht alles Gesagte für bare Münze nehmen sollte. Erstens: Frau Weiß ist in der Mehrzahl der Fälle ebenso intelligent wie die anderen Mitglieder dieser Gruppe; es ist also von vornherein unwahrscheinlich, daß die anderen eine Lösung des Problems vorschlagen werden, die sie nicht bereits selbst in Betracht gezogen hat. Bringt jemand zufällig doch einen neuartigen Lösungsvorschlag vor, dann wird Frau Weiß ihn dankbar akzeptieren, falls sie fair spielt, d. h. ihr ‹inadäquates› Kindheits-Ich wird nachgeben, wenn irgend jemand von den Anwesenden eine Idee hat, die so sinnvoll und neuartig ist, daß sie das Erwachsenen-Ich von Frau Weiß stimuliert. Allerdings spielen gewohnheitsmäßige «WANJA»-Spieler, so wie Frau Weiß in dem angegebenen Fall, selten fair. Andererseits erhebt sich bei einer allzu bereitwilligen Annahme von Lösungsvorschlägen die Frage, ob sich hinter dem «WANJA»-Spiel nicht im Grunde das Spiel «Blöd» verbirgt.

Das oben zitierte Beispiel ist darum besonders aufschlußreich, weil in ihm vor allem der zweite Grund klar erkennbar wird. Selbst wenn Frau Weiß einige der vorgeschlagenen Lösungsmöglichkeiten tatsächlich selbst ausprobiert hat, verwirft sie sie trotzdem. Das eigentliche

Ziel des Spiels liegt also nicht darin, Lösungsvorschläge zu erhalten, sondern darin, sie zu verwerfen.

Zwar spielt unter den gegebenen Umständen nahezu jeder Mensch dieses Spiel wegen seiner zeitstrukturierenden Wirkung gern, doch fördert eine sorgfältige Studie derjenigen Individuen, die dieses Spiel ganz besonders bevorzugen, mehrere interessante Tatbestände zutage. Erstens: Es ist charakteristisch für sie, daß sie mit gleicher Behendigkeit beide Rollen dieses Spiels spielen können und auch wollen. Diese Vertauschbarkeit der Rollen gilt im übrigen für alle Spiele. Die Spieler mögen zwar instinktiv eine bestimmte Rolle den anderen vorziehen, sie sind jedoch fähig und willens, auch jede übrige Rolle im gleichen Spiel zu spielen, falls das aus irgendeinem Grund zweckmäßig erscheint. (Das ist zum Beispiel der Fall beim Umschalten von der ‹Trinker›-Rolle auf die des ‹Retters› beim Spiel «Alkoholiker».)

Zweitens: In der klinischen Praxis zeigt sich, daß Leute, die eine Vorliebe für das «WANJA»-Spiel haben, zu jener Klasse von Patienten gehören, die zur Beschleunigung ihrer Behandlung schließlich nach einer Hypnose bzw. nach einer Art hypnotischer Injektion verlangen. Spielen sie dieses Spiel, dann kommt es ihnen darauf an, zu demonstrieren, daß niemand ihnen einen akzeptablen Lösungsvorschlag für ihr Problem machen kann – d. h. sie werden niemals kapitulieren; beim Therapeuten dagegen verlangen sie nach einer Prozedur, die praktisch einer bedingungslosen Kapitulation gleichkommt. Das Spiel «WANJA» stellt also offensichtlich auf sozialer Ebene so etwas wie eine Lösung für einen ‹Kapitulations-Konflikt› dar.

Noch bezeichnender ist die Tatsache, daß dieses Spiel besonders unter Leuten üblich ist, die sich ständig davor fürchten, erröten zu müssen; das zeigt das folgende, im Rahmen einer therapeutischen Behandlung geführte Gespräch:

Therapeut: «Warum spielen Sie eigentlich ‹Warum

nicht – Ja, aber...›, obwohl Sie doch wissen, daß das ein aufgelegter Schwindel ist?»

Weiß: «Wenn ich mit jemandem spreche, dann muß ich immer angestrengt nachdenken, was ich eigentlich sagen soll. Tu ich's nicht, dann muß ich erröten. Natürlich nicht, wenn's dunkel ist. Eine Pause im Gespräch kommt mir unerträglich vor. Ich weiß das sehr wohl, und mein Mann weiß das auch. Er hat mich immer wieder darauf aufmerksam gemacht.»

Therapeut: «Sie meinen, wenn Ihr Erwachsenen-Ich nicht dauernd beschäftigt ist, dann nimmt Ihr Kindheits-Ich die Gelegenheit wahr, um urplötzlich aufzutauchen und Sie in Verlegenheit zu bringen.»

Weiß: «Genauso ist es. Solange ich in der Lage bin, jemandem Lösungsvorschläge für seine Probleme zu unterbreiten bzw. ihn zu veranlassen, mir Lösungsvorschläge zu unterbreiten, solange ist bei mir alles in Ordnung; ich fühle mich geschützt. Solange ich mein Erwachsenen-Ich unter Kontrolle halten kann, läßt sich bei mir der Einbruch eines Verlegenheitszustands vermeiden.»

Damit gibt Frau Weiß deutlich zu erkennen, daß sie sich vor allem vor unstrukturierter Zeit fürchtet. Ihr Kindheits-Ich wird so lange daran gehindert, sich bemerkbar zu machen, wie das Erwachsenen-Ich sich in einer bestimmten gesellschaftlichen Situation beschäftigen läßt, und ein Spiel bietet ein durchaus geeignetes Betätigungsfeld für die Funktionen des Erwachsenen-Ichs. Das Spiel muß allerdings hinreichend motiviert sein, um das Interesse der Spielerin festzuhalten. Daß Frau Weiß das «WANJA»-Spiel wählt, ergibt sich aus dem Prinzip der Ökonomie: es bietet für die Konflikte ihres Kindheits-Ichs um die physische Passivität die maximalen inneren und äußeren Nutzeffekte. Sie kann praktisch mit gleichem Gusto die Rolle des pfiffigen Kindes spielen, das sich von niemandem etwas sagen läßt, oder aber die Rolle des lebensklugen Elternteils, der versucht, das Kindheits-Ich in einem anderen Menschen zu beherrschen, dem das aber nicht gelingt. Da das Grundprinzip des Spiels «WANJA» darin besteht, daß niemals ein Lösungsvorschlag akzeptiert wird, bleibt dem Eltern-Ich der Erfolg immer versagt. Das Motto des Spiels lautet also: «Reg dich nicht auf, das Eltern-Ich verliert immer!»

Das heißt: während jede Einzelaktion sozusagen für Weiß amüsant ist und mit jeder Zurückweisung eines vorgebrachten Lösungsvorschlags immer wieder Vergnügen bereitet, liegt der eigentliche Höhepunkt des Spiels in dem mehr oder minder betretenen Schweigen, das dann eintritt, wenn alle anderen sich hinreichend den Kopf zerbrochen haben und keine Lust mehr haben, sich weitere akzeptable Lösungsvorschläge auszudenken. Das ist das Signal für Frau Weiß und die anderen Mitspielerinnen: sie hat gewonnen, indem sie demonstriert hat, daß nicht sie inadäquat ist, sondern daß es die anderen sind. Das betretene Schweigen kann mehrere Minuten lang andauern. In dem oben zitierten Beispiel hat Grün die Triumphspanne für Weiß unvermittelt abgekürzt, denn Frau Grün war nur darauf bedacht, ein Spiel nach ihrer eigenen Wahl zu beginnen, und das hielt sie davon ab, sich an dem Spiel von Frau Weiß zu beteiligen. Zu einem späteren Zeitpunkt während der gleichen Gruppen-Konsultation ließ dann Frau Weiß ihren Groll an Frau Grün dafür aus, daß diese ihr die Zeitspanne verkürzt hatte, in der sie ihren Sieg genießen konnte.

Recht merkwürdig ist bei dem Spiel «WANJA» auch der Umstand, daß das innerliche und das äußerliche Spiel auf genau die gleiche Weise gespielt werden, nur eben mit vertauschten Rollen. Bei der äußerlichen, klinisch beobachteten Form tritt das Kindheits-Ich von Weiß in den Vordergrund, um die Rolle des inadäquaten Hilfesuchenden in einer vielschichtigen Situation zu spielen. Bei der innerlichen, intimeren Form, die sie daheim als zweiseitiges Spiel mit ihrem Ehemann spielt, tritt das lebenskluge

Eltern-Ich in den Vordergrund, um wirksame Ratschläge zu geben. Diese Umkehrung ist jedoch im allgemeinen sekundärer Natur, denn solange ihr zukünftiger Mann noch als Liebhaber um sie wirbt, spielt sie die Rolle des hilflosen Kindes, und erst wenn die Flitterwochen vorüber sind, kommt ihr herrschsüchtiges Eltern-Ich allmählich offen zum Vorschein. Je näher der Hochzeitstermin rückt, desto mehr besteht natürlich die Möglichkeit, daß ihr in dieser Beziehung gelegentlich ein Lapsus unterläuft, aber ihr Verlobter übersieht das geflissentlich, denn er ist nur darauf bedacht, endlich mit seiner sorgfältig erwählten Braut einen eigenen Hausstand zu gründen. Übersieht der Verlobte die gelegentlichen Fehlhandlungen nicht, dann kann es zu einer Auflösung der Verlobung aus ‹wichtigen Gründen› kommen; Frau Weiß, nicht weiser, sondern betrübter, nimmt nun ihre Suche nach einem geeigneten Ehemann wieder von neuem auf.

ANTITHESE. Es leuchtet ein, daß diejenigen, die auf den Eröffnungszug von Weiß: die Darlegung ihres ‹Problems›, reagieren, selbst eine Variante des Spiels «Ich versuche nur, dir zu helfen» («IVEDIH») spielen. Tatsächlich ist «WANJA» in Wirklichkeit nichts anderes als die inverse Form von «IVEDIH». Bei «IVEDIH» gibt es einen Therapeuten und viele Klienten; bei «WANJA» dagegen gibt es nur einen Klienten, aber viele ‹Therapeuten›. Die klinische Antithese zu «WANJA» besteht daher darin, *nicht* «IVEDIH» zu spielen. Besteht der Eröffnungszug in der Formulierung: «Was tut man, wenn ...», dann reagiert man am besten mit der Antwort: «Das ist ein sehr schwieriges Problem. Was wollen Sie denn in diesem Fall unternehmen?» Lautet die Eröffnungs-Formulierung: «Mit X hat das nicht richtig geklappt», dann sollte man antworten: «Das ist zu schade!» Beide Antworten sind höflich formuliert und bringen zugleich Frau Weiß in Verlegenheit, oder sie lösen zumindest bei ihr eine Überkreuz-Transaktion aus, bei der ihre Frustration klar zutage tritt, so daß man sich ihrer annehmen kann. In einer Therapie-Gruppe sollten anfällige Patienten es sich versagen, «IVEDIH» zu spielen, auch wenn man sie dazu geradezu einlädt. Dann können nicht nur Weiß, sondern auch die anderen Mitglieder der Gruppe etwas aus dem «Anti-WANJA» lernen, das im Prinzip nur die Kehrseite von «Anti-IVEDIH» ist.

In einer gesellschaftlichen Situation, in der das Spiel einen freundlichen und harmlosen Charakter hat, besteht allerdings kein Anlaß dazu, nicht daran teilzunehmen. Wird jedoch der Versuch gemacht, jemandem berufliche Kenntnisse zu entlocken, dann mag eine antithetische Einzelaktion erforderlich sein; da aber in solchen Situationen das Kindheits-Ich von Weiß bloßgestellt wird, ergeben sich daraus gewisse Ressentiments. Unter diesen Umständen ist es am besten, dem Eröffnungszug auszuweichen und zu versuchen, ein «HIVE»-Spiel ersten Grades in Gang zu bringen.

Verwandte Spiele. Man muß «Warum nicht – Ja, aber ...» von seinem Gegenstück unterscheiden, dem Spiel «Warum ... – Nein, aber ...» («WANA»); hier gewinnt das Eltern-Ich, und das Kindheits-Ich wird schließlich verwirrt und zieht sich zurück; auch in diesem Fall bekommt man rein von den gesprochenen Worten her den Eindruck, als handle es sich hier um eine sachliche Unterhaltung auf ‹Erwachsenen-Ich›-Ebene. «WANA» ist auch eng verwandt mit dem Spiel «Außerdem ...».

Die Umkehrung von «WANJA» scheint zunächst Ähnlichkeit mit dem Spiel «Verehrerin» zu haben. Hier verleitet Frau Weiß den Therapeuten dazu, ihr Lösungsvorschläge zu unterbreiten, die sie jedoch nicht ablehnt, sondern unverzüglich akzeptiert. Erst nachdem sich der Therapeut sehr eingehend mit Frau Weiß befaßt hat, wird er der Tatsache gewahr, daß sie sich gegen ihn wendet. Was zunächst wie ein Spiel «Verehrerin» aussah, entpuppt sich schließlich als eine Art intellektuelles «HIVE»-Spiel. Die klassische Version dafür ist die Umschaltung von positiver auf negative Übertragung im Verlauf einer orthodoxen Psychoanalyse.

«WANJA» kann man auch in einer schärferen Form zweiten Grades spielen, und zwar als «Tu mir etwas an». Die Patientin weigert sich z. B., ihre Arbeiten im Haushalt zu verrichten, und jeden Abend, wenn der Ehemann heimkehrt, kommt es dann zu einem «WANJA»-Spiel. Was der Mann auch immer vorbringen mag, sie weigert sich hartnäckig, ihr Verhalten zu ändern. Diese verbissene Hartnäckigkeit kann in einigen Fällen durchaus boshafter Natur sein und eine gründliche psychiatrische Untersuchung erforderlich machen. Man sollte allerdings auch den Spiel-Aspekt mit in Betracht ziehen, denn aus ihm ergibt sich die Frage, warum der Mann sich eine solche Frau zur Gattin erwählt hat und inwieweit ihn selbst die Schuld daran trifft, daß die Situation unverändert bleibt.

Analyse

THESE: Sieh mal zu, ob du mir einen Lösungsvorschlag präsentieren kannst, den ich nicht aus irgendeinem Grund zurückweisen kann.

ZIEL: Ermutigung.

ROLLEN: *Hilflose Person*, Ratgeber.

DYNAMIK: Kapitulations-Konflikt (oral).

BEISPIELE: 1. Ja, aber ich kann jetzt nicht im Haushalt arbeiten, denn ... 2. Hilflose Frau.

SOZIAL-PARADIGMA: Erwachsenen-Ich / Erwachsenen-Ich.

Erwachsenen-Ich: «Was tut man, wenn ...»

Erwachsenen-Ich: «Warum ... nicht ...»

Erwachsenen-Ich: «Ja, aber...»

Psychologisches Paradigma: Eltern-Ich / Kindheits-Ich.

Eltern-Ich: «Ich kann dich dazu bringen, daß du mir für meine Hilfe dankbar bist.»

Kindheits-Ich: «Na, dann versuch's doch mal.»

Einzelaktionen: 1. Problem – Lösung. 2. Einwand – Lösung. 3. Einwand – Verwirrung.

Nutzeffekte: 1. Innerlich psychologisch – Ermutigung. 2. Äußerlich psychologisch – Vermeidung einer Kapitulation. 3. Innerlich sozial – «WANJA», Rolle des Eltern-Ichs. 4. Äußerlich sozial – «WANJA», Rolle des Kindheits-Ichs. 5. Biologisch – Sachliche Erörterung. 6. Existentiell – Jeder will mich beherrschen.

9. *Sexspiele*

Einige Spiele werden zur Ausnutzung bzw. zur Abwehr sexueller Impulse gespielt. Hier handelt es sich in allen Fällen im Prinzip um Perversionen von sexuellen Instinkten, bei denen die Befriedigung aus dem sexuellen Akt in die entscheidenden Transaktionen verlegt wird, die den eigentlichen Nutzeffekt des Spiels ausmachen. Das läßt sich allerdings nicht immer überzeugend nachweisen, denn derartige Spiele vollziehen sich im allgemeinen in der privaten Intimsphäre; klinische Informationen über sie kommen also aus zweiter Hand, und es läßt sich nicht immer richtig abschätzen, inwieweit der Informant unvoreingenommen berichtet. So ist z.B. die psychiatrische Auffassung von der Homosexualität recht einseitig, denn die aggressiveren und erfolgreicheren ‹Spieler› begeben sich nur selten in psychiatrische Behandlung, und das verfügbare Material betrifft überwiegend die passiven Partner.

In diesem Kapitel werden folgende Spiele behandelt: «Macht den Sieger unter euch aus», «Perversion», «Hilfe! Vergewaltigung!», «Strumpfspiel» und «Tumult». In den meisten Fällen ist der agierende Urheber eine Frau. Das ist darum der Fall, weil die schärferen Formen von Sexspielen, bei denen ein Mann der agierende Urheber ist, den Grenzbereich der Kriminalität berühren oder bereits selbst kriminelle Delikte darstellen und folglich in das Kapitel der Räuberspiele gehören. Andererseits überschneiden sich auch Sexspiele und Ehespiele, doch können die in diesem Kapitel beschriebenen Spiele ebenso von unverheirateten Partnern gespielt werden wie von Ehepaaren.

1. *«Macht den Sieger unter euch aus» («MASUEA»)*

THESE. Hier kann es sich um ein Manöver, um ein Ritual oder um ein Spiel handeln. In allen Fällen wird jedoch das psychologische Moment stark von der weiblichen Psyche her bestimmt. «MASUEA» bildet wegen seiner ausgesprochen dramatischen Eigenschaften die Grundlage für einen Großteil der Weltliteratur, der guten ebenso wie der schlechten.

1. Als Manöver ist es überwiegend romantisch. Die Frau manövriert zwei Männer in einen Kampf hinein, wobei sie impliziert oder rundweg verspricht, daß sie dem Sieger angehören wird. Ist der Wettkampf entschieden, dann löst sie ihr gegebenes Versprechen ein. Diese Transaktion hat durchaus aufrichtigen Charakter; er zeigt sich auch in der Präsumtion, daß die Frau und ihr Erwählter von nun an für alle Zeiten glücklich zusammen leben werden.

2. Als Ritual zeigt es eine gewisse Tendenz zur Tragik. Anstand und Sitte verlangen, daß die beiden Männer um sie kämpfen, selbst wenn sie selbst das gar nicht wünscht und ihre Wahl bereits getroffen hat. Gewinnt der Falsche, dann muß sie ihn trotzdem nehmen. In diesem Fall ist es nicht die Frau, sondern die Gesellschaft, die das Spiel «MASUEA» in Gang bringt. Spielt sie mit, dann handelt es sich auch hier um eine ehrliche Transaktion. Lehnt sie jedoch das Spiel ab oder ist enttäuscht, dann bietet ihr der

Ausgang beträchtlichen Spielraum für weitere Spiele, wie z. B. «Dem Burschen woll'n wir mal ein Ding verpassen».

3. Als Spiel hat es ausgesprochen komischen Charakter. Die Frau setzt den Wettkampf in Szene, aber während die beiden Männer um sie kämpfen, macht sie sich mit einem Dritten aus dem Staub. Die innerlichen und äußerlichen psychologischen Nutzeffekte für sie und ihren Erwählten lassen sich aus der Auffassung ableiten, ein aufrichtiger Wettstreit eigne sich allenfalls für Trottel und Einfaltspinsel; die Komödie, die die beiden gemeinsam durchlebt haben, bildet die Grundlage für die innerlichen und äußerlichen sozialen Nutzeffekte.

2. *«Perversion»*

THESE. Heterosexuelle Perversionen wie z. B. Fetischismus, Sadismus und Masochismus sind symptomatisch für ein verworrenes Kindheits-Ich und werden auch dementsprechend behandelt. Ihren transaktionellen Aspekten, wie sie sich effektiv in sexuellen Situationen manifestieren, kann man am besten mit Hilfe der Spiel-Analyse beikommen. Das kann zu einer Kontrolle im gesellschaftlichen Bereich führen, so daß die pervertierten Sexual-Impulse, auch wenn sie im Prinzip unverändert bleiben, so weit neutralisiert werden, daß ihre tatsächliche Befriedigung eingeschränkt bzw. ausgeschlossen wird.

Menschen, bei denen sadistische oder masochistische Züge in relativ milder Form ausgeprägt sind, neigen zu einer recht primitiven psychologischen Einstellung. Sie haben das Gefühl, ihre Sexual-Impulse seien besonders stark ausgebildet und eine länger anhaltende Abstinenz würde daher zu bedenklichen Folgeerscheinungen führen. Diese Schlußfolgerungen entsprechen nicht unbedingt den Tatsachen, aber sie bilden die Grundlage für das Spiel

«Holzbein», das mit der Ausrede verknüpft ist: «Was erwarten Sie denn von jemandem, der so ‹sexy› ist wie ich?»

ANTITHESE. Man sollte gegenüber sich selbst und gegenüber seinem Partner die üblichen Anstands- und Höflichkeitsregeln beachten, d. h. man sollte sich verbales oder physisches Flagellieren versagen und sich auf die mehr konventionellen Formen des Koitus beschränken. Ist Weiß wirklich pervers, dann wird auf diese Weise auch das zweite Spiel-Element erkennbar, das häufig in seinen Träumen deutlich genug zum Ausdruck kommt: Der Koitus an sich bedeutet ihm kaum etwas, er gewinnt seine eigentliche Befriedigung aus den demütigenden Präliminarien. Sich selbst gegenüber mag er das nicht gern zugegeben haben; jetzt aber wird ihm klar, daß sich das, worüber er sich im Grunde beklagt, etwa so ausdrücken ließe: «Nach all den anstrengenden Präliminarien soll ich jetzt auch noch den Geschlechtsakt vollziehen!» Angesichts dieser Sachlage sind die Vorbedingungen für eine ganz spezifische Psychotherapie wesentlich günstiger: die Barriere der Ausreden und Ausflüchte ist durchbrochen. Das gilt jedoch, wie die Praxis zeigt, nur für die üblichen ‹Sexual-Psychopathen›, nicht aber für die bösartigen schizophrenen bzw. kriminellen Perversionen und auch nicht für diejenigen Leute, deren sexuelle Aktivität sich auf den Bereich der Phantasie beschränkt.

Das Spiel «Homosexualität» hat sich in vielen Ländern zu einer Art ‹Nebenkultur› entwickelt, in anderen ist es zu einem Ritual geworden. Viele der als Folge der Homosexualität auftretenden ‹Degenerationserscheinungen› ergeben sich daraus, daß diese Perversion zu einem *Spiel* erhoben wird. Das provozierende Verhalten, das zu Spielen führt wie «Räuber und Gendarm», «Warum muß das ausgerechnet immer mir passieren?», «So ist die Gesellschaft, in der wir leben», «Alle großen Männer waren ...» usw., läßt sich häufig einer gesellschaftlichen

Kontrolle unterwerfen, die die mit den Spielen verbundenen Handikaps auf ein Minimum reduziert. Der ‹Profi-Homosexuelle› vergeudet ein beträchtliches Ausmaß an Zeit und Energie, die sonst nutzbringenderen Zwecken dienstbar gemacht werden könnten. Die Analyse der von ihm gespielten Spiele könnte ihm dazu verhelfen, eine in ruhigen Bahnen verlaufende *ménage* zu etablieren, die ihm die Möglichkeit gibt, die Annehmlichkeiten der bürgerlichen Gesellschaft zu genießen, anstatt sich darauf zu beschränken, fortgesetzt seine eigene Version von «Ist es nicht schrecklich» zu spielen.

3. *«Hilfe! Vergewaltigung!»* *(«HIVE»)*

THESE. Hier handelt es sich um ein Spiel zwischen einem Mann und einer Frau; man könnte es, zumindest in seinen weniger krassen Formen, auch «Küß mich!» oder «Entrüstung» nennen. Es läßt sich mit unterschiedlichen Intensitäts-Graden spielen.

1. «HIVE» ersten Grades bzw. «Küß mich!» ist auf gesellschaftlichen Zusammenkünften aller Art beliebt und besteht im wesentlichen aus einem gelinden Flirt. Frau Weiß gibt zu erkennen, daß sie zu haben ist, und sie hat ihr Vergnügen an den werbenden Manövern des Mannes. Sobald er sich ihr anvertraut hat, ist das Spiel vorüber. Ist die Frau höflich, dann kann sie offen zu ihm sagen: «Ihr Interesse für mich hat mich beeindruckt, und ich bin Ihnen dankbar dafür»; dann wendet sie sich ihrer nächsten Eroberung zu. Ist sie weniger generös, dann läßt sie den Mann einfach stehen und geht wortlos von dannen. Eine geschickte Spielerin ist durchaus in der Lage, das Spiel im Rahmen einer größeren Gesellschaft eine ganze Weile andauern zu lassen, indem sie häufig ihren ‹Stand-

ort› wechselt: der Mann ist dann zu komplizierten Manövern gezwungen, um ihr möglichst unauffällig zu folgen.

2. Im «HIVE»-Spiel zweiten Grades bzw. «Entrüstung» stellen die werbenden Manöver von Schwarz für Frau Weiß nur eine sekundäre Befriedigung dar. Das Hauptvergnügen besteht für sie darin, daß sie ihm einen Korb gibt; das Spiel ist daher auch unter der umgangssprachlichen Bezeichnung «Schleich dich, Casanova!» bekannt. Frau Weiß begnügt sich nicht mit dem gelinden Flirt, wie er im «HIVE»-Spiel ersten Grades üblich ist, sondern sie verführt Schwarz zu weit kompromittierenderen Situationen und weidet sich dann an seinem Unbehagen, wenn sie ihm unvermutet einen Korb gibt. Natürlich ist Schwarz nicht so hilflos, wie es den Anschein hat: er mag selbst in nicht unbeträchtlichem Ausmaß dazu beigetragen haben, sich in diese kompromittierenden Situationen hineinzumanövrieren; gewöhnlich spielt er dabei irgendeine Variante des Spiels «Mach mich fertig».

3. «HIVE» dritten Grades ist ein heimtückisches Spiel, das häufig mit Mord oder Selbstmord endet oder aber im Gerichtssaal. Hier verführt Frau Weiß Schwarz zu einem kompromittierenden physischen Kontakt und behauptet nachher, er habe sie in verbrecherischer Weise attackiert oder ihr einen nicht wiedergutzumachenden Schaden zugefügt. In der zynischsten Variante dieses Spiels kann Frau Weiß es dem Mann sogar gestatten, einen kompletten Koitus mit ihr zu vollziehen; auf diese Weise genießt sie zunächst einmal das sexuelle Vergnügen, um ihn danach mit den übelsten Vorhaltungen zu konfrontieren. Diese Konfrontation kann unmittelbar nach dem Geschlechtsakt erfolgen, so z. B., wenn sie unberechtigterweise schreit: «Hilfe! Vergewaltigung!», sie kann aber auch erst mit beträchtlicher Verzögerung eintreten, wie das z. B. der Fall ist, wenn es nach einer sich länger hinziehenden Liebesaffäre zu Mord oder Selbstmord kommt. Will sie die ganze Angelegenheit als strafrechtlich ver-

folgbare Attacke hochspielen, dann ist es für sie meist relativ leicht, selbstsüchtige oder geradezu pathologisch an dem Fall interessierte Verbündete zu finden, wie z.B. die Presse, die Polizei, Anwälte und Verwandte. Manchmal allerdings wenden sich die Außenstehenden in zynischer Weise gegen sie, so daß sie die Initiative verliert und sozusagen selbst zum Spielball der anderen wird.

In manchen Fällen spielen die Außenstehenden noch eine andere Rolle. Sie zwingen das Spiel Frau Weiß gegen ihren Willen auf, denn sie möchten gern spielen «Macht den Sieger unter euch aus». Sie manövrieren sie in eine Situation hinein, in der sie gezwungen ist, «Vergewaltigung!» zu schreien, wenn sie ihr Gesicht bzw. ihren Ruf wahren will. Das ist besonders bei minderjährigen Mädchen der Fall, die noch dem Jugendschutzgesetz unterstehen. Sie mögen an sich durchaus willens sein, eine Affäre fortzusetzen, aber da das Ganze aufkommt und darüber geredet wird, sehen sie sich gezwungen, aus dem, was ursprünglich als Romanze begann, ein «HIVE»-Spiel dritten Grades zu machen.

In jener wohlbekannten Situation aus der Bibel weigerte sich der übervorsichtige Joseph, sich in ein «HIVE»-Spiel hineinziehen zu lassen, und Potiphars Weib nahm daraufhin sofort die geradezu klassische Umschaltung auf das Spiel «Macht den Sieger unter euch aus» vor; das ist ein ausgezeichnetes Beispiel dafür, wie ein routinierter Spieler (bzw. eine Spielerin) auf eine Antithese reagiert und dafür, welchen Gefahren Menschen ausgesetzt sind, die sich weigern, gewisse Spiele mitzumachen. Eine Kombination der beiden eben zitierten Spiele ist das allgemein bekannte «Badger»-Spiel, in dem eine Frau zuerst Schwarz verführt und dann sofort «Vergewaltigung!» schreit; zu diesem Zeitpunkt tritt ihr Ehemann auf den Plan und setzt Schwarz mit Erpressungsversuchen hart zu.

Einer höchst unheilvollen und bedenklichen Form des «HIVE»-Spiels im dritten Grad begegnet man relativ häufig beim Zusammentreffen zweier Homosexueller, die sich eben erst kennengelernt haben; hier kann es innerhalb kürzester Zeit, manchmal in weniger als einer Stunde, zu Mord und Totschlag kommen. Die zynischen und kriminellen Varianten dieses Spiels liefern umfangreiches Berichtsmaterial für die Sensationspresse.

Der Kindheits-Prototyp von «HIVE» ist der gleiche wie bei dem Spiel «Frigide Frau»: das kleine Mädchen verleitet den kleinen Jungen dazu, sich zu erniedrigen oder sich schmutzig zu machen, und macht sich dann selbst über ihn lustig; klassische Beispiele dafür finden sich in Maughams ‹*Des Menschen Hörigkeit*› und, wie bereits erwähnt, in Dickens' ‹*Große Erwartungen*›. Es handelt sich hier um ein Spiel zweiten Grades. Einer schärferen Form, die schon einen Grenzwert zu einem Spiel dritten Grades darstellt, kann man in übel beleumdeten Gegenden begegnen.

ANTITHESE. Die Fähigkeit eines Mannes, sich aus einem solchen Spiel herauszuhalten oder es zumindest unter seine Kontrolle zu bekommen, hängt davon ab, inwieweit er in der Lage ist, zwischen dem Ausdruck eines echten Gefühls und dem Schachzug in einem Spiel zu unterscheiden. Kann er das Spiel im gesellschaftlichen Rahmen unter Kontrolle halten, dann mögen ihm die diversen harmlosen Flirts im «Küß mich!»-Spiel viel Vergnügen bereiten. Andererseits ist es sehr schwer, eine erfolgversprechende Antithese für das Manöver von ‹Potiphars Weib› zu finden; hier gibt es eigentlich nur eine Möglichkeit: man macht sich rechtzeitig aus dem Staub, ohne eine Adresse zu hinterlassen. Im Jahre 1938 ist der Autor in Aleppo einem alternden ‹Joseph› begegnet: er hatte Konstantinopel vor 32 Jahren fluchtartig verlassen, nachdem ihn anläßlich eines Geschäftsbesuchs im Yildiz-Harem eine der Sultansfrauen kompromittiert und in die Enge getrieben hatte. Er mußte sein Geschäft aufgeben, nahm sich aber noch die Zeit, seinen Schatz an Goldfranken dem Reisegepäck einzuverleiben, und kehrte dann nie wieder an den ‹Tatort› zurück.

VERWANDTE SPIELE. Den Varianten von «HIVE», in denen der Mann die Hauptrolle spielt, begegnet man bezeichnenderweise in verschiedenen Situationen des kommerziellen Lebens: man kann sie bezeichnen als «Bett des Regisseurs» (und ‹nachher› bekam sie die Rolle doch nicht!) und «Liebesnest» (und ‹nachher› wurde sie fristlos entlassen).

Analyse

Die folgende Analyse bezieht sich auf das Spiel «HIVE» dritten Grades, denn hier kommen die Wesenselemente des Spiels deutlicher zum Ausdruck.

ZIEL: Arglistige Rache.

ROLLEN: *Verführerin*, Schürzenjäger.

DYNAMIK (dritter Grad): Penis-Neid, orale Gewalttätigkeit. «Küß mich!» ist phallischer Natur, während sich bei «Entrüstung» in starkem Maß anale Elemente bemerkbar machen.

BEISPIELE: 1. Ich werde verraten, was du getan hast, du dreckiger kleiner Junge du. 2. Frau, der man Unrecht angetan hat.

SOZIAL-PARADIGMA: Erwachsenen-Ich / Erwachsenen-Ich.

Erwachsenen-Ich (männlich): «Es tut mir leid, wenn ich weitergegangen bin, als ich es nach deiner Meinung hätte tun dürfen.»

Erwachsenen-Ich (weiblich): «Du hast mich vergewaltigt, und du mußt den vollen Preis dafür bezahlen.»

PSYCHOLOGISCHES PARADIGMA: Kindheits-Ich / Kindheits-Ich.

Kindheits-Ich (männlich): «Sieh nur, wie unwiderstehlich ich bin.»

Kindheits-Ich (weiblich): «Jetzt hab ich dich endlich erwischt, du Schweinehund!»

EINZELAKTIONEN: 1. Frau – Verführung; Mann – Verführung im Gegensinn. 2. Frau – Kapitulation; Mann – Sieg. 3. Frau – Konfrontation mit Vorhaltungen; Mann – Zusammenbruch.

NUTZEFFEKTE: 1. Innerlich psychologisch – Haßgefühl und Schuldprojektion. 2. Äußerlich psychologisch – Vermeidung von Intimerlebnissen mit emotionellem Hintergrund. 3. Innerlich sozial – «Jetzt hab ich dich endlich, du Schweinehund!» 4. Äußerlich sozial – «Ist es nicht schrecklich», «Gerichtssaal», «Macht den Sieger unter euch aus». 5. Biologisch – Sexuelle Beziehungen und Austausch von aggressiven Bekundungen. 6. Existentiell – Mich trifft keine Schuld.

4. *Das «Strumpfspiel»*

THESE. Auch dieses Spiel gehört zur «HIVE»-Familie; sein charakteristisches Merkmal ist der Exhibitionismus, der seiner Natur nach hysterisch ist. Eine Frau stößt zu einer Gruppe ihr bis dahin unbekannter Menschen; schon nach kurzer Zeit hebt sie ihren Rocksaum an, entblößt dabei auf provozierende Art ihre Oberschenkel und bemerkt dazu: «O mein Gott, ich hab ja eine Laufmasche in meinem Strumpf.» Diese Aktion ist darauf abgestellt, die anwesenden Männer sexuell zu erregen und die anderen Frauen zu verärgern. Macht man Frau Weiß Vorhaltungen, dann beteuert sie natürlich ihre Unschuld oder sie protestiert mit Gegenbeschuldigungen – daher die Ähnlichkeit mit dem klassischen «HIVE»-Spiel. Bezeichnend ist das mangelnde Anpassungsvermögen von Frau Weiß.

Sie wartet selten lange genug, um erst einmal herausfinden zu können, mit was für Leuten sie es zu tun hat, oder um ihr Manöver im richtigen Augenblick zu starten. Daher wird es auch sofort als unpassend empfunden und wirkt sich nachteilig auf ihre Beziehungen zu den übrigen Gruppenmitgliedern aus. Trotz eines gewissen oberflächlichen ‹Bildungsfirnisses› begreift sie nicht, was um sie herum im Leben vorgeht, denn sie hat eine allzu zynische Auffassung von der menschlichen Natur. Sie will beweisen, daß die anderen Menschen eine laszive Gesinnung haben; dabei wird ihr Erwachsenen-Ich von ihrem Kindheits-Ich und ihrem Eltern-Ich (hier handelt es sich gewöhnlich um eine laszive Mutter) dazu verleitet, ihr eigenes provozierendes Verhalten ebenso zu ignorieren wie die anständige Gesinnung eines Großteils der Menschen, denen sie begegnet. Dadurch bekommt das Spiel eine selbstzerstörerische Tendenz.

Hier handelt es sich wahrscheinlich um die phallische Variante eines Spiels, dessen Inhalt von der ihm zugrunde liegenden Störung abhängt. Eine ‹orale› Variante kann man bei pathologisch gestörten Frauen mit stark entwikkelten Brüsten beobachten. Solche Frauen verschränken häufig im Sitzen ihre Hände hinter dem Kopf, und dadurch rücken ihre Brüste auffällig nach vorn; sie können die Aufmerksamkeit der anderen noch zusätzlich auf ihren Busen lenken, indem sie sich über seinen Umfang auslassen oder über einen Krankheitsbefund berichten, wie z. B. über eine Schwellung oder über eine Operation. Das unruhige Hin- und Herrutschen beim Sitzen stellt möglicherweise eine anale Variante dar. Mit diesem Spiel ist die Implikation verbunden, daß die Frau für sexuelle Beziehungen disponibel ist. So kann es z. B. auch in einer mehr symbolischen Form von ‹trauernden› Frauen gespielt werden, bei denen die ‹Zur-Schau-Stellung› ihrer Witwenschaft unaufrichtigen Motiven entspringt.

ANTITHESE. Frauen, die dieses Spiel spielen, zeigen nicht nur ein geringes Anpassungsvermögen, sondern auch wenig Toleranz gegenüber einer Antithese. Wird das Spiel z. B. im Rahmen einer geistig differenzierten Therapie-Gruppe einfach ignoriert oder rundweg abgebrochen, dann lassen sich diese Frauen meist nicht mehr blicken. Man muß bei diesem Spiel einen deutlichen Unterschied machen zwischen Antithese und Repressalien, denn letztere zeigen an, daß Frau Weiß ihr Spiel im Grunde gewonnen hat. Beim «Strumpfspiel» sind Frauen im Kontern geschickter als Männer, bei denen ja auch in der Tat kaum ein Anlaß gegeben ist, das Spiel abzubrechen. Daher überläßt man die Antithese am besten dem freien Ermessen der übrigen noch anwesenden Frauen.

5. *«Tumult»*

THESE. Das klassische «Tumult»-Spiel spielt sich zwischen einem tyrannischen Vater und seinen Teenager-Töchtern ab, besonders dann, wenn die Mutter sexuell gehemmt ist. Der Vater kehrt von seinem Arbeitsplatz nach Hause zurück und tadelt seine Tochter, die ihm eine unverschämte Antwort gibt; oder die Tochter macht den Eröffnungszug, indem sie sich ihrem Vater gegenüber unverschämt benimmt, der Vater reagiert darauf mit einem Tadel. Ihre Stimmen werden lauter, und der Streit spitzt sich zu. Der Ausgang des Streits hängt davon ab, auf wessen Seite die Initiative liegt. Es gibt drei Möglichkeiten: a) der Vater zieht sich in das elterliche Schlafzimmer zurück und knallt die Tür hinter sich zu; b) die Tochter zieht sich in ihr Schlafzimmer zurück und knallt die Tür hinter sich zu; c) beide ziehen sich getrennt in ihre Schlafzimmer zurück und knallen die Türen hinter sich zu. In jedem Fall wird das Ende des «Tumult»-Spiels durch eine zuknallende Tür gekennzeichnet. Das «Tumult»-Spiel bietet eine wenig erfreuliche, aber wirksame Lösung für die sexuellen Probleme, die es zwischen Vätern und Teenager-Töchtern in gewissen Familien gibt. Häufig können sie nur unter der Bedingung im gleichen Haus leben, daß sie aufeinander böse sind, und die zuknallenden Türen unterstreichen für jeden von ihnen, daß sie getrennte Schlafzimmer haben.

In degenerierten Familien kann dieses Spiel eine üble und abstoßende Form annehmen: immer wenn die Tochter von einem Rendezvous zurückkehrt, paßt sie der Vater an der Eingangstür ab und unterzieht sie selbst und ihre Kleidung einer gründlichen Untersuchung, um sich zu vergewissern, daß seine Tochter keinen Geschlechtsverkehr gehabt hat. Schon der leiseste Verdacht kann zu einem äußerst heftigen Wortwechsel führen, der unter Umständen damit endet, daß die Tochter mitten in der Nacht aus dem Haus gejagt wird. Mit der Zeit nimmt die Natur natürlich ihren Lauf, wenn nicht in der ersten Nacht, dann in der nächsten oder übernächsten. Dann sieht der Vater seinen Verdacht ‹gerechtfertigt› und versucht das der Mutter klarzumachen, die die ganze Zeit über ‹hilflos› dabeigestanden hat.

Im allgemeinen kann jedoch das «Tumult»-Spiel auch von zwei Menschen gespielt werden, die versuchen, ein sexuelles Intimerlebnis zwischen sich zu vermeiden. In dieser Form stellt es z. B. die Schlußphase des Spiels «Frigide Frau» dar. Es ereignet sich relativ selten zwischen männlichen Teenagern und ihren weiblichen Verwandten, denn für die Jungen im Halbstarken-Alter ist es abends leichter, aus dem Haus zu gehen, als für die übrigen Familienmitglieder. Wenn sie noch jünger sind, können Brüder und Schwestern durch physische Zweikämpfe eine wirkungsvolle Barriere zwischen sich aufrichten und sogar eine gewisse Befriedigung darin finden, wobei sich allerdings die Motivierungen auf verschiedenen Altersstufen stark voneinander unterscheiden; in Amerika wird diese semirituelle Form des «Tumult»-Spiels sowohl vom Fernsehen als auch von Pädagogen und Kinderärzten sanktioniert. In der Oberschicht Englands wird es (oder wurde es zumindest) als unpassend angesehen, und die entsprechenden Energien werden auf das wohlregulierte «Tumult»-Spiel auf den Spielfeldern umgeleitet.

Antithese. Für den Vater ist das Spiel nicht so unerfreulich, wie er es wohl gern wahrhaben möchte, und es ist im allgemeinen die Tochter, die durch eine frühe, oft vorzeitige und erzwungene Heirat zuerst den antithetischen Zug macht. Ist das psychologisch möglich, dann kann auch die Mutter den antithetischen Zug machen, indem sie nämlich ihre relative oder absolute Frigidität aufgibt. Das Spiel kann auch dann zu Ende gehen, wenn der Vater außerhalb des eigenen Hauses ein ‹Objekt› für seine sexuellen Interessen findet, doch führt das unter Umständen zu weiteren Komplikationen. Bei Ehepaaren ist die Antithese die gleiche wie bei den Spielen «Frigide Frau» bzw. «Frigider Mann».

Unter entsprechenden Umständen geht das «Tumult»-Spiel ganz von selbst in das Spiel «Gerichtssaal» über.

10. *Räuberspiele*

Angesichts der ständigen Infiltration von Sozial- und Bewährungshelfern u. ä. bei Gerichtshöfen, Besserungsanstalten und den mit der Überwachung von Bewährungsfristen befaßten Institutionen und angesichts der immer ausgeklügelteren Methoden der Kriminologen und der mit der Urteilsvollstreckung beauftragten Beamten sollten alle, die es angeht, ihr Augenmerk nachhaltig auf diejenigen Spiele richten, die in der Unterwelt weit verbreitet und besonders beliebt sind, und zwar sowohl innerhalb als auch außerhalb der Gefängnismauern. Zu diesen Spielen gehören: «Räuber und Gendarm», «Wie kommt man hier bloß wieder raus» und «Dem Burschen woll'n wir mal ein Ding verpassen».

1. *«Räuber und Gendarm»*

THESE. Da die meisten Ganoven ‹Polypen›-Hasser sind, scheint es ihnen mindestens ebensoviel, wenn nicht noch mehr Vergnügen zu bereiten, die Polizei zu überlisten, als ihre Beute in Sicherheit zu bringen. Ihre Verbrechen sind auf der ‹Erwachsenen-Ich›-Ebene Spiele, die um des materiellen Gewinns (der Beute) willen gespielt werden; aber auf der ‹Kindheits-Ich›-Ebene geht es vor allem um den mit der Verfolgungsjagd verbundenen Nervenkitzel: das Sich-aus-dem-Staub-Machen und In-der-Versenkung-Verschwinden.

Seltsamerweise ist der Kindheits-Prototyp für «Räuber und Gendarm» nicht das von den Kindern gespielte Spiel gleichen Namens, sondern das Versteckspiel, bei dem das wesentliche Element der Ärger darüber ist, in seinem Versteck entdeckt zu werden. Kleinkinder verraten das ganz deutlich. Findet sie z. B. der Vater allzu schnell, dann ärgern sie sich, ohne viel Spaß an der Sache gehabt zu haben. Ist der Vater jedoch ein guter Spieler, dann weiß er, was er zu tun hat: er verzögert das Finden, und nun gibt ihm der kleine Junge ein Zeichen, indem er einen Schrei ausstößt, etwas fallen läßt oder sonst irgendwie Lärm verursacht. Auf diese Weise zwingt er seinen Vater dazu, ihn zu finden, zeigt sich aber trotzdem ärgerlich; doch hat er infolge der länger anhaltenden Spannung diesmal mehr Vergnügen an der Sache gefunden. Gibt der Vater vorzeitig auf, dann ist der Junge eher enttäuscht, als daß er sich als Sieger fühlt. Da er ja das Vergnügen, versteckt zu sein, durchaus gehabt hat, kann hierin offensichtlich nicht der Grund für sein Verhalten liegen. Worüber er enttäuscht ist, das ist die Tatsache, daß man ihn in seinem Versteck nicht erwischt hat. Ist dann der Vater dran, sich zu verstecken, dann weiß er, daß er den Jungen nicht allzu lange hinhalten darf, sondern gerade lange genug, damit es ihm wirklich Spaß macht; wird er schließlich in seinem Versteck gefunden, dann ist er klug genug, den Eindruck zu erwecken, als sei er verärgert. Daraus ergibt sich, daß der eigentliche Nutzeffekt in dem Gefundenwerden besteht.

Das Versteckspiel ist also nicht nur ein Zeitvertreib, sondern ein richtiges Spiel. Auf der Sozial-Ebene ist es eine Art geistiger Zweikampf, und es ist dann am überzeugendsten, wenn das Erwachsenen-Ich jedes der beiden

Spieler sein Bestes gibt; auf der psychologischen Ebene ähnelt es dem kompulsiven Glücksspiel, bei dem das Erwachsenen-Ich von Weiß verlieren muß, damit sein Kindheits-Ich gewinnt. Die Antithese besteht einfach darin, nicht erwischt bzw. nicht gefunden zu werden. Bei größeren Kindern wird derjenige, der ein unauffindbares Versteck aufspürt, als ausgesprochener Spielverderber angesehen. Er hat das Kindheits-Element aus dem Spiel eliminiert und das Ganze in ein Verfahren auf der Ebene des Erwachsenen-Ichs umgewandelt. Er spielt nicht mehr zum reinen Vergnügen und befindet sich damit in der gleichen Situation wie der Besitzer eines Spielkasinos oder wie gewisse Berufsverbrecher, denen es in Wirklichkeit mehr auf den finanziellen Erfolg als auf die ‹sportliche› Betätigung ankommt.

Unter den Gewohnheitsverbrechern scheint es zwei ganz verschiedene Typen zu geben: die in erster Linie am materiellen Gewinn und die hauptsächlich am Spiel interessierten – dazwischen die große Gruppe derer, bei denen sich beide Motive vermengen. Der ‹kompulsive Gewinner›, der große Geldmacher, dessen Kindheits-Ich in Wirklichkeit gar nicht erwischt werden will, wird auch, wie die Berichte ausweisen, in der Tat selten erwischt; er ist gewissermaßen ungreifbar, für ihn ist alles eine abgekartete Sache, die immer klappt. Andererseits gelingen dem ‹kompulsiven Verlierer›, der «Räuber und Gendarm» («R&G») spielt, selten finanziell erfolgreiche ‹Transaktionen›. Ausnahmen zu dieser Regel scheinen häufig mehr auf Glück als auf persönlicher Geschicklichkeit zu beruhen; auf lange Sicht enden jedoch selbst die Glücklichen und Erfolgreichen so, wie es ihr Kindheits-Ich im Grunde haben will: eher ärgerlich und unzufrieden als angesehen und erfolgreich.

Der «R&G»-Spieler, mit dem wir uns hier befassen, ähnelt in gewisser Beziehung dem ‹Alkoholiker›. Er kann von der Rolle des Räubers in die des Gendarmen hinüberwechseln, und von der des Gendarmen in die des Räubers. In einigen Fällen mag er sogar tagsüber auf der Ebene des Eltern-Ichs den Gendarmen und nach Einbruch der Dämmerung auf der Ebene des Kindheits-Ichs den Räuber spielen. In vielen Räubern steckt ein Gendarm, in vielen Gendarmen ein Räuber. ‹Bekehrt› sich der Verbrecher, dann kann er auch die Rolle eines ‹Retters› spielen, indem er in der Sozialfürsorge oder in einer kirchlichen Mission mitarbeitet; allerdings ist bei diesem Spiel die Rolle des ‹Retters› von erheblich geringerer Bedeutung als bei dem Spiel «Alkoholiker». Normalerweise ist jedoch für den Spieler seine Rolle als Räuber zugleich sein Schicksal, und jeder hat seinen eigenen *modus operandi*, um schließlich doch erwischt zu werden. Er kann es dabei den Gendarmen leicht machen, ihnen aber auch eine harte Nuß zu knacken geben.

Ähnlich ist die Situation bei den Glücksspielern. Auf sozialer oder soziologischer Ebene ist ein ‹professioneller› Glücksspieler ein Mensch, dessen Hauptinteresse im Leben das Glücksspiel beansprucht. Auf der psychologischen Ebene kann man jedoch bei den professionellen Glücksspielern zwei verschiedene Arten von Menschen unterscheiden. Einmal gibt es solche, die ihre Zeit beim Glücksspiel verbringen und dabei mit dem Schicksal ‹spielen›; bei ihnen wird das intensive Bestreben des Erwachsenen-Ichs, zu gewinnen, nur noch übertroffen von dem intensiven Bedürfnis des Kindheits-Ichs, zu verlieren. Andererseits gibt es aber auch solche Leute, die ein Spielkasino besitzen und ihren Lebensunterhalt, gewöhnlich einen sehr reichlich bemessenen Lebensunterhalt, damit verdienen, daß sie den Profi-Spielern die Möglichkeit geben, ihr Spiel zu machen; sie vermeiden es nach Möglichkeit, selbst zu spielen, und nur bei besonderen Gelegenheiten gönnen sie sich die Freude, selbst einmal mitzuspielen, etwa ebenso wie ein hartgesottener Berufsverbrecher gelegentlich auch mal ein «R&G»-Spiel mitspielen mag.

Daraus ergibt sich auch, warum soziologische und psychologische Verbrecherstudien im allgemeinen problematisch und unproduktiv sind: sie befassen sich mit zwei ganz verschiedenen Arten von Menschen, die sich innerhalb des üblichen theoretischen und empirischen Begriffsrahmens nicht in angemessener Form differenzieren lassen. Das gleiche gilt für die Untersuchungen über Glücksspieler. Transaktions- und Spiel-Analyse führen hier zu einer sofortigen Lösung. Sie beseitigen die bestehende Ambiguität, indem sie in einer tieferen Schicht als der Sozial-Ebene scharf unterscheiden zwischen ‹Amateur-Spielern› und ‹konsequenten Profis›.

Ausgehend von dieser allgemeinen These wollen wir uns nun der Erörterung spezieller Beispiele widmen. Manche Einbrecher führen ihren ‹Job› aus, ohne auch nur einen überflüssigen Zug zu machen. Der «Räuber und Gendarm»-Einbrecher hinterläßt seine Visitenkarte in Form von willkürlichen Zerstörungsakten, indem er z. B. wertvolle Kleidungsstücke mit Sekreten und Exkreten beschmiert. Der konsequente Bankräuber trifft, den Berichten zufolge, jede nur mögliche Vorsichtsmaßnahme, um überflüssige Gewaltakte zu vermeiden; der «R&G»-Bankräuber sucht nur nach einem Vorwand, um seinem aufgestauten Ärger Luft zu machen. Wie jeder ‹Profi› möchte ein konsequenter Bankräuber seine Unternehmungen so glatt und perfekt ausführen wie nur irgend möglich. Der «R&G»-Verbrecher dagegen spürt einen unwiderstehlichen Zwang in sich, während seiner ‹Arbeit› seine Wut abzureagieren. Der echte Profi, so behauptet man, startet seine Operationen erst dann, wenn die ganze Sache abgekartet und nach allen Seiten hin abgesichert ist; der Amateur-Spieler nimmt das Risiko auf sich, gesetzwidrige Taten sozusagen ‹mit bloßen Händen› zu begehen. Konsequente Profis kennen und beachten, auf ihre eigene Weise, das «R&G»-Spiel sehr wohl. Zeigt z. B. ein Bandenmitglied allzu großes Interesse an diesem Spiel und geht das Interesse so weit, daß dadurch das ganze Unternehmen gefährdet wird, dann greifen sie zu drastischen Maßnahmen, um eine Wiederholung solcher Vorfälle zu verhindern; das gilt besonders für den Fall, daß sich bei dem ‹Delinquenten› bereits das Bedürfnis bemerkbar macht, sich erwischen zu lassen. Vielleicht ist gerade die Tatsache, daß konsequente Profis unter den Verbrechern das «R&G»-Spiel nicht spielen, die Ursache dafür, daß sie so selten erwischt und daher auch so selten mit einer soziologischen, psychologischen und psychiatrischen Studie bedacht werden; das gleiche gilt auch für Anhänger von Glücksspielen. Ein Großteil unserer klinischen Kenntnisse über Verbrecher und Glücksspieler bezieht sich also mehr auf die Amateur-Spieler unter ihnen als auf die konsequenten Profis.

Kleptomanen sind (im Gegensatz zu professionellen Ladendieben) ein gutes Beispiel dafür, auf welch triviale Objekte das «R&G»-Spiel ausgedehnt werden kann. Wahrscheinlich hat ein sehr hoher Prozentsatz der Bewohner der westlichen Welt zumindest in der Phantasie schon mal das «R&G»-Spiel gespielt, und das ist wohl auch der Grund dafür, daß sich Zeitungen in der westlichen Welt so gut verkaufen lassen. Einem solchen Phantasie-Spiel begegnen wir häufig in der Form, daß man sich den ‹perfekten Mord› ausdenkt: das bedeutet die härteste aller möglichen Spielformen und das völlige Ausmanövrieren des Gendarmen.

Varianten von «R&G» sind «Räuber und Revisor», gespielt von Betrügern unter den gleichen Spielregeln und mit dem gleichen Nutzeffekt, «Räuber und Zöllner», gespielt von Schmugglern u. a. Von besonderem Interesse ist die kriminelle Variante des Spiels «Gerichtssaal». Trotz aller Vorsichtsmaßnahmen kann es auch dem Berufsverbrecher gelegentlich passieren, daß er verhaftet und vor Gericht gestellt wird. Für ihn ist «Gerichtssaal» ein Verfahren, das er entsprechend den ihm von seinen

Rechtsberatern gegebenen Instruktionen abwickelt. Sind die Anwälte ‹kompulsive Gewinner›, dann ist «Gerichtssaal» für sie im wesentlichen ein Spiel, das sie mit den Geschworenen spielen und in dem sie sich zum Ziel setzen, unbedingt zu gewinnen und nicht zu verlieren; ein derartiger Vorgang wird von einem Großteil der bestehenden Gesellschaft als durchaus konstruktives Spiel betrachtet.

ANTITHESE. Sie ist eher eine Angelegenheit für qualifizierte Kriminologen als für Psychiater. Der Polizei und dem Justizapparat kommt keine antithetische Bedeutung zu, sondern sie spielen ihre Rollen in dem Spiel, und zwar nach den von der Gesellschaft festgelegten Regeln.

Einen Punkt sollte man jedoch noch hervorheben. Kriminologische Forscher mögen sich darüber lustig machen, daß einige Verbrecher sich so benehmen, als ob ihnen das Verfolgtwerden Vergnügen bereite und als ob sie dringend wünschten, erwischt zu werden, oder sie mögen diese Idee zur Kenntnis nehmen und ihr respektvoll zustimmen. Sie zeigen jedoch kaum Neigung, einen derart ‹rein akademischen› Faktor als entscheidendes Element in ihrer ‹ernsthaften› Arbeit in Betracht zu ziehen. Allerdings läßt sich dieses Element mit den üblichen Standard-Methoden der psychologischen Forschung auch nicht verdeutlichen. Dem Forscher bleibt daher nichts anderes übrig, als ein wesentliches Element zu übersehen, weil er nicht in der Lage ist, es mit den ihm zur Verfügung stehenden Forschungsmethoden zu erfassen, oder aber er muß eben diese Methoden ändern. Tatsache ist, daß mit Hilfe dieser ihm bisher zur Verfügung stehenden Methoden noch nicht ein einziges kriminologisches Problem gelöst werden konnte. Die Forscher wären daher besser beraten, ihre bisherigen Methoden über Bord zu werfen und das Problem noch einmal unter neuen Gesichtspunkten anzugehen. So lange das «R&G»-Spiel nur als eine interessante Anomalie betrachtet wird, und nicht als ein Faktor, der in einer Vielzahl von Fällen den Kernpunkt der Sache darstellt, so lange wird sich ein Großteil der kriminologischen Forschung auch weiterhin mit Trivialitäten, Doktrinen, Randerscheinungen und Nebensächlichkeiten befassen.[1]

Analyse

THESE: Versuch mal, ob du mich erwischen kannst.

ZIEL: Ermutigung.

ROLLEN: *Räuber*, Gendarm (Richter).

DYNAMIK: Phallische Intrusion, z. B. 1. Versteckspiel, Fangen; 2. Verbrechen.

SOZIAL-PARADIGMA: Eltern-Ich / Kindheits-Ich.

Kindheits-Ich: «Versuch mal, ob du mich erwischen kannst.»

Eltern-Ich: «Das ist meine Aufgabe.»

PSYCHOLOGISCHES PARADIGMA: Eltern-Ich / Kindheits-Ich.

Kindheits-Ich: «Du mußt mich erwischen.»

Eltern-Ich: «Aha, da bist du ja!»

EINZELAKTIONEN: 1. Weiß – Trotz; Schwarz – Entrüstung. 2. W – Tarnung; S – Frustration. 3. W – Provokation; S – Sieg.

NUTZEFFEKTE: 1. Innerlich psychologisch – Materielle Entschädigung für ehemals zugefügtes Unrecht. 2. Äußerlich psychologisch – Antiphobie. 3. Innerlich sozial – Versuch mal, ob du mich erwischen kannst. 4. Äußerlich sozial – Es wäre mir beinahe gelungen, ungestraft davonzukommen (Zeitvertreib: es wäre *ihnen* beinahe gelungen, ungestraft davonzukommen). 5. Biologisch – Berühmtheit (Berüchtigtsein). 6. Existentiell – Ich habe immer zu den Verlierern gehört.

2. *«Wie kommt man hier bloß wieder raus»*

THESE. Das historische Beweismaterial spricht dafür, daß diejenigen Gefangenen ihre Strafzeit am besten überdauern, bei denen die Zeit durch eine Tätigkeit, einen Zeitvertreib oder ein Spiel strukturiert wird. Offensichtlich ist das auch der politischen Geheimpolizei bekannt, denn man sagt ihr nach, sie richte einige Gefangene einfach dadurch zugrunde, daß sie sie untätig sein läßt und in einem Zustand der sozialen Deprivation hält.

Die beliebteste Tätigkeit von Einzelhäftlingen besteht im Lesen und Schreiben von Büchern, der beliebteste Zeitvertreib ist der Fluchtversuch; einige Häftlinge, die dabei erfolgreich waren, wie z. B. Casanova und Baron Trenck, sind in der ganzen Welt berühmt geworden.

Das beliebteste Spiel, das auch gern in öffentlichen Krankenhäusern gespielt wird, ist «Wie kommt man hier bloß wieder raus» («Ich will raus»). Man muß es von der ‹Operation› (s. S. 61 f) gleichen Namens unterscheiden, die man unter der Bezeichnung «Gute Führung» kennt. Ein Gefängnisinsasse, der sich wirklich die Freiheit zurückwünscht, wird versuchen, herauszufinden, wie er am besten mit dem Aufsichtspersonal zurechtkommt, um so zum frühest möglichen Zeitpunkt entlassen zu werden. Heutzutage kann man das am besten dadurch erreichen, daß man ein gutes Spiel «Psychiatrie» vom Typ der Gruppen-Therapie spielt. Das Spiel «Ich will raus» wird jedoch von Gefängnisinsassen bzw. Patienten gespielt, deren Kindheits-Ich im Grunde gar nicht herauskommen will. Sie simulieren ‹Gute Führung›, aber im entscheidenden Punkt sabotieren sie ihre eigenen Bemühungen, so daß sie dann doch nicht entlassen werden. Im Spiel «Gute Führung» wirken also Eltern-Ich, Erwachsenen-Ich und Kindheits-Ich zusammen, um die Entlassung zu erreichen; in «Ich will raus» führen das Eltern-Ich und das Erwachsenen-Ich eine Zeitlang die vorgeschriebenen Aktionen aus, im entscheidenden Augenblick aber nimmt das Kindheits-Ich, dem die Aussicht auf neue Abenteuer in einer unsicheren Welt in Wirklichkeit Furcht einflößt, die Zügel in die Hand und macht die Wirkung der voraufgegangenen Bemühungen wieder zunichte. Gegen Ende der dreißiger Jahre war das Spiel «Ich will raus» unter den deutschen Einwanderern in den Vereinigten Staaten üblich, die von einer Psychose befallen waren. Ihr Zustand besserte sich im Laufe der Zeit und sie baten um Entlassung aus der Heilanstalt; sobald aber der Tag ihrer Entlassung näherrückte, traten ihre psychotischen Störungen regelmäßig wieder auf.

Antithese. Beide Spiele, «Gute Führung» und «Ich will raus», werden meist von aufmerksamen Administratoren erkannt, und man kann sich auf höherer Ebene damit befassen. Anfänger in der Gruppen-Therapie lassen sich jedoch häufig täuschen. Ein kompetenter Gruppen-Therapeut, der weiß, daß es sich hier um die in psychiatrisch orientierten Gefängnissen am häufigsten vorkommenden Manipulationen handelt, wird nach ihnen Ausschau halten und diese Fälle bereits in einer frühen Phase aussortieren. Da es sich bei «Gute Führung» um eine aufrichtige Operation handelt, kann man sie auch als solche behandeln, und eine öffentliche Diskussion über sie ist durchaus unschädlich. «Ich will raus» verlangt dagegen eine aktive Therapie, wenn der furchtgeplagte Gefängnisinsasse wieder rehabilitiert werden soll.

Verwandte Spiele. Eng verwandt mit «Ich will raus» ist eine Operation mit dem Namen «Sie müssen mich anhören». In diesem Fall beansprucht der Insasse eines Gefängnisses bzw. eines Krankenhauses oder der Klient einer Fürsorge-Institution das Recht, sich über die Zustände zu beklagen. Häufig sind die vorgebrachten Klagen völlig irrelevant. Das Hauptziel des Klageführenden besteht darin, sicherzustellen, daß die Behördenvertreter ihn anhören. Glauben diese jedoch fälschlicherweise, der Beschwerdeführer erwarte, daß man auf Grund seiner Klagen irgend etwas unternehme oder ihn einfach zurückweise, dann kann es zu Mißhelligkeiten kommen. Gibt man den vorgebrachten Forderungen nach, dann werden sie bei der nächsten Beschwerde erhöht. Hört man sich aber die Ausführungen des Klienten geduldig und interessiert an, dann wird der «Sie müssen mich anhören»-Spieler sich damit zufrieden geben und bereitwillig davon absehen, weitere Forderungen zu stellen. Jeder Administrator muß wissen, wie man ein «Sie müssen mich anhören»-Spiel von berechtigten und ernstzunehmenden Forderungen nach Abstellung von Mißständen unterscheidet.[2]

«Schiebung» ist ein weiteres Spiel, das in diese Kategorie gehört. Ein konsequenter Berufsverbrecher mag, in dem Bemühen, aus dem Gefängnis wieder herauszukommen, «Schiebung» schreien; in diesem Fall ist das ein Bestandteil des von ihm eingeschlagenen Verfahrens. Der Gefängnisinsasse, der «Schiebung» als Spiel spielt, setzt es allerdings nicht effektiv für seine Entlassung ein, denn wenn er wieder herauskommt, dann wird er kaum noch einen Grund zu weiteren Protestschreien haben.

3. *«Dem Burschen woll'n wir mal ein Ding verpassen» («DEMEDIV»)*

THESE. Der Prototyp dieses Spiels ist «Das große Geschäft», die Bauernfängerei in großem Stil, aber auch viele kleinere Gaunereien und selbst das «Badger»-Spiel gehören zur «DEMEDIV»-Gruppe. Niemand kann bei diesem Spiel verlieren, es sei denn, er hat Diebsblut in seinen Adern; der Eröffnungszug besteht nämlich darin, daß Schwarz Weiß erzählt, der törichte, ehrliche, alte Joe warte geradezu darauf, übers Ohr gehauen zu werden.

Wäre Weiß absolut ehrlich, dann müßte er entweder vor der Unternehmung zurückschrecken oder aber den alten Joe davor warnen; er tut es jedoch nicht. Gerade in dem Augenblick, als sich das ‹Unternehmen Joe› bezahlt machen soll, geht irgend etwas schief, und Weiß bemerkt, daß er seine Investition als Verlust abbuchen kann. Oder im Fall des «Badger»-Spiels: gerade als dem alten Joe die Hörner aufgesetzt werden sollen, betritt er zufällig den Raum. Weiß, der bisher auf seine Art nach seinen eigenen Regeln gespielt hat, sieht sich nun gezwungen, nach den von Joe diktierten Regeln weiterzuspielen, und das ist alles andere als angenehm.

Merkwürdigerweise setzt man voraus, daß der übertölpelte Gimpel die Regeln des «DEMEDIV»-Spiels kennt und sich an sie hält. Von Herzen kommendes Schimpfen und Meckern betrachtet die Betrügerbande als einkalkuliertes Risiko; die Ganoven nehmen das Weiß nicht übel und geben ihm sogar einen gewissen Spielraum zum Lügen, um vor der Polizei sein Gesicht zu wahren. Geht er aber zu weit und beschuldigt sie z. B. fälschlicherweise des Einbruchsdiebstahls, dann fühlen sie sich betrogen und nehmen ihm das übel. Andererseits hegt man wenig Sympathie für einen Betrüger, der in Schwierigkeiten gerät, weil er einen Betrunkenen übertölpelt: diese Prozedur ist ausgesprochen unfair, und er sollte das eigentlich wissen. Das gleiche gilt für den Fall, daß er töricht genug ist, sich für seine Betrügereien ein Opfer auszusuchen, das Sinn für Humor hat, denn es ist allgemein bekannt, daß man solchen Leuten nicht über den Weg trauen kann, daß sie dann das «DEMEDIV»-Spiel auch konsequent bis zu seiner Schlußphase, dem Spiel «Räuber und Gendarm», mitspielen. Erfahrene Ganoven fürchten sich vor ‹Opfern›, die ihnen ins Gesicht lachen, nachdem man sie hereingelegt hat.

Man sollte noch betonen, daß ein lustiger Streich nicht gleichbedeutend ist mit einem «DEMEDIV»-Spiel, denn bei einem lustigen Streich ist Joe derjenige, der darunter zu leiden hat, beim «DEMEDIV»-Spiel geht Joe dagegen als Sieger hervor, und Weiß ist derjenige, der darunter zu leiden hat. Ein lustiger Streich ist ein Zeitvertreib, während «DEMEDIV» ein Spiel ist, bei dem die Dinge so arrangiert sind, daß der Streich zum Nachteil desjenigen fehlschlägt, der ihn ausgeheckt hat.

«DEMEDIV» ist ganz offensichtlich ein drei- bzw. vierseitiges Spiel, wobei die Polizei die Rolle des vierten Partners übernimmt; auch seine Verwandtschaft zu dem Spiel «Macht den Sieger unter euch aus» ist evident.

Nachtrag

Für ihr kontinuierliches Interesse am Studium des Spiels «Räuber und Gendarm» und für ihre der Sache förderlichen Erörterungen und kritischen Hinweise bin ich folgenden Herren zu Dank verpflichtet: Dr. Franklin Ernst von der California Medical Facility in Vacaville, Mr. William Collins vom California Rehabilitation Center in Norco und Mr. Laurence Means von der California Institution for Men in Tehachapi.

11. *Doktorspiele*

Auf diejenigen Spiele, die mit einem gewissen Beharrungsvermögen immer wieder in therapeutischen Situationen auftauchen, muß der professionelle Vertreter der Spiel-Analyse ganz besonders achten. Sie lassen sich im Sprechzimmer sehr gut aus erster Hand studieren. Je nach der Rolle, die der agierende Urheber darin spielt, unterscheidet man drei verschiedene Arten:

1. Spiele, die von Therapeuten und Sozialhelfern gespielt werden: «Ich versuche nur, dir zu helfen» und «Psychiatrie».

2. Spiele, die von beruflich vorgebildeten Leuten gespielt werden, die als Patienten in Therapie-Gruppen auftauchen, wie z. B. «Treibhaus».

3. Spiele, die von Laienpatienten und Klienten gespielt werden: «Armer Teufel», «Verehrerin», «Blöd» und «Holzbein».

1. *«Treibhaus»*

THESE. Hier handelt es sich um eine Variante des Spiels «Psychiatrie», die am intensivsten von jungen Sozialwissenschaftlern gespielt wird, so z. B. von Klinik-Psychologen. In Gesellschaft ihrer Kollegen zeigen diese jungen Wissenschaftler die Neigung, «Psychoanalyse» zu spielen; sie tun das häufig auf scherzhafte Art mit Bemerkungen wie: «Lieber Kollege, Ihre Aggressivität ist deutlich zu bemerken» oder: «Wie mechanisch kann ein Abwehrmechanismus werden?» Meist handelt es sich dabei um einen harmlosen und vergnüglichen Zeitvertreib, um eine durchaus normale Phase innerhalb ihrer Fachausbildung, und das kann ganz amüsant werden, wenn sich einige Originale in der Gruppe befinden. (Der Autor hat eine Vorliebe für die Formulierung: «Ich sehe, wir feiern wieder mal die Nationale Parapraxis-Woche!») Als Patienten in einer Psychotherapie-Gruppe neigen einige dieser jungen Leute dazu, dieser Art wechselseitiger Kritik eine etwas schärfere Form zu geben; da jedoch ein solches Gebaren im Rahmen der bestehenden Situation nicht sehr produktiv ist, kann der Therapeut dazu gezwungen sein, es zu unterbinden. Diese Maßnahme kann im weiteren Verlauf das Spiel «Treibhaus» auslösen.

Kurz nach Ablegung ihrer Abschlußexamina macht sich bei jungen Wissenschaftlern eine starke Neigung bemerkbar, übertriebenen Respekt für das zu zeigen, was sie als ‹Echte Empfindungen› bezeichnen. Dem Ausdruck einer solchen Empfindung kann eine Ankündigung vorausgehen, daß sie beginnt, sich bemerkbar zu machen. Nach dieser Ankündigung wird die Empfindung erläutert bzw. der Gruppe präsentiert, als handle es sich hier um eine seltene Blume, die mit gebotener Ehrfurcht zu betrachten sei. Die Reaktion der anderen Gruppenmitglieder wird in geradezu weihevoller Form gewürdigt, und man tut das allgemein mit der Miene eines Sachkenners, der seltene Blumen in einem Botanischen Garten betrachtet. Das Problem scheint hier – im Fachjargon der Spiel-Analyse ausgedrückt – darin zu bestehen, daß man prüft, ob dieses ‹Exemplar› würdig genug ist, um auf der ‹Nationalen Gefühls-Ausstellung› gezeigt zu werden. Jede auch nur leise

Zweifel äußernde Intervention von seiten des Therapeuten wird höchst übelgenommen, so als sei er ein ungeschickter Trampel, der die zarten Blütenblätter einer seltenen exotischen Pflanze mit Holzhammermethoden traktiert. Der Therapeut hat natürlich seinerseits das Gefühl, es könnte unter Umständen notwendig sein, diese Blume sorgfältig zu zergliedern, um ihre Anatomie und ihre Physiologie zu begreifen.

ANTITHESE. Die Antithese, die für einen therapeutischen Fortschritt von entscheidender Bedeutung ist, liegt in der Ironie der oben gegebenen Beschreibung des Spiels. Läßt man das Spiel weiterlaufen, dann kann es jahrelang in unveränderter Form andauern, und der Patient gewinnt nachher das Gefühl, er habe in der ‹therapeutischen Praxis› seine ‹Aggressivität zum Ausdruck gebracht› und gelernt, mit ‹Empfindungen auf eine Art und Weise umzugehen›, die ihm einen beträchtlichen Vorteil vor seinen weniger glücklichen Kollegen einbringt. Inzwischen hat sich jedoch im Dynamik-Bereich des Spiels nichts Wesentliches ereignet, und die investierte Zeit ist mit Sicherheit nicht maximal in einen therapeutischen Nutzeffekt umgemünzt worden.

Der ironische Unterton in der anfangs gegebenen Beschreibung des Spiels richtet sich nicht gegen die Patienten, sondern gegen ihre Lehrer und gegen das ‹kulturelle Milieu›, das eine so überanspruchsvolle Empfindsamkeit noch begünstigt. Eine zur rechten Zeit eingeworfene skeptische Bemerkung könnte sie sehr wohl von derart preziösen Einflüssen des Eltern-Ichs absondern und dazu führen, daß sie eine weniger selbstbefangene Robustheit bei ihren wechselseitigen Transaktionen an den Tag legen. Anstatt Empfindungen in einer Art Treibhausatmosphäre zu kultivieren, sollte man sie lieber ihrem natürlichen Wachstumsprozeß überlassen und, wie die Blumen, pflücken, wenn die Zeit dafür gekommen ist.

Der am meisten ins Auge fallende Nutzeffekt ist bei diesem Spiel der äußerlich psychologische, denn Intimerlebnisse werden dadurch vermieden, daß in ihm ganz bestimmte Bedingungen festgelegt werden, unter denen Empfindungen zum Ausdruck gebracht werden dürfen, und dadurch, daß die Reaktionen der übrigen anwesenden Gruppen-Mitglieder ganz bestimmten Restriktionen unterworfen sind.

2. *«Ich versuche nur, dir zu helfen» («IVEDIH»)*

These. Dieses Spiel ist durchaus nicht nur auf Psychotherapeuten und Sozialhelfer beschränkt, sondern kann in jeder Berufssituation gespielt werden. Man findet es jedoch am häufigsten und in seiner ausgeprägtesten Form bei Sozialhelfern mit einer ganz bestimmten Art von Ausbildung. Dem Autor dieses Buchs erschloß sich die Analyse dieses Spiels unter recht merkwürdigen Umständen. Bei einem Pokerspiel hatten bereits alle Spieler ‹gepaßt›, mit zwei Ausnahmen: einem Psychologen und einem Geschäftsmann. Der Geschäftsmann, der ein gutes Blatt hatte, setzte; der Psychologe, mit einem todsicheren Blatt in der Hand, erhöhte den Einsatz. Dem Geschäftsmann war seine Verblüffung anzumerken, und der Psychologe bemerkte daraufhin scherzhaft: «Lassen Sie sich nur nicht aus der Fassung bringen, ich versuche nur, Ihnen zu helfen!» Der Geschäftsmann zögerte zunächst, setzte aber schließlich seine Chips ein. Der Psychologe zeigte nun sein Gewinnblatt vor, woraufhin sein Partner die Karten verärgert beiseite warf. Die übrigen Anwesenden lachten über den Scherz des Psychologen, und der Verlierer bemerkte kleinlaut: «Das war eine schöne Hilfe, die Sie mir da geleistet haben!» Der Psychologe warf einen vielsagenden Seitenblick auf den Autor, womit er wohl implizieren wollte, der Scherz sei in Wirklichkeit auf Kosten des Psychiater-Berufs gemacht worden. In diesem Augenblick zeichnete sich die Struktur dieses Spiels klar ab.

Der Sozialhelfer oder Therapeut gibt einem Klienten bzw. Patienten einen bestimmten Ratschlag. Der Patient kommt wieder und berichtet, der gewünschte Erfolg habe sich nicht eingestellt. Der Sozialhelfer tut diesen Mißerfolg mit einem resignierten Achselzucken ab und versucht es mit einem anderen Vorschlag. Bei genauer Beobachtung könnte er schon zu diesem Zeitpunkt einen Anflug von Frustration bemerken, er würde es aber auf jeden Fall noch einmal versuchen. Gewöhnlich fühlt er kaum das Bedürfnis, seinen eigenen Motiven mit Skepsis zu begegnen, denn er weiß sehr wohl, daß viele seiner Kollegen mit einer ähnlichen Ausbildung genau das gleiche tun, daß er das als ‹korrekt› geltende Verfahren anwendet und daß er dafür bei seinen Vorgesetzten volle Unterstützung findet.

Gerät er an einen harten Spieler, z. B. an einen von aggressiven Gefühlen besessenen, dann wird es ihm zunehmend schwerer fallen, das Gefühl zu vermeiden, er sei der Sache nicht gewachsen. Er gerät jetzt in Schwierigkeiten, und die Situation verschlechtert sich allmählich. Schlimmstenfalls gerät er an einen zornigen Paranoiden, der eines Tages zu ihm hereinstürzt und wütend schreit: «Sehen Sie bloß, was Sie da angerichtet haben!» Seine Frustration manifestiert sich dann deutlich in dem – entweder ausgesprochenen oder unausgesprochenen – Gedanken: «Ich habe ja nur versucht, Ihnen zu helfen!» Seine Bestürzung über die ihm zugefügte Undankbarkeit verursacht ihm einigen Kummer und deutet auf die komplexen Motive hin, die seinem eigenen Verhalten zugrunde liegen. Diese Bestürzung ist der eigentliche Nutzeffekt des Spiels.

Natürlich sollte man legitimierte Helfer keinesfalls mit Leuten verwechseln, die «Ich versuche nur, dir zu helfen»

(«IVEDIH») spielen. «Ich denke, wir können die Sache in Ordnung bringen», «Ich weiß, was wir da tun müssen», «Ich habe den Auftrag, Ihnen zu helfen» oder «Das Honorar für meine Bemühungen in Ihrem Fall beträgt...», das alles unterscheidet sich deutlich von der Formulierung «Ich versuche nur, dir [Ihnen] zu helfen». Die vier ersten Formulierungen stellen, wenn sie in gutem Glauben vorgebracht werden, ein Anerbieten des Erwachsenen-Ichs dar, dem bedrängten Patienten oder Klienten auf Grund der eigenen beruflichen Qualifikationen zu helfen; «IVEDIH» dagegen hat ein verdecktes Motiv, das für den Ausgang der Unternehmung wichtiger ist als das berufliche Können. Dieses Motiv basiert auf der Annahme, die Menschen seien undankbar und im großen ganzen enttäuschend. Die Aussicht auf Erfolg wirkt auf das Eltern-Ich des Helfers alarmierend und reizt ihn dazu, den Erfolg zu sabotieren, denn der würde die vorausgesetzte Annahme ins Wanken bringen. Der «IVEDIH»-Spieler braucht eine Bestätigung dafür, daß die Hilfe, wie nachdrücklich sie auch immer angeboten wird, nicht akzeptiert werden wird. Der Klient reagiert mit den Spielen: «Sie sehen, ich gebe mir wirklich die größte Mühe» oder «Sie können nichts tun, um mir zu helfen». Flexiblere Spieler können zu einem Kompromiß geneigt sein: die Leute können eine Hilfe ruhig akzeptieren, vorausgesetzt, sie benötigen eine lange Zeitspanne, um sie wirksam werden zu lassen. Aus diesem Grund neigen Therapeuten auch dazu, sich gewissermaßen zu entschuldigen, wenn eine Maßnahme rasch zum Erfolg führt, denn sie wissen, daß einige ihrer Kollegen solche Fälle bei gemeinsamen Besprechungen kritisch beurteilen. Den Gegenpol zu intensiven «IVEDIH»-Spielern, wie man sie z. B. unter Sozialhelfern findet, bilden gute Anwälte, die ihren Klienten helfen, ohne sich dabei persönlich zu engagieren oder sentimental zu werden. Bei ihnen tritt das berufliche Geschick an die Stelle angestrengter Bemühungen im Verborgenen.

Es hat den Anschein, als seien einige Ausbildungsstätten für Sozialhelfer in erster Linie so etwas wie Akademien zur Heranbildung von professionellen «IVEDIH»-Spielern, und für diejenigen, die dort ihre Examina machen, ist es in der Tat nicht leicht, der Versuchung zu widerstehen, das Spiel auch weiterhin zu betreiben. Ein Beispiel, das zur Aufhellung einiger der eben angeführten Punkte dienen mag, findet man in der Beschreibung des Komplementär-Spiels «Armer Teufel».

«IVEDIH» und seine Varianten sind im Alltagsleben weit verbreitet. Es wird von Freunden und Verwandten der Familie gespielt (z. B. «Ich kann dir das zum Großhandelspreis besorgen») und von Erwachsenen, die sich von Amts wegen mit Kindern zu befassen haben. Es ist besonders beliebt bei Eltern, und die Kinder spielen dann gewöhnlich das Komplementärspiel «Sieh bloß, was du wieder angerichtet hast». Auf der Sozial-Ebene kann es eine Variante des Spiels «Schlemihl» sein, wobei dann der angerichtete Schaden nicht aus einem Impuls heraus entsteht, sondern bei dem Bestreben zu helfen; an die Stelle des Klienten tritt in diesem Fall ein ‹Opfer›, das entweder «Warum muß das ausgerechnet immer mir passieren?» oder eine seiner Varianten spielt.

Antithese. Für einen Fachmann gibt es verschiedene Möglichkeiten, einer Aufforderung, dieses Spiel mitzuspielen, zu begegnen; von welcher Möglichkeit er Gebrauch macht, das wird in der Regel davon abhängen, in welchem Verhältnis er zu seinem Patienten steht, und besonders davon, wie sich das Kindheits-Ich des Patienten verhält.

1. Die klassische psychoanalytische Antithese ist zugleich die kompromißloseste, aber auch diejenige, die dem Patienten die größten Schwierigkeiten bereitet. Die Aufforderung, das Spiel mitzuspielen, wird völlig ignoriert. Der Patient versucht es nun mit steigendem Nachdruck. Schließlich verfällt er einem Zustand der Verzweiflung, der sich

in Zornausbrüchen oder Depressionen manifestiert; das ist ein typisches Zeichen dafür, daß ein Spiel vereitelt worden ist. Diese Situation kann zu einer durchaus nützlichen Konfrontation führen.

2. Eine mildere (aber keinesfalls pedantische) Form der Konfrontation kann man bei der ersten Aufforderung zum Mitspielen versuchen. Der Therapeut stellt einfach sachlich fest, daß er der Therapeut des Patienten ist und nicht sein Manager.

3. Ein noch stärker abgemildertes Verfahren besteht darin, den Patienten in eine Therapie-Gruppe einzugliedern und den anderen Patienten die Behandlung des Falles zu übertragen.

4. Bei einem Patienten mit akuten Störungserscheinungen kann es sich als notwendig erweisen, in der ersten Behandlungsphase auf sein Spiel einzugehen. Solche Patienten sollten allerdings von einem Psychiater behandelt werden, denn er kann als Mediziner sowohl Medikamente verschreiben als auch einige hygienische Maßnahmen, die sich, selbst in einer Zeit, in der man ganz auf Sedativa versessen ist, bei der Behandlung derartiger Patienten immer noch als recht wirksam erweisen. Verschreibt der Arzt außer den Medikamenten gleichzeitig eine Art hygienischer Diät mit Bädern, körperlichen Übungen, festgelegten Ruhepausen und regelmäßigen Mahlzeiten, dann kann der Patient auf dreierlei Weise reagieren: a) er hält sich an die vorgeschriebene Lebensweise und fühlt sich besser; b) er hält sich strikt an die ihm zudiktierte Lebensweise, beklagt sich aber, daß er keine Besserung verspüre; c) er erwähnt beiläufig, daß er sich nicht an die ihm gegebenen Instruktionen gehalten habe oder daß er die vorgeschriebene Lebensweise aufgegeben habe, weil sie ihm in keiner Weise geholfen habe. Im zweiten und im dritten Fall muß der Psychiater dann entscheiden, ob der Patient zu diesem Zeitpunkt schon für eine Spiel-Analyse reif ist oder ob zunächst eine andere Behandlungsform angezeigt

ist, um ihn auf eine spätere psychotherapeutische Behandlung vorzubereiten. Bevor der Psychiater eine Entscheidung über die weitere Behandlungsart trifft, sollte er sorgfältig abwägen, welcher Zusammenhang zwischen der verordneten Lebensweise und der Neigung des Patienten. Spiele zu spielen, tatsächlich besteht.

Für den Patienten dagegen lautet die Antithese: «Erzählen *Sie* mir nicht, was *ich* tun soll, um meinen Zustand zu bessern, *ich* werde *Ihnen* sagen, was *Sie* tun müssen, um mir zu helfen.» Ist der Therapeut als «Schlemihl»-Spieler bekannt, dann lautet die richtige Antithese für den Patienten: «Helfen Sie nicht mir, helfen Sie ihm.» Allerdings mangelt es ernsthaften «Ich will nur versuchen, dir zu helfen»-Spielern im allgemeinen an entsprechendem Sinn für Humor. Antithetische Aktionen von seiten des Patienten werden meist auch sehr ungünstig aufgenommen und können zu einer lebenslangen Feindschaft mit dem Therapeuten führen. Im Alltagsleben sollte man davon absehen, derartige antithetische Aktionen einzuleiten, es sei denn, man ist bereit, sie auch bis zum Ende konsequent durchzuhalten und die Folgen auf sich zu nehmen. So kann z. B. die Zurückweisung eines Verwandten, der sein «Ich kann dir das zum Großhandelspreis besorgen» anbietet, folgenschwere familiäre Komplikationen nach sich ziehen.

Analyse

THESE: Die Leute tun niemals das, was ich ihnen sage.

ZIEL: Erleichterung von Schuldgefühlen.

ROLLEN: *Helfer*, Klient.

DYNAMIK: Masochismus.

BEISPIELE: 1. Kinder machen ihre Schulaufgaben, ein Elternteil interveniert. 2. Sozialhelfer und Klient.

SOZIAL-PARADIGMA: Eltern-Ich / Kindheits-Ich.

Kindheits-Ich: «Was soll ich jetzt tun?»

Eltern-Ich: «Ich sage dir, was du tun sollst.»

PSYCHOLOGISCHES PARADIGMA: Eltern-Ich / Kindheits-Ich.

Eltern-Ich: «Du siehst, wie kompetent ich bin.»

Kindheits-Ich: «Ich werde dafür sorgen, daß du dich inkompetent fühlst.»

EINZELAKTIONEN: 1. Instruktionen werden erbeten – Instruktionen werden gegeben. 2. Das Verfahren wird verpatzt – Tadel. 3. Demonstration, daß das Verfahren nicht richtig ist – Nachdrückliche Entschuldigung.

NUTZEFFEKTE: 1. Innerlich psychologisch – Martyrium. 2. Äußerlich psychologisch – Vermeidet, mit eigenen Unzulänglichkeiten konfrontiert zu werden. 3. Innerlich sozial – ‹Elternbeirat›, projektiver Typ; Undankbarkeit. 4. Äußerlich sozial – ‹Psychiatrie›, projektiver Typ. 5. Biologisch – ‹Schläge› vom Klienten, ‹Streicheln› von den Vorgesetzten. 6. Existentiell – Alle Menschen sind undankbar.

3. *«Armer Teufel»*

THESE. Die beste Formulierung für die These dieses Spiels findet man in Henry Millers *‹Der Koloß von Maroussi›*: «Das Ereignis muß sich in dem Jahr zugetragen haben, als ich gerade nach einem Job suchte, ohne die leiseste Absicht allerdings, ihn auch tatsächlich anzutreten. Ich mußte daran denken, daß ich mir, trotz der verzweifelten Lage, in der ich mich zu befinden glaubte, nicht einmal die Mühe gemacht hatte, die Stellenangebote in der Zeitung zu studieren.»

Dieses Spiel ist eines der Komplementärspiele zu «Ich versuche nur, dir zu helfen» («IVEDIH»), so wie es von Sozialhelfern gespielt wird, die damit ihren Lebensunterhalt verdienen. «Armer Teufel» wird auf ebenso professionelle Weise von dem Klienten gespielt, der seinen Lebensunterhalt auf *diese* Art verdient. Die Erfahrungen des Autors mit dem Spiel «Armer Teufel» sind zwar begrenzt, aber der folgende Bericht eines seiner fähigsten Studenten illustriert deutlich das Wesen dieses Spiels und den Platz, den es in unserer Gesellschaft einnimmt.

Fräulein Schwarz war Sozialhelferin in einer Wohlfahrtsorganisation, die sich die wirtschaftliche Rehabilitierung von Bedürftigen (‹Armen Teufeln›) zum Ziel gesetzt hatte und die dafür auch finanzielle Zuwendungen von der Regierung erhielt; das bedeutete im Effekt, daß sie dafür sorgen mußte, daß ihre Klienten eine nützliche Beschäftigung fanden und auch längere Zeit hindurch ausübten. Den offiziellen Berichten zufolge machten die Klienten dieser Organisation ‹ständige Fortschritte›, doch wurden sehr wenige von ihnen tatsächlich ‹rehabilitiert›. Dies sei verständlich, so sagte man, denn die meisten von ihnen waren schon seit mehreren Jahren Klienten von Wohlfahrtsorganisationen, sie zogen von einer zur anderen und ließen sich manchmal von fünf oder sechs Organisationen gleichzeitig betreuen; es handelte sich hier also ganz offensichtlich um ‹schwierige Fälle›.

Fräulein Schwarz, in der Spiel-Analyse versiert, bemerkte sehr bald, daß die Angestellten ihrer Organisation ein ganz konsequentes «IVEDIH»-Spiel spielten, und sie fragte sich, wie die Klienten wohl darauf reagieren würden. Um das festzustellen, fragte sie ihre eigenen Klienten von Woche zu Woche, wie vielen Möglichkeiten zu einer Anstellung sie jeweils nachgegangen seien. Es war für sie interessant, zu entdecken, daß diese Klienten, von denen man erwartete, daß sie sich täglich angestrengt um eine Arbeit bemühten, in Wirklichkeit kaum darum bemüht waren; gelegentlich hatten ihre Scheinbemühungen sogar einen stark ironischen Zug. So berichtete ihr z. B. ein Mann, er beantworte im Zuge seiner Arbeitssuche täglich ein Stellenangebot aus der Zeitung. «Welche Art von Arbeit suchen Sie denn?» fragte sie. Er sagte, er wolle gern als Verkäufer arbeiten. «Ist das die einzige Art von Stellenangebot, auf die Sie antworten?» fragte sie. Ja, sagte er, das sei die einzige, aber es sei zu dumm, daß er stottere, denn das hindere ihn daran, die von ihm gewählte Laufbahn einzuschlagen. Zu dieser Zeit erfuhr auch der Vorgesetzte von Fräulein Schwarz, daß sie Fragen dieser Art stellte, und sie wurde dafür zurechtgewiesen, daß sie auf ihre Klienten ‹unzulässigen Druck› ausübe.

Fräulein Schwarz entschloß sich trotzdem, in ihren Bemühungen fortzufahren und einige ihrer Klienten zu rehabilitieren. Sie suchte sich zu diesem Zweck diejenigen heraus, die körperlich kräftig waren und offensichtlich keinen triftigen Grund hatten, ihre Wohlfahrtsunterstützung weiterzubeziehen. Mit dieser ausgewählten Gruppe erörterte sie die Spiele «IVEDIH» und «Armer Teufel». Als die Leute sich einsichtig zeigten, erklärte sie, wenn sie jetzt nicht endlich Arbeit fänden, würde sie ihnen die Wohlfahrtsunterstützung entziehen und sie an eine andere Betreuungsorganisation überweisen. Daraufhin fanden mehrere von ihnen innerhalb kürzester Zeit eine Beschäftigung, einige davon sogar zum erstenmal seit vielen Jahren. Trotzdem waren sie ungehalten über das Verhalten von Fräulein Schwarz, und einige schrieben an deren Vorgesetzten und beklagten sich über sie. Der Vorgesetzte ließ sie rufen und erteilte ihr einen strengen Verweis, mit der Begründung, ihre ehemaligen Klienten hätten zwar jetzt eine Beschäftigung, sie seien aber nicht ‹wirklich rehabilitiert›. Zugleich deutete der Vorgesetzte an, es sei fraglich, ob Fräulein Schwarz ihre Stellung in der Organisation weiterhin behalten würde. Fräulein Schwarz versuchte nun, soweit ihr das ohne weitere Gefährdung ihrer Position möglich war, auf taktvolle Weise herauszubekommen, was eigentlich nach Ansicht der Organisation den Tatbestand einer ‹wirklichen Rehabilitierung› darstellte, doch wurde das niemals geklärt. Man sagte ihr nur, sie «übe einen unzulässigen Druck» auf die Klienten aus, und die Tatsache, daß diese zum erstenmal seit vielen Jahren durch eigene Arbeit den Unterhalt für ihre Familien bestritten, sei in keiner Weise ihr Verdienst.

Da sie nun in Gefahr war, die Stellung, auf die sie selbst dringend angewiesen war, zu verlieren, versuchten ihr einige Freunde zu helfen. Der angesehene Chef einer psychiatrischen Klinik schrieb an ihren Vorgesetzten, er habe gehört, Fräulein Schwarz habe im Umgang mit ihren Fürsorge-Klienten einige besonders bemerkenswerte Erfolge erzielt, und er möchte um die Genehmigung bitten, daß sie ihre Erfahrungen einmal mit dem ärztlichen Stab seiner Klinik erörtern könne. Der Vorgesetzte verweigerte jedoch die Genehmigung.

Im vorliegenden Fall wurden die Regeln für das Spiel «Armer Teufel» von der betreffenden Organisation so festgelegt, daß sie die lokalen Regeln für das «IVEDIH»-Spiel ergänzten. Zwischen dem Helfer und dem Klienten bestand ein stillschweigendes Übereinkommen etwa folgenden Inhalts:

Helfer: «Ich will versuchen, Ihnen zu helfen (vorausgesetzt, daß sich Ihre Lage nicht bessern wird).»

Klient: «Ich will mich um eine Anstellung bemühen (vorausgesetzt, daß ich nicht tatsächlich eine finden muß).»

Verstieß ein Klient gegen diese Übereinkunft, indem er sich wirtschaftlich verbesserte, dann verlor die Organisation einen Klienten, und der Klient verlor seine Wohlfahrtsunterstützung; dadurch fühlten sich beide irgendwie benachteiligt. Verstieß ein Sozialhelfer gegen die Übereinkunft, indem er den Klienten veranlaßte, tatsächlich eine Beschäftigung zu finden, dann fühlte sich die Organisation ebenfalls geschädigt, denn die Beschwerden des Klienten konnten möglicherweise zur Kenntnis der übergeordneten Behörden gelangen; der Klient verlor auch in diesem Fall seine Wohlfahrtsunterstützung.

Solange sich beide Teile an die stillschweigende Übereinkunft hielten, bekamen beide, was sie wünschten. Der Klient erhielt seine Wohlfahrtsunterstützung und merkte bald, was die Organisation sozusagen als Gegengabe dafür erstrebte: die Möglichkeit, sich ‹auszudehnen› (als Bestandteil des «IVEDIH»-Spiels) und ‹klinisches Material› zu sammeln (um es auf Konferenzen zu präsentieren, die sich vorwiegend mit den Klienten befaßten). Der Klient kam diesen Forderungen gern nach, denn sie machten ihm ebensoviel Freude wie der Organisation selbst. So kamen beide Seiten gut miteinander aus, und niemand fühlte das Bedürfnis, so ausgesprochen erfreuliche wechselseitige Beziehungen abzubrechen. Fräulein Schwarz dagegen strebte im Effekt nicht eine Ausdehnung der Organisation an, sondern eine Einschränkung, und sie schlug vor, man sollte auf den Konferenzen mehr das Gemeinschaftsinteresse in den Mittelpunkt stellen und nicht das der einzelnen Klienten; das beunruhigte nicht nur die Klienten, sondern auch die anderen Mitglieder der Organisation, ungeachtet der Tatsache, daß Fräulein Schwarz auf diese Weise im Grunde die in den Bestimmungen festgelegten Ziele der Organisation förderte.

Zwei Dinge sind hier festzustellen. Erstens: Als reines Spiel und nicht so sehr als Zustand, hervorgerufen durch physisches, geistiges oder wirtschaftliches Unvermögen, wird «Armer Teufel» nur von einem begrenzten Prozentsatz von Klienten der Wohlfahrtsinstitutionen gespielt. Zweitens: Es wird nur von Sozialhelfern unterstützt, die darauf trainiert sind, «IVEDIH» zu spielen; andere Sozialhelfer tolerieren das Spiel in der Regel nicht.

Verwandte Spiele sind «Veteran» und «Klinik». Im Spiel «Veteran» zeigt sich das gleiche ‹symbiotische› Beziehungsverhältnis, und zwar in diesem Fall zwischen der Fürsorgeverwaltung für Kriegsteilnehmer oder verwandten Organisationen und einer gewissen Anzahl von sozusagen ‹professionellen Veteranen›, die die gleichen Privilegien genießen wie Kriegsversehrte. «Klinik» wird von einem gewissen Prozentsatz jener Leute gespielt, die Patienten der Ambulanz-Abteilung großer Krankenhäuser sind. Im Gegensatz zu den Leuten, die «Armer Teufel» oder «Veteran» spielen, erhalten die Patienten, die «Klinik» spielen, keine finanzielle Vergütung, aber sie genießen dafür andere Vorteile. Sie dienen einem nützlichen sozialen Zweck, denn sie sind bereit, bei der Ausbildung des medizinischen Personals und beim Studium von Krankheitsprozessen auf ihre Weise mitzuwirken. Daraus resultiert für sie eine legitime Befriedigung auf der Ebene des Erwachsenen-Ichs, die den Spielern von «Armer Teufel» oder «Veteran» nicht zuteil wird.

Antithese. Eine Antithese, soweit eine solche angezeigt ist, besteht aus der Zurückhaltung der Vergütung. Das Risiko liegt hier nicht, wie bei den meisten anderen Spielen, in erster Linie beim Spieler selbst, sondern darin, daß dieses Spiel gewissen Bestrebungen im zivilisatorischen Bereich gleichläuft und von den Spielern des komplementären «IVEDIH»-Spiels noch begünstigt wird. Die Bedrohung kommt meist von seiten der Berufskollegen, der mobilisierten Öffentlichkeit, den Regierungsinstitutionen und den Schutzvereinigungen. Die Beschwerden, die gewöhnlich dann folgen, wenn jemand eine antithetische Aktion gegen das Spiel «Armer Teufel» einleitet, können zu dem allgemeinen Entrüstungsschrei führen: «Ja, ja, wie steht's denn eigentlich damit?» Man kann diese Reaktion durchaus als eine heilsame Operation bzw. als einen konstruktiven Zeitvertreib betrachten, auch wenn sie gelegentlich der Aufrichtigkeit nicht gerade förderlich ist. In der Tat beruht das gesamte politische System demokratischer Freiheiten auf *der* Freiheit, diese Frage zu stellen (was unter vielen anderen Regierungsformen durchaus nicht der Fall ist). Ohne diese Freiheit wäre der soziale Fortschritt der Menschheit ernsthaft gefährdet.

4. *«Verehrerin»*

These. Als Prototyp der ‹Verehrerin› gilt jene arthritische Bäuerin aus Bulgarien, die ihre einzige Kuh verkauft, um damit eine Reise zur Universitätsklinik in Sofia zu finanzieren. Hier untersucht sie ein Professor und findet ihren Fall so interessant, daß er ihn seinen Medizinstudenten in einer klinischen Demonstration vorführt. Er befaßt sich nicht nur mit Pathologie, Symptomen und Diagnose, sondern erläutert auch in großen Zügen die erforderliche Behandlungsmethode. Diese Prozedur erfüllt die Bäuerin mit ungeheurer Ehrfurcht. Bevor sie wieder heimfährt, verschreibt ihr der Professor ein Rezept und gibt ihr noch detaillierte Anweisungen für die weitere Behandlung. Sie ist voller Bewunderung für die Gelehrsamkeit des Professors und sagt (natürlich auf bulgarisch): «Sie sind wirklich wundervoll, Herr Professor!» Das verschriebene Medikament kauft sie jedoch nicht. Erstens gibt es in ihrem Dorf keine Apotheke, und zweitens, selbst wenn es eine gäbe, würde sie ein so wertvolles Stück Papier wie das Rezept niemals aus der Hand geben. Sie hat auch gar nicht die Möglichkeit, den übrigen Behandlungsvorschriften nachzukommen, wie z. B. Diät, Hydrotherapie etc. Ihr Gesundheitszustand bleibt ebenso unerfreulich wie zuvor, aber sie ist trotzdem glücklich, denn jetzt kann sie allen Leuten von der wundervollen Behandlung berichten, die ihr der gelehrte Professor aus Sofia verschrieben hat; zum Dank schließt sie den großen Mann in ihr tägliches Nachtgebet ein.

Viele Jahre später kommt der Professor, nicht gerade bei bester Laune, zufällig durch das gleiche Dorf, um nach einem wohlhabenden und entschieden anspruchsvollen Patienten zu sehen. Er erkennt die Bäuerin wieder, als sie auf ihn zueilt, ihm die Hand küßt und ihn an die geradezu sagenhafte Therapie erinnert, die er ihr vor Jahren hat zuteil werden lassen. Er nimmt die überschwengliche Huldigung gnädigst entgegen und ist besonders erfreut darüber, daß sie ihm erzählt, wie gut ihr diese Behandlung bekommen sei. Tatsächlich ist er so hingerissen von seinem Erfolg, daß er gar nicht bemerkt, daß sich der Zustand der Bäuerin um keinen Deut gebessert hat.

Im *sozialen* Bereich wird «Verehrerin» sowohl in naiver als auch in simulierter Form gespielt; beide stehen unter dem Motto: «Sie sind wirklich wundervoll, Herr Michelmeier!» («SISIWUM»). Bei der naiven Form ist Herr Michelmeier tatsächlich ‹wundervoll›. Er ist ein berühmter Dichter, Maler, Philanthrop oder Wissenschaftler, und häufig unternehmen naive junge Frauen eine weite Reise, in der Hoffnung, ihm zu begegnen, bewundernd zu seinen Füßen zu sitzen und seine Schwächen zu romantisieren. Eine erfahrenere Frau, die bewußt darauf ausgeht, mit einem solchen Mann eine Liebesaffäre oder die Ehe einzugehen, kann seine Schwächen durchaus erkennen, obschon sie ihn aufrichtig bewundert und schätzt. Sie kann diese Schwächen sogar dazu ausnutzen, ihr Ziel zu erreichen. Bei diesen beiden Frauentypen ergibt sich das Spiel entweder aus der Romantisierung oder aus der Ausnutzung der Schwächen; ihre Aufrichtigkeit besteht darin, daß sie sehr wohl in der Lage sind, seine Leistungen richtig einzuschätzen und daß sie sie aus ehrlichem Herzen bewundern.

Bei der simulierten Spielform kann Herr Michelmeier ‹wundervoll› sein oder auch nicht, in jedem Fall hat er es mit einer Frau zu tun, die gar nicht fähig ist, seine Leistungen wirklich zu schätzen und zu bewundern; es kann sich hier z. B. um eine hochkarätige Prostituierte handeln. Sie benutzt das «SISIWUM»-Spiel nur als Lockmittel, um zu ihrem Ziel zu gelangen. Innerlich versteht sie den Mann überhaupt nicht, oder sie macht sich sogar über ihn lustig. Aber im Grunde liegt ihr auch gar nichts an ihm persönlich; was sie will, das sind die Vorrechte und Annehmlichkeiten, die mit dem ‹Besitz› eines solchen Mannes verbunden sind.

Im klinischen Bereich gibt es zwei ähnliche Formen dieses Spiels; bei ihnen lautet das Motto: «Sie sind wirklich wundervoll, Herr Professor!» («SISIWUP»). Bei der naiven Form bleibt die Patientin gewöhnlich so lange, wie sie an ihr «SISIWUP» ehrlich glauben kann: für den Therapeuten bedeutet das eine Verpflichtung, sich sowohl im öffentlichen Leben als auch im privaten Bereich mustergültig aufzuführen. Bei der simulierten Form hofft die Patientin, der Therapeut werde auf ihr «SISIWUP»-Spiel eingehen und denken: «Sie sind ein äußerst kluges Kind!» («SIKK»). Manövriert sie ihn erst einmal in diese Position hinein, dann kann sie ihn an der Nase herumführen und dann zu einem anderen Therapeuten gehen; läßt er sich nicht so leicht betören, dann kann er in der Lage sein, ihr wirklich zu helfen.

Der einfachste Weg, ihr «SISIWUP»-Spiel zu gewinnen, besteht für die Patientin darin, nicht gesund zu werden. Ist sie boshafter, dann wird sie energischere Schritte unternehmen, um den Therapeuten zum Narren zu halten. Eine Frau spielte mit ihrem Psychiater «SISIWUP», ohne daß auch nur die geringste Abschwächung in ihren Symptomen festzustellen war; schließlich verließ sie ihn unter vielen Abschieds- und Entschuldigungszeremonien. Sie ging dann zu dem von ihr sehr verehrten Pfarrer, bat ihn um Hilfe und spielte «SISIWUP» mit ihm. Nach einigen Wochen verführte sie ihn zu einem «HIVE»-Spiel zweiten Grades. Bei einem Gespräch über den Gartenzaun vertraute sie nachher ihrer Nachbarin an, wie enttäuscht sie sei, daß ein so feiner Mann wie Hochwürden Schwarz in einem Augenblick menschlicher Schwäche sich einer so arglosen und unattraktiven Frau gegenüber, wie sie es sei, zu einem Annäherungsversuch hinreißen ließ. Da sie seine Frau kenne, sei sie natürlich bereit, ihm zu vergeben, aber trotzdem... etc. Dieses Geständnis entschlüpfte ihr fast unbeabsichtigt, und erst nachher fiel ihr ‹mit Schrecken› ein, daß ihre Nachbarin Mitglied des Kirchenvorstands war. Gegenüber ihrem Psychiater gewann sie, indem sich ihr Zustand nicht besserte, gegenüber ihrem Geistlichen dadurch, daß sie ihn verführte, obwohl sie sich das nur ungern eingestehen wollte. Schließlich reihte sie ein zweiter Psychiater in eine Therapie-Gruppe ein, in der sie nicht die Möglichkeit hatte, ihre Manöver an den Mann zu bringen. Da sie nun in dieser therapeutischen Situation keine Gelegenheit mehr zu ihren «SISIWUP»- und «SIKK»-Spielen hatte, fing sie an, sich über ihr eigenes Verhalten ernste Gedanken zu machen; mit Hilfe der übrigen Gruppenmitglieder war sie schließlich in der Lage, ihre beiden Lieblingsspiele aufzugeben: «SISIWUP» und «HIVE».

ANTITHESE. Der Therapeut muß zunächst eine Entscheidung darüber treffen, ob das Spiel wirklich in aufrichtig-naiver Form gespielt wird, und ob man es daher im Interesse der Patientin so lange weiterlaufen lassen sollte, bis ihr Erwachsenen-Ich sich hinreichend gefestigt hat, so daß man Gegenmaßnahmen riskieren kann. Ist das Spiel nicht arglos-naiv, dann sollten Gegenmaßnahmen bei der ersten passenden Gelegenheit ergriffen werden, allerdings erst nachdem die Patientin so weit vorbereitet wurde, daß sie in der Lage ist, diesen Vorgang zu begreifen. Der Therapeut weigert sich nunmehr hartnäckig, ihr noch irgendwelche Ratschläge zu erteilen; fängt die Patientin an, dagegen zu protestieren, dann macht er ihr klar, daß es sich hier nicht um eine ‹nebulöse psychiatrische Prozedur› handelt, sondern um ein wohldurchdachtes Verfahren. Die konstante Weigerung des Therapeuten kann innerhalb eines gewissen Zeitraums dazu führen, daß die Patientin entweder wütend wird oder daß sich bei ihr akute Angstgefühle einstellen. Der nächste Schritt hängt jetzt vom Zustand der Patientin ab. Ist sie allzusehr aus dem Gleichgewicht geraten, dann sollten ihre Reaktionen erst einmal einem angemessenen psychiatrischen bzw. analytischen Verfahren unterworfen werden, um wieder zu einer günstigen therapeutischen Ausgangssituation zu gelangen. In der simulierten Form sollte man vor allem bestrebt sein, das Erwachsenen-Ich der Patientin von ihrem hypokritischen Kindheits-Ich abzusondern, so daß eine ordnungsgemäße Spiel-Analyse erfolgen kann.

Im gesellschaftlichen Bereich sollte man intime Verwicklungen mit arglos-naiven «SISIWUM»-Spielerinnen vermeiden; das wird auch jeder Künstler-Manager den von ihm betreuten Klienten einhämmern. Andererseits sind Frauen, die «SISIWUM» in seiner simulierten Form spielen, manchmal durchaus interessante und intelligente Wesen, wenn es gelingt, ihnen das «SISIWUM»-Spiel abzugewöhnen; sie können sich dann sogar als erfreuliche Bereicherung des Bekanntenkreises erweisen, in dem sie verkehren.

5. *«Psychiatrie»*

These. Man muß die Psychiatrie als berufliches Verfahren unterscheiden von der ‹Psychiatrie› als Spiel. Auf Grund des derzeit verfügbaren, in wissenschaftlichen Publikationen veröffentlichten klinischen Belegmaterials gelten bei der psychiatrischen Behandlung folgende Verfahren als zweckdienlich: Schock-Therapie, Hypnose, pharmazeutische Präparate, Psychoanalyse, Orthopsychiatrie und Gruppen-Therapie. Es gibt noch andere, weniger bekannte Verfahren, die hier nicht erörtert zu werden brauchen. Jedes der genannten Verfahren kann im Spiel «Psychiatrie» Verwendung finden; die Grundposition für dieses Spiel lautet: «Ich kann heilen, hier [unter Vorweisen eines Diploms] steht es schwarz auf weiß.» Es sei hier festgestellt, daß es sich dabei auf jeden Fall um eine im Prinzip konstruktive Position handelt und daß Menschen, die «Psychiatrie» spielen, viel Gutes tun können, vorausgesetzt allerdings, daß sie auch eine entsprechende berufliche Ausbildung haben.

Vieles spricht jedoch dafür, daß sie bessere therapeutische Erfolge erzielen würden, wenn man ihren therapeutischen Eifer in etwas gemäßigtere Bahnen lenkt. Für die ANTITHESE hat schon vor langer Zeit Ambroise Paré die beste Formulierung gefunden: «Ich behandle meine Patienten, aber Gott heilt sie.» Jeder Medizinstudent lernt diesen Ausspruch neben einigen anderen wie z. B. *«primum non nocere»* oder *«vis medicatrix naturae»*. Therapeuten, die nicht Mediziner sind, kennen jedoch diese alten Vorsichtsregeln in den meisten Fällen nicht. Die Position: «Ich kann heilen, denn hier steht es schwarz auf weiß, daß ich in der Lage bin zu heilen», erweist sich meist als nicht unerheblicher Nachteil; es erscheint vorteilhaft, sie etwa durch folgende Formulierung zu ersetzen: «Ich will die therapeutischen Verfahren, mit denen ich vertraut bin, anwenden, und ich hoffe, sie werden sich als nützlich erweisen.» Damit vermeidet man, daß es zu Spielen kommt, die etwa auf folgenden Voraussetzungen beruhen: «Da ich heilen kann, ist es Ihre Schuld, wenn sich Ihr Zustand nicht bessert» (z. B. «Ich versuche nur, Ihnen zu helfen») oder «Da Sie heilen können, werde ich um Ihretwillen gesünder werden» (z. B. «Verehrerin»). Im Prinzip sind natürlich all diese Dinge jedem gewissenhaften Therapeuten bekannt. Sicherlich ist sich zumindest jeder Therapeut, der einmal einen Fall einer Klinik von Rang vorgeführt hat, dieser Tatsachen bewußt geworden. Umgekehrt kann man diejenige Klinik als gut bezeichnen, die ihre Therapeuten auf all das aufmerksam macht.

Gewöhnlich ist das Spiel «Psychiatrie» häufiger bei solchen Patienten anzutreffen, die vorher von weniger kompetenten Therapeuten behandelt wurden. Einige Patienten zum Beispiel suchen sich sorgfältig weniger fähige Psychoanalytiker aus, sie laufen dann von einem zum anderen und demonstrieren, daß sie gar nicht geheilt werden können; inzwischen werden sie selbst in der Beherrschung des Spiels «Psychiatrie» ständig versierter, und es wird allmählich sogar für einen erstklassigen Psychiater mit klinischer Erfahrung recht schwierig, die Spreu vom Weizen zu sondern. Im Patienten vollzieht sich folgende Duplex-Transaktion:

Erwachsenen-Ich: «Ich komme her, um mich heilen zu lassen.»

Kindheits-Ich: «Sie werden mich niemals heilen, Sie werden mir nur beibringen, besser den Neurotiker zu spielen [das Spiel «Psychiatrie» besser zu beherrschen].»

Auf ähnliche Weise wird das Spiel «Psychologische Heilmethode» gespielt; in diesem Fall hat das Erwachsenen-Ich folgende Einstellung: «Alles wird besser werden, wenn ich die Prinzipien der psychologischen Heilmethode anwende, über die ich viel gelesen und gehört habe.» Eine Patientin lernte das «Psychiatrie»-Spiel von *einem* Therapeuten, das Spiel «Psychologische Heilmethode» von einem anderen und eignete sich an einer dritten Stelle auch noch beachtliche Fertigkeiten in dem Spiel «Transaktions-Analyse» an. Als man diesen Tatbestand freimütig mit ihr erörterte, willigte sie ohne weiteres ein, das Spiel «Psychologische Heilmethode» aufzugeben, bat jedoch darum, ihr das Spiel «Psychiatrie» auch weiterhin zu gestatten, weil ihr das ausgesprochen Spaß machte. Der Transaktions-Psychiater gab seine Zustimmung. Mehrere Monate lang fuhr sie daraufhin fort, einmal wöchentlich ihre Träume zu erzählen und sie gleich selbst zu interpretieren. Schließlich entschloß sie sich dann doch – möglicherweise zum Teil aus dem Motiv der Dankbarkeit heraus –, ihr Spiel aufzugeben und herauszufinden, was eigentlich mit ihr los war. Sie begann sich nun ernsthaft für die Transaktions-Analyse zu interessieren und machte dabei gute Fortschritte.

Eine Variante von «Psychiatrie» ist das Spiel «Archäologie» (diese Bezeichnung verdanke ich Dr. Norman Reider aus San Francisco); hier vertritt die Patientin die Ansicht, alles würde plötzlich wieder zurechtgerückt werden, wenn es ihr nur gelänge, sozusagen den richtigen Schalthebel dafür zu finden. Daraus ergibt sich dann ein ständiges Nachsinnen über die Kindheitserlebnisse. Manchmal läßt sich der Therapeut von ihr zum Spiel «Kritik» verleiten, bei dem die Patientin ihre Empfindungen in verschiedenen Situationen erläutert und der Therapeut ihr dann sagt, was dabei nicht in Ordnung ist. Das Spiel «Ausdruck der eigenen Persönlichkeit» wird in einigen Therapie-Gruppen häufig gespielt; es beruht auf dem Dogma «Gefühl ist immer gut». Ein Patient, der sich bei seinen Schilderungen vulgärer Ausdrücke bedient, kann z. B. durchaus Beifall erhalten oder zumindest stillschweigendes Lob ernten. Eine geistig differenzierte Gruppe wird allerdings einen solchen Vorgang recht bald als Spiel entlarven.

Einige Mitglieder von Therapie-Gruppen entwickeln sich zu regelrechten Experten in der Aufdeckung von Spielen der «Psychiatrie»-Familie; einem neuen Patienten gegenüber geben sie unverzüglich zu erkennen, wenn sie glauben, er *spiele* «Psychiatrie» oder «Transaktions-Analyse», anstatt sich mit Hilfe des Gruppen-Verfahrens um echte Einsichten zu bemühen. Eine Frau, die aus einer dem «Ausdruck der eigenen Persönlichkeit» verschriebenen Gruppe in einer Stadt in eine erfahrenere Gruppe in einer anderen Stadt hinüberwechselte, erzählte die Geschichte von einer inzestuösen Beziehung, die sie in ihrer Kindheit gehabt hatte. Bisher war sie gewohnt, daß man ihrer oft erzählten Geschichte immer mit ehrfürchtigem Staunen begegnete; hier jedoch blieb man ihrer Erzählung gegenüber indifferent, und sie wurde sofort wütend. Sie entdeckte zu ihrer Verblüffung, daß die neue Gruppe mehr an ihrem transaktionellen Zorn interessiert war als an dem längstvergangenen Inzest, und in ihrer Wut schleuderte sie den übrigen Gruppenmitgliedern eine (wie sie glaubte) Beleidigung schwersten Kalibers entgegen: sie warf ihnen vor, keine Freudianer zu sein. Freud selbst nahm natürlich die Psychoanalyse ernster, und es kam ihm nicht in den Sinn, daraus ein Spiel zu machen, indem er etwa gesagt hätte, er selbst sei eigentlich kein Freudianer.

Erst kürzlich wurde eine neue Variante von «Psychiatrie» mit dem Namen «Erklären Sie mir mal...» aufgedeckt; sie ähnelt etwa dem auf Parties beliebten Zeitvertreib «Zwanzig Fragen». Weiß berichtet über einen Traum oder über einen tatsächlichen Vorfall, und die anderen Gruppen-Mitglieder – häufig einschließlich des Therapeuten – versuchen dann, den Bericht zu interpretieren, indem sie einschlägige Fragen stellen. So lange Weiß in der Lage ist, die gestellten Fragen zu beantworten, setzen die Gruppen-Mitglieder ihre Bemühungen der Reihe nach fort, bis man eine Frage findet, die Weiß nicht beantworten kann. Nun lehnt sich Schwarz (der die betreffende Frage gestellt hat) mit Kennerblick zurück und sagt: «Aha! Da haben wir's! Könnten Sie *diese* Frage beantworten, dann wäre Ihnen sicherlich wohler; ich habe also *meinen* Beitrag geleistet.» (Hier zeigt sich eine entfernte Verwandtschaft mit dem Spiel «Warum nicht – Ja, aber...».) Es gibt Therapie-Gruppen, die sich nahezu ausschließlich auf diesem Spiel aufbauen; hier ergeben sich häufig im Verlauf von Jahren nur minimale Veränderungen bzw. Fortschritte. Das Spiel «Erklären Sie mir mal...» räumt Weiß (dem Patienten) einen beträchtlichen Spielraum ein: er kann z. B. im Strom des Spiels mitschwimmen, indem er sich dem Gefühl der eigenen Untauglichkeit überläßt; er kann aber auch eine antithetische Haltung einnehmen, indem er alle gestellten Fragen beantwortet; in diesem Fall machen sich bei den anderen Spielern bald Ärger und Verdruß bemerkbar, denn nun kann er ihnen entgegenschleudern: «Ich habe alle eure Fragen beantwortet, und ihr habt mich nicht geheilt, wie steht ihr nun da [sc. ihr Trottel]?»

«Erklären Sie mir mal...» wird häufig auch von Schulklassen gespielt; hier wissen die Schüler sehr wohl, daß man die Antwort auf eine Frage, die mehrere Beantwortungsmöglichkeiten zuläßt (sie wird besonders gern von einem bestimmten Lehrertyp gestellt), nicht dadurch findet, daß man reale Fakten zitiert, sondern nur dadurch, daß man versucht, zu erraten, welche von den möglichen Antworten dem Lehrer am angenehmsten ist. Einer pedantischen Variante begegnen wir im altgriechischen Unterricht; der Lehrer behält gegenüber dem Schüler immer recht: er kann den Schüler, wenn er will, immer schlecht aussehen lassen und das durch einen Hinweis auf irgendein obskures Charakteristikum des Originaltextes untermauern. Das gleiche Spiel vollzieht sich häufig auch im hebräischen Unterricht.

6. *«Blöd»*

These. In ihrer milderen Form lautet die These für das «Blöd»-Spiel: «Ich lache mit dir über meine eigene Unbeholfenheit und Stupidität.» Leute mit schwerwiegenderen Störungserscheinungen spielen das Spiel jedoch auf eine mehr schwermütig-resignierte Art, die etwa besagt: «Ich bin nun mal blöd, das läßt sich nicht ändern, du kannst mich also unbesorgt übers Ohr hauen.» Beide Formen werden von einer depressiven Position aus gespielt. Man muß «Blöd» von dem Spiel «Schlemihl» unterscheiden: hier ist die Position aggressiver, und mit der Unbeholfenheit ist zugleich eine Bitte um Verzeihung verbunden. Ein Unterschied besteht auch zu «Clown», das nicht ein Spiel, sondern ein Zeitvertreib ist und eine Bestärkung in der Position «Ich bin nett und harmlos» bedeutet. Im «Blöd»-Spiel besteht für Weiß die entscheidende Transaktion darin, Schwarz zu veranlassen, ihn ‹blöd› zu nennen oder zumindest so zu reagieren, als ob er ‹blöd› sei. Weiß agiert hier ähnlich wie ein ‹Schlemihl›, bittet aber nicht um Verzeihung, im Gegenteil, eine Verzeihung wäre ihm unangenehm, denn sie würde seine Position bedrohen. Manchmal benimmt er sich auch wie ein Clown, will dadurch aber keinesfalls implizieren, er tue das nur im Scherz; er wünscht, daß man sein Verhalten ernst nimmt: als Beweis für seine tatsächlich vorhandene Stupidität. Der äußere Nutzeffekt, der sich daraus ergibt, ist beträchtlich, denn je weniger Weiß lernt, um so erfolgreicher wird sein Spiel. Er braucht sich in der Schule nicht anzustrengen, und auch an seinem Arbeitsplatz beschränkt er sich auf das Notwendigste und unterläßt alles, was ihn irgendwie vorwärtsbringen könnte. Seit seiner frühesten Jugend weiß er, daß jedermann mit ihm zufrieden ist, so lange er sich ‹blöd› gibt, auch wenn die Leute das manchmal nicht wahrhaben wollen. In Krisenzeiten ist man dann allgemein überrascht, wenn er sich plötzlich wirklich Mühe gibt und es sich herausstellt, daß er in Wirklichkeit gar nicht ‹blöd› ist – ebensowenig, wie der ‹dumme› jüngere Sohn im Märchen.

ANTITHESE. Die Antithese für die mildere Spielform ist im Prinzip ganz einfach. Indem er nicht mitspielt, indem er über die Unbeholfenheit von Weiß nicht lacht und über dessen Stupidität nicht lästert, kann der «Anti-Blöd»-Spieler einen Freund fürs Leben gewinnen. Es gehört zu den Finessen des Spiels, daß es häufig von zyklothymen oder manisch-depressiven Personen gespielt wird. Sind diese Leute gerade in euphorischer Stimmung, dann hat es den Anschein, als wünschten sie tatsächlich, ihre Kollegen sollten in das Gelächter über sie einstimmen. Oft fällt es auch schwer, das nicht zu tun, denn man gewinnt den Eindruck, sie würden eine Zurückhaltung übelnehmen – in gewissem Sinn tun sie das auch, denn ein solches Verhalten bedroht ihre Position und verdirbt das Spiel. Sind sie aber wieder in depressiver Stimmung, dann tritt ihr Ressentiment gegen diejenigen, die in das Gelächter eingestimmt haben, deutlich zutage, und wer sich zurückgehalten hat, weiß nun, daß sein Verhalten richtig war. Er ist dann häufig der einzige, den der Patient im Raum duldet oder mit dem er bereit ist zu sprechen, wenn er wieder in seinen introvertierten Zustand zurückfällt; alle früheren ‹Freunde›, die sich am Spiel beteiligt und vergnügt hatten, werden nun als ‹Feinde› behandelt.

Es ist zwecklos, daß man versucht, Weiß klarzumachen, er sei in Wirklichkeit gar nicht ‹blöd›. Unter Umständen ist er tatsächlich ziemlich beschränkt und weiß das auch genau, und das ist ja auch in erster Linie der Anlaß dafür, daß er das Spiel begonnen hat. Es kann allerdings bestimmte Gebiete geben, in denen er eine gewisse Überlegenheit besitzt: psychologischer Scharfblick ist häufig eines von ihnen. Solchen Fähigkeiten die verdiente Anerkennung zu zollen, ist durchaus nicht schädlich, nur sollte man ein solches Verhalten streng unterscheiden von plumpen ‹Ermutigungs›-Versuchen. Letztere können ihm zwar die bittere Genugtuung verschaffen, daß die anderen Leute im Grunde noch ‹blöder› sind als er selbst, doch ist das kaum ein angemessener Trost. Derartige ‹Ermutigungs›-Versuche stellen also im vorliegenden Fall sicherlich nicht gerade das vernünftigste therapeutische Verfahren dar; gewöhnlich handelt es sich dabei um eine Aktion im Rahmen des Spiels «Ich versuche nur, dir zu helfen». Die Antithese zum «Blöd»-Spiel besteht aber nicht darin, ein anderes Spiel an seine Stelle zu setzen, sondern einfach darin, sich des «Blöd»-Spiels gänzlich zu enthalten.

Die Antithese zu der schwermütig-resignierten Form des Spiels ist ein komplizierteres Problem, denn hier versucht der Spieler nicht, Gelächter oder Gespött zu provozieren, sondern Hilflosigkeit oder Erbitterung, mit denen er sehr gut fertig zu werden weiß; er gewinnt in jedem Fall. Unternimmt Schwarz nichts gegen ihn, dann geschieht das, weil er sich hilflos fühlt, unternimmt er etwas, dann geschieht das aus einem Gefühl der Verbitterung heraus. Daher neigen diese Leute auch dazu, das Spiel «Warum nicht – Ja, aber...» zu spielen, das ihnen in milderer Form die gleiche Befriedigung verschafft. Es gibt für solche Fälle keine Patentlösung, und es ist auch nicht damit zu rechnen, daß man eine findet, bevor nicht die Psychodynamik dieses Spiels gründlicher erforscht wird.

7. *«Holzbein»*

THESE. Die dramatischste Form von «Holzbein» ist das Spiel «Plädoyer für geistige Unzurechnungsfähigkeit». Mit den Begriffen der Transaktions-Analyse läßt sich das etwa folgendermaßen ausdrücken: «Was erwarten Sie eigentlich von einem Menschen, der von so schweren seelischen Störungen befallen ist wie ich – etwa, daß ich davor zurückschrecke, Menschen zu töten?» Von den Geschworenen erwartet der Fragesteller offensichtlich die Antwort: «Natürlich nicht; wir können Ihnen ja wohl kaum eine derartige Beschränkung auferlegen!» Als sozusagen juristisches Spiel wird «Plädoyer für geistige Unzurechnungsfähigkeit» im amerikanischen Kulturbereich akzeptiert; es unterscheidet sich jedoch von dem nahezu auf der ganzen Welt geltenden Grundsatz, daß ein Individuum tatsächlich unter so schwerwiegenden psychischen Störungen leiden kann, daß kein vernünftiger Mensch ihm die Verantwortung für das, was es tut, aufbürden würde. In Japan akzeptiert man Trunkenheit und in Rußland Kriegsdienst in der Armee als Entschuldigungsgrund dafür, sich der Verantwortung für alle möglichen Schandtaten zu entziehen (soweit die dem Autor vorliegenden Informationen zutreffend sind).

Beim Spiel «Holzbein» heißt die These: «Was erwarten Sie eigentlich von einem Mann mit Holzbein?» Stellt man die Frage so, dann würde natürlich niemand etwas von einem Mann mit Holzbein erwarten, außer vielleicht, daß er sich in seinem Rollstuhl ohne fremde Hilfe fortbewegen kann. Andererseits gab es zum Beispiel während des Zweiten Weltkriegs einen Mann mit Holzbein, der in Armeelazaretten, in denen sich Amputierte befanden, auf durchaus kompetente Weise vorführte, wie man trotz eines solchen Handikaps Jitterbug tanzen kann. Es gibt Blinde, die als Anwälte praktizieren oder ein politisches Amt innehaben (so ist z. B. der gegenwärtige Bürgermeister der Heimatstadt des Autors ein Blinder), taube Männer, die als Psychiater tätig sind, und Männer ohne Hände, die trotzdem in der Lage sind, auf der Schreibmaschine zu tippen.

So lange ein Mensch mit einer echten, übertriebenen oder eingebildeten Invalidität mit seinem Los zufrieden ist, sollte sich wohl niemand veranlaßt fühlen einzugreifen. In dem Augenblick jedoch, in dem er sich in psychiatrische Behandlung begibt, erhebt sich die Frage, ob er seinem Leben auch wirklich die bestmöglichen Seiten abgewinnt und ob er nicht vielleicht in der Lage wäre, seine Invalidität zu überwinden. In den Vereinigten Staaten setzt sich der Therapeut mit seiner Arbeit in Gegensatz zu einem Großteil der öffentlichen Meinung in den gebildeten Schichten. Selbst die nahen Verwandten des Patienten, die sich zunächst am lautesten über die durch seine Invalidität verursachten Unbequemlichkeiten beklagt haben, neigen schließlich dazu, sich gegen den Therapeuten zu wenden, wenn der Zustand des Patienten sich definitiv bessert. Das ist für einen Mann, der mit der Spiel-Analyse vertraut ist, durchaus verständlich, aber es erleichtert seine Aufgabe in keiner Weise. Alle Leute, die die ganze Zeit über «Ich versuche nur, dir zu helfen» gespielt haben, werden nun von der unmittelbar bevorstehenden Unterbrechung des Spiels bedroht, wenn sich beim Patienten Anzeichen dafür zeigen, daß er eine gewisse Selbständigkeit wiedererlangt, und sie greifen manchmal zu den unglaublichsten Maßnahmen, um die Behandlung zu beenden.

Als typisches Beispiel möge der Fall des stotternden Klienten von Fräulein Schwarz dienen, von dem schon bei der Erörterung des Spiels «Armer Teufel» die Rede war. Dieser Mann spielte das Spiel «Holzbein» in einer geradezu klassischen Form. Es gelang ihm nicht, eine Beschäftigung zu finden, und er schrieb das mit Recht dem Umstand zu, daß er stotterte, denn nach seinen eigenen Worten war ja die einzige Laufbahn, die ihn interessierte, die eines Verkäufers. Als freier Bürger hatte er natürlich das Recht, sich diejenige Beschäftigung auszusuchen, die ihm am meisten behagte, da er aber stotterte, mußte man sich angesichts der von ihm getroffenen Wahl natürlich fragen, ob sie wirklich echten Motiven entsprang. Als Fräulein Schwarz versuchte, dieses Spiel zu unterbinden, reagierte die Betreuungsorganisation des Klienten gegenüber Fräulein Schwarz recht ungnädig.

Besonders nachteilig ist das Spiel «Holzbein» in der klinischen Praxis, denn der Patient kann auf einen Therapeuten stoßen, der das gleiche Spiel unter dem gleichen Motto spielt, und in diesem Fall ist irgendeine Besserung ausgeschlossen. Das ist zum Beispiel leicht möglich beim sogenannten «Ideologischen Plädoyer»: «Was erwarten Sie von einem Mann, der in einer Gesellschaft wie der unseren lebt?» Ein Patient kombinierte diese ‹Masche› mit dem sogenannten «Psychosomatischen Plädoyer»: «Was erwarten Sie von einem Mann mit so ausgeprägten psychosomatischen Symptomen?» Er gelangte an eine Reihe von Therapeuten, die jeweils nur bereit waren, eines von beiden Plädoyers zu akzeptieren, nicht aber zugleich auch das andere; die Folge war, daß keiner der konsultierten Psychotherapeuten den Patienten in seiner gegenwärtigen Position bestärkte, indem er beide Plädoyers akzeptierte, daß ihn aber auch keiner aus dieser Position verdrängte, indem er beide Plädoyers verwarf. Auf diese Weise konnte der Patient beweisen, daß die Psychiatrie nicht in der Lage war, den Menschen zu helfen.

Einige der Entschuldigungen, die Patienten für ihr symptomatisches Verhalten vorzubringen pflegen, sind: Erkältungskrankheiten, Kopfverletzungen, ‹Stress›-Situationen, die Krise im Leben der Moderne, in der amerikanischen Kultur und im Wirtschaftssystem. Spieler von einigem Bildungsniveau haben wenig Mühe, irgendwelche Präzedenzfälle zu zitieren, auf die sie glauben, ihr Verhalten stützen zu können. «Ich trinke, weil ich ein Ire bin.» – «Das würde nicht geschehen, wenn ich in Rußland oder auf Tahiti lebte.» In Wirklichkeit liegen die Dinge jedoch so, daß die Patienten in den Nervenkliniken von Rußland oder Tahiti sich kaum von denen unterscheiden, die in den staatlichen Anstalten für Geisteskranke in Amerika ihr Dasein fristen.[1] Plädoyers besonderer Art wie etwa «Wenn sie nicht wären...» oder «Man hat mich im Stich gelassen...» sollten in der klinischen Praxis ebenso wie bei soziologischen Forschungsprojekten stets sehr sorgfältig überprüft werden.

Ein wenig raffinierter sind Plädoyers wie die folgenden: Was erwarten Sie von einem Mann, der 1. aus einer zerrütteten Familie kommt; 2. ein Neurotiker ist; 3. sich in psychoanalytische Behandlung begibt oder 4. an einer Krankheit leidet, die unter dem Namen Alkoholismus bekannt ist? Den Gipfelpunkt stellt folgende Argumentation dar: «Wenn ich aufhöre, das zu tun, dann bin ich auch nicht mehr in der Lage, mein Verhalten zu analysieren, und dann wird sich mein Zustand niemals bessern.»

Den Gegenpol zu «Holzbein» bildet das Spiel «Rikscha»; hier lautet die These: «Wenn es doch nur Rikschas/Schnabeltiere/Mädchen, die Altägyptisch sprechen, in unserer Stadt gäbe! Dann wäre ich nämlich niemals in diese Schwierigkeiten geraten!»

Antithese. Eine antithetische Aktion zum «Holzbein»-Spiel ist dann nicht schwierig, wenn der Therapeut in der Lage ist, sein eigenes Eltern-Ich und sein Erwachsenen-Ich klar auseinanderzuhalten, und wenn man sich auf beiden Seiten über das Ziel der therapeutischen Behandlung ausdrücklich einig geworden ist.

Auf der ‹Eltern-Ich›-Ebene kann der Therapeut entweder als ‹gutmütiger› oder als ‹strenger› Elternteil fungieren. Als ‹gutmütiger› Elternteil kann er das Plädoyer des Patienten, besonders dann, wenn es sich mit seinen eigenen Ansichten verträgt, akzeptieren, vielleicht mit der vernünftigen Einsicht, daß man Patienten so lange nicht für ihr Verhalten voll verantwortlich machen kann, bis ihre therapeutische Behandlung abgeschlossen ist. Als ‹strenger› Elternteil kann er das Plädoyer des Patienten verwerfen und sich mit ihm auf ein Duell der Willenskraft einlassen. Mit beiden Möglichkeiten ist der «Holzbein»-Spieler bereits wohlvertraut, und er weiß, wie man aus jeder von ihnen eine maximale Befriedigung herausholen kann.

Auf der Ebene des Erwachsenen-Ichs lehnt der Therapeut diese beiden Möglichkeiten ab. Fragt der Patient: «Was erwarten Sie eigentlich von einem Neurotiker?» (oder bringt er irgendeines der anderen gängigen ‹Plädoyers› vor), dann bekommt er zur Antwort: «*Ich* erwarte überhaupt nichts von Ihnen. Die Frage ist, was *Sie* eigentlich von sich selbst erwarten?» Das einzige, was der Therapeut von dem Patienten verlangt, ist, daß dieser sich ernsthaft um eine Antwort auf diese Frage bemüht, und die einzige Konzession, die er ihm gegenüber macht, besteht darin, daß er dem Patienten eine ausreichende Zeitspanne zur Beantwortung dieser Frage einräumt: sie kann etwa sechs Wochen bis sechs Monate betragen; das hängt jeweils von dem Verhältnis zwischen Therapeut und Patient ab und von der vorausgegangenen Vorbereitung des Patienten.

12. *Gute Spiele*

Der Psychiater, der sich in der besten, wenn nicht sogar in der einzig möglichen Position befindet, von der aus ein hinreichend gründliches Studium der Spiele überhaupt möglich ist, hat es unglücklicherweise fast ausschließlich mit Leuten zu tun, die gerade durch ihre Spiele bereits in Schwierigkeiten geraten sind. Das bedeutet, daß die Spiele, die für eine klinische Untersuchung zur Verfügung stehen, in gewissem Sinn ausschließlich ‹schlechte› Spiele sind. Da die Spiele auf Grund der gegebenen Definition auf verdeckten Transaktionen beruhen, muß außerdem in allen irgendwie das Element der ‹Ausbeutung› oder ‹Ausnutzung› eine Rolle spielen. Aus den beiden angeführten Gründen, einem praktischen und einem theoretischen, wird die Suche nach ‹guten› Spielen zu einem schwierigen Unternehmen. Als ‹gut› kann man ein Spiel bezeichnen, bei dem der positive Beitrag im sozialen Bereich mehr Gewicht hat als die vielschichtigen Motivationen, besonders dann, wenn der Spieler diese Motivationen ohne zynische oder nihilistische Einstellung absorbiert hat. Das heißt: gut wäre ein Spiel dann, wenn ein Spiel sowohl zum Wohlbefinden der anderen Spieler beiträgt, als auch zur Entfaltung desjenigen, der die Hauptrolle darin spielt. Da man selbst angesichts bestgeleiteter Sozial-Aktionen und Sozial-Organisationen einen Großteil der Zeit damit verbringen muß, Spiele zu spielen, sollte man die Suche nach ‹guten› Spielen intensiv und beharrlich betreiben. Es folgen nun verschiedene Beispiele für ‹gute› Spiele, doch sind sie zugegebenermaßen sowohl nach ihrer Anzahl als auch nach ihrer Qualität noch unzureichend. Zu ihnen gehören folgende Spiele: «Urlaub im Beruf», «Kavalier», «Hilfreiche Hand», «Weiser Mann» und «Die werden noch einmal froh sein, daß sie mich gekannt haben».

1. *«Urlaub im Beruf»*

THESE. Genaugenommen handelt es sich hier mehr um einen Zeitvertreib als um ein Spiel, und zwar um einen für alle Beteiligten konstruktiven Zeitvertreib. Ein amerikanischer Postbote, der in seinem Urlaub nach Tokio geht, um dort einem japanischen Postboten beim Austragen der Post zu helfen, oder ein amerikanischer Arzt, der während seines Urlaubs in einer Klinik auf Haiti arbeitet, werden sich höchstwahrscheinlich nach ihrer Rückkehr ebenso erholt fühlen und ebenso interessante Geschichten zu erzählen haben, als wären sie zur Löwenjagd nach Afrika gereist oder als hätten sie ihre Zeit damit verbracht, sich durch den Verkehr auf den transkontinentalen Autobahnen hindurchzuschlängeln. Das amerikanische Friedenskorps hat jetzt sozusagen den ‹Urlaub im Beruf› sanktioniert.

Zu einem Spiel wird ‹Urlaub im Beruf› dann, wenn die Arbeit einem verdeckten Motiv untergeordnet ist, und wenn der Betreffende die Arbeit nur als äußere ‹Schau› aufzieht, um damit in Wirklichkeit etwas ganz anderes zu erreichen. Aber selbst unter diesen Umständen behält das Spiel seine konstruktive Qualität und gehört zu den im Prinzip durchaus löblichen Tarnaktionen für andere Bestrebungen (die ihrerseits durchaus auch konstruktiver Natur sein können).

2. *«Kavalier»*

These. Dieses Spiel wird von Männern gespielt, die sich nicht in sexueller Bedrängnis befinden – gelegentlich von jüngeren Männern, die durch eine gutgehende Ehe oder eine glückliche Liaison ausgelastet sind, häufiger noch von älteren Männern, die sich in geziemender Form mit der Einehe oder dem Zölibat abgefunden haben. Begegnet Weiß einer ansprechenden Frau, von der er sich angezogen fühlt, dann nimmt er jede Gelegenheit wahr, seine Begeisterung in entsprechenden Komplimenten zum Ausdruck zu bringen; er überschreitet dabei niemals die Grenzen der Schicklichkeit, der bestehenden Sozial-Situation und des guten Geschmacks. Innerhalb dieser Grenzen läßt er jedoch seiner Kreativität, seinem Enthusiasmus und seiner schöpferischen Originalität völlig freien Lauf. Sein Ziel besteht nicht darin, die Frau zu verführen, sondern darin, zu zeigen, in welch vollendetem Maß er die Kunst der eindrucksvollen Komplimente beherrscht. Der innerlich soziale Nutzeffekt liegt in dem Vergnügen, das er der Frau mit seinem von dunklen Nebenabsichten ungetrübten Künstlertum bereitet, und in der einfühlsamen Wertschätzung, die ihm Frau Weiß angesichts seiner künstlerischen Fähigkeiten zuteil werden läßt. In gewissen Fällen, in denen beide sich über die Natur dieses Spiels vollkommen im klaren sind, kann es zum Entzücken beider Partner eine durchaus extravagante Note bekommen. Ein Mann von Welt wird natürlich immer wissen, wann er aufhören muß, und er wird das Spiel nicht über jenen Punkt hinaus ausdehnen, an dem es aufhört, der Frau Freude zu machen (mit Rücksicht auf sie), oder an dem die Qualität der von ihm dargebotenen künstlerischen Leistungen nachzulassen beginnt (mit Rücksicht auf seinen eigenen künstlerischen Stolz). Von Dichtern wird «Kavalier» hauptsächlich wegen seiner äußerlich sozialen Nutzeffekte gespielt, denn ihnen ist an der Wertschätzung qualifizierter Kritiker und des breiten Leserpublikums mindestens ebenso sehr – wenn nicht gar mehr – gelegen, wie an der einfühlsamen Resonanz derjenigen *fair lady*, die sie zu ihrem Werk inspirierte.

Man kann sich des Eindrucks nicht erwehren, daß die Kontinentaleuropäer im Bereich der romantischen Literatur und die Briten in der Lyrik den Amerikanern bei diesem Spiel stets erheblich überlegen gewesen sind. In den Vereinigten Staaten wird das Spiel weitgehend von den Vertretern der ‹Obststand-Poesie› gespielt: Deine Augen sind wie Birnen, deine Lippen wie die Gurken, etc. An Eleganz kann sich dieses «Kavalier»-Spiel aus der ‹Obststand›-Schule in keiner Weise mit den Schöpfungen von Herrick und Lovelace messen, ja nicht einmal mit den zwar zynischen, dabei aber von starker Imaginationskraft getragenen Werken von Rochester, Roscommon oder Dorset.

ANTITHESE. Die Frau benötigt eine gute Portion Weltklugheit, um ihre Rolle gut zu spielen, andererseits muß sie schon sehr stur und töricht sein, um sich einem solchen Spiel gänzlich zu versagen. Das passende Komplementärspiel für sie ist eine Variante des Spiels «Sie sind wirklich wundervoll, Herr Michelmeier!» («SISIWUM»), nämlich: «Ich bewundere Ihre Werke, Herr M.» Ist die ‹angebetete› Frau ein weniger empfindsames und kluges Wesen, dann reagiert sie möglicherweise mit einem einfachen «SISIWUM»-Spiel, doch geht sie damit am Kern der Dinge vorbei: Weiß bietet als Objekt ihrer Wertschätzung nicht sich selbst an, sondern seine dichterischen Werke. Für eine derart beschränkte Frau gibt es auch noch eine brutale Antithese, und die besteht darin, daß sie zu einem «HIVE»-Spiel zweiten Grades greift («Schleich dich, Casanova!»). Ein «HIVE»-Spiel dritten Grades, das man nicht völlig ausschließen kann, wäre unter den gegebenen Umständen natürlich eine ausgesprochen niederträchtige Reaktion von seiten der Frau. Ist die Frau ‹nur› geistig beschränkt, dann wird sie ein «HIVE»-Spiel ersten Grades spielen, d. h. sie wird die ihr entgegengebrachten Komplimente akzeptieren, um ihrer Eitelkeit zu frönen, aber sie wird kaum daran denken, die nötige Wertschätzung für die schöpferischen Fähigkeiten und Bemühungen von Weiß aufzubringen. Im allgemeinen verdirbt eine Frau das Spiel immer dann, wenn sie es nicht so sehr als literarisches ‹Schauspiel›, sondern mehr als ernsthaften Verführungsversuch betrachtet.

VERWANDTE SPIELE. «Kavalier» ist ein Spiel, und man muß es von den ‹Operationen› und ‹Verfahren› unterscheiden, die im Verlauf einer echten Liebeswerbung vollzogen werden; hier handelt es sich um einfache Transaktionen ohne verdeckte Motive. Das weibliche Gegenstück zu dem Spiel «Kavalier» kann man am besten als «Schmeichelkätzchen» bezeichnen; es wird häufig von unentwegten irischen Damen reiferer Jahrgänge gespielt.

Teil-Analyse

ZIEL: Gegenseitige Bewunderung.

ROLLEN: *Dichter*, einfühlsame Bewunderin.

SOZIAL-PARADIGMA: Erwachsenen-Ich / Erwachsenen-Ich.

Erwachsenen-Ich (männlich): «Sehen Sie nur, wie glücklich ich Sie machen kann.»

Erwachsenen-Ich (weiblich): «Mein Gott, Sie machen mich wirklich glücklich.»

PSYCHOLOGISCHES PARADIGMA:

Kindheits-Ich (männlich): «Sehen Sie nur, was für schöpferische Leistungen ich vollbringen kann.»

Kindheits-Ich (weiblich): «Mein Gott, Sie sind wirklich ein sehr schöpferischer Mensch.»

Nutzeffekte: 1. Innerlich psychologisch – Schöpferische Tätigkeit und Bestätigung der Anziehungskraft. 2. Äußerlich psychologisch – Vermeidet die Zurückweisung sinnloser sexueller Annäherungsversuche. 3. Innerlich sozial – ‹Kavalier›. 4. Äußerlich sozial – Auf sie wird unter Umständen verzichtet. 5. Biologisch – Gegenseitiges ‹Streicheln›. 6. Existentiell – Ich kann mein Leben mit Charme und Anstand führen.

3. *«Hilfreiche Hand»*

These. Weiß zeigt sich anderen Leuten gegenüber ständig hilfsbereit, hat dabei aber stets irgendein verdecktes Motiv. Er kann z. B. für vergangene Missetaten büßen, gegenwärtige Missetaten tarnen, Freunde gewinnen, um sie später auszunutzen, oder sein Prestige zu heben versuchen. Aber mag man auch immer seine Motive in Frage stellen, man muß ihm doch für das, was er tut, Anerkennung zollen. Schließlich kann man vergangene Missetaten auch dadurch zu verdecken suchen, daß man immer neue begeht, man kann Leute auch ausnutzen, indem man ihnen nicht zuerst großzügig hilft, sondern sie von vornherein unter Druck setzt, und man kann Prestigegewinn auch durch üble Machenschaften anstatt durch gute Taten erzielen. Einige Philanthropen sind mehr daran interessiert, ihre Konkurrenten zu übertreffen, als daran, etwas Gutes zu tun: «Ich habe mehr Geld [Kunstwerke, Grund und Boden] gestiftet als du!» Auch ihre Motive mag man in Frage stellen, man muß trotzdem anerkennen, daß sich ihr Wettstreit in einem konstruktiven Bereich abspielt, denn es gibt ja auch viele Menschen, deren Wettstreit sich in einem ausgesprochen destruktiven Bereich abspielt. Die meisten Leute (bzw. Völker), die «Hilfreiche Hand» spielen, haben sowohl Freunde als auch Feinde, und die einen haben für ihr Verhalten vielleicht ebensoviel Anlaß wie die anderen. Ihre Feinde attackieren die Motive und messen ihren Taten wenig Gewicht bei, ihre Freunde dagegen zeigen sich dankbar für die guten Taten und legen den Motiven keine allzu große Bedeutung bei. Daher sind auch sogenannte ‹objektive› Erörterungen dieses Spiels im Grunde gar nicht möglich. Leute, die den Anspruch erheben, neutral zu sein, lassen bald erkennen, auf wessen Seite sie trotz ihres Neutralitätsanspruchs stehen.

In den Vereinigten Staaten bildet dieses Spiel als Ausbeutungsmanöver die Grundlage für einen Großteil der ‹Public Relations›-Arbeit. Die Klienten sind jedoch im allgemeinen freudig bereit, daran zu partizipieren, und so ist dieses Spiel wohl das angenehmste und konstruktivste aller Spiele im kommerziellen Bereich. In einer seiner kritischsten Formen begegnen wir dem Spiel im familiären Bereich: es vollzieht sich hier als dreiseitiges Spiel, in dem Vater und Mutter um die Zuneigung ihres Sprößlings wetteifern. Aber selbst in diesem Fall sollte man bedenken, daß gerade die Wahl des Spiels «Hilfreiche Hand» einige der damit verbundenen diskreditierenden Momente wieder ausgleicht; es gibt ja auch noch eine ganze Reihe weit unerfreulicherer Wettstreitmöglichkeiten im familiären Bereich – z. B. «Mutti ist kränker als Vati» oder «Warum liebst du ihn mehr als mich?».

4. *«Weiser Mann»*

These. Es handelt sich hier mehr um einen fest umrissenen Plan als um ein Spiel, doch hat dieser Plan eine Reihe von spielähnlichen Aspekten. Ein gebildeter und kluger Mann eignet sich neben seinen beruflichen Qualitäten zusätzlich Kenntnisse auf den verschiedensten Gebieten an. Bei seiner Pensionierung verläßt er die Großstadt, in der er einen verantwortungsvollen Posten bekleidet hat, und zieht in eine kleine Stadt. Dort spricht es sich bald herum, daß sich die Menschen mit allen möglichen Problemen an ihn wenden können, vom Maschinenschaden bis zum ‹Dachschaden› bei greisen Verwandten; man weiß, daß er nach besten Kräften persönlich hilft und daß er in den Fällen, in denen ihm das nicht möglich ist, den Hilfesuchenden an einen qualifizierten Experten weiterempfiehlt. So findet er in der neuen Umgebung sehr rasch seinen Platz als ‹Weiser Mann›, der selbst anspruchslos, aber immer bereit ist, sich die Probleme anderer anzuhören. In seiner besten Form wird dieses Spiel von Menschen gespielt, die sich der Mühe unterzogen haben, ihre Motive von einem Psychiater gründlich untersuchen zu lassen, und die sich erst einmal vergewissern, welche Fehler man vermeiden muß, bevor sie sich schließlich ganz ihrer selbstgestellten Aufgabe widmen.

5. *«Die werden noch einmal froh sein, daß sie mich gekannt haben»*

THESE. Hier handelt es sich um eine wertmäßig höher einzuschätzende Variante des Spiels «Denen werd ich's zeigen!». Es gibt zwei Formen von «Denen werd ich's zeigen!». In der destruktiven Form ‹zeigt Weiß es ihnen›, indem er ihnen irgendwelchen Schaden zufügt. Auf diese Weise kann er sich selbst in eine überlegene Position hineinmanövrieren, nicht um des Prestiges oder materieller Vorteile willen, sondern einzig und allein darum, weil sie für ihn ein geeignetes Machtinstrument zum Vollzug seiner Gehässigkeiten ist. In der konstruktiven Form arbeitet Weiß unermüdlich und ist auf jede nur denkbare Weise um Prestigegewinn bemüht, nicht um der beruflichen Geschicklichkeit oder einer legitimen Errungenschaft willen (diese können jedoch eine sekundäre Rolle spielen), auch nicht, um seinen Feinden einen direkten Schaden zuzufügen, sondern damit sie sich vor Neid verzehren und bedauern, daß sie ihn früher nicht besser behandelt haben.

Im Spiel «Die werden noch einmal froh sein, daß sie mich gekannt haben» arbeitet Weiß nicht gegen, sondern für die Interessen seiner früheren Kollegen. Er will ihnen zeigen, daß sie recht daran taten, ihn mit Freundlichkeit und Respekt zu behandeln, und er möchte ihnen zu ihrem eigenen Nutzen beweisen, daß sie ein gesundes Urteilsvermögen besitzen. Damit er in jedem Fall als sicherer Sieger aus diesem Spiel hervorgeht, müssen jedoch seine Mittel ebenso wie seine Ziele ehrenvoll sein; darin liegt die Überlegenheit dieses Spiels gegenüber «Denen werd ich's zeigen!». Beide, «Denen werd ich's zeigen!» und «Die werden noch einmal froh sein...», sind manchmal nicht so sehr Spiele als vielmehr rein sekundäre Nutzeffekte erfolgreicher Unternehmungen. Sie werden dann zu Spielen, wenn Weiß mehr daran gelegen ist, welchen Eindruck sein Erfolg auf seine Freunde bzw. auf seine Feinde macht, als an dem Erfolg selbst.

III. *Jenseits des Spielbereichs*

13. *Die Bedeutung der Spiele*

1. Spiele werden von Generation zu Generation weitergegeben. Das Lieblingsspiel jedes einzelnen Individuums läßt sich bis auf seine Eltern und Großeltern zurückverfolgen und bis auf seine Kinder weiter in die Zukunft hinein projizieren; sie ihrerseits bringen es später den Enkeln bei, wenn nicht irgend jemand erfolgreich interveniert. Die Spiel-Analyse vollzieht sich also in einer Art historischer Matrix, die nachgewiesenermaßen bis zu hundert Jahre in die Vergangenheit zurückreicht und sich mit großer Zuverlässigkeit bis auf etwa 50 Jahre in die Zukunft hinein projizieren läßt. Durchbricht man diese sich aus fünf oder mehr Generationen zusammensetzende Kette, dann können sich daraus geometrisch progressive Auswirkungen ergeben. Es leben heute viele Individuen, die mehr als 200 Nachkommen haben. Mögen die Spiele auch bei der Weitergabe von einer Generation an die andere verstümmelt oder verändert werden, so scheint doch in sehr starkem Maß die Neigung zu bestehen, sich sozusagen in einer Art Inzucht immer wieder mit Menschen zu verbinden, die Spiele der gleichen Familie, wenn nicht gar der gleichen Art spielen. Darin liegt die *historische* Bedeutung der Spiele.

2. Kinder erziehen heißt in erster Linie: ihnen beibringen, welche Spiele sie spielen sollen. Verschiedene Kultu-

ren und verschiedene soziale Schichten haben auch verschiedene Arten von Lieblingsspielen, und verschiedene Gruppen und Familien bevorzugen ihrerseits wieder verschiedene Varianten dieser Spiele. Darin liegt die *kulturelle* Bedeutung der Spiele.

3. Spiele sind, wie sich gezeigt hat, eingezwängt zwischen verschiedenen Arten von Zeitvertreib und Intimerlebnissen. Alle Arten von Zeitvertreib werden bei ständiger Wiederholung langweilig, wie das z. B. bei Cocktailparties zu Reklamezwecken der Fall ist. Intimerlebnisse erfordern in hohem Maß Umsicht und Behutsamkeit, und sie werden vom Eltern-Ich, vom Erwachsenen-Ich und vom Kindheits-Ich keinesfalls begünstigt. Die Gesellschaft blickt mit einigem Unmut auf Offenheit und Ehrlichkeit, es sei denn, sie beschränken sich auf den privaten Bereich; wer einen wachen Sinn hat, weiß, daß sie sehr leicht ausgenutzt werden können, und das Kindheits-Ich fürchtet sie wegen der mit ihnen verbundenen Demaskierung. Um sich von der Langeweile der verschiedenen Arten von Zeitvertreib freizumachen, sich dabei aber nicht den Gefahren von Intimerlebnissen auszusetzen, schließen die meisten Menschen einen Kompromiß, indem sie sich so weitgehend wie möglich den Spielen zuwenden: diese füllen einen Großteil der amüsanteren Stunden des gesellschaftlichen Verkehrs aus. Darin liegt die *soziale* Bedeutung der Spiele.

4. Als Freunde, Kollegen und Intimpartner wählen sich die meisten Individuen Leute aus, die die gleichen Spiele spielen. Daher legt in einem bestimmten Sozialbereich ‹jeder, der irgend etwas darstellt› (in der Aristokratie, in Halbstarkencliquen, in gesellschaftlichen Clubs, in College-Internaten etc.) ein Verhalten an den Tag, das Mitgliedern anderer Sozialbereiche durchaus fremdartig erscheinen kann. Umgekehrt muß jedes Mitglied eines bestimmten Sozialbereichs, das seine Spiele wechselt, damit rechnen, daß es aus diesem Bereich verdrängt wird; es fin-

det aber gewöhnlich in irgendeinem anderen Sozialbereich willkommene Aufnahme. Darin besteht die *persönliche* Bedeutung der Spiele.

Nachtrag

Der Leser müßte jetzt eigentlich in der Lage sein, den grundlegenden Unterschied zwischen mathematischer und transaktioneller Spiel-Analyse zu verstehen. Die mathematische Spiel-Analyse postuliert Spieler, die rational reagieren. Die transaktionelle Spiel-Analyse dagegen befaßt sich mit Spielen, die unrational, ja sogar irrational und daher wirklichkeitsnäher sind.

14. *Die Spieler*

Viele Spiele werden am intensivsten von Leuten gespielt, die unter geistigen Störungen leiden; im allgemeinen spielen sie um so intensiver, je schwerwiegender diese Störungen bei ihnen sind. Eigenartigerweise weigern sich jedoch einige schizophrene Menschen ganz entschieden, irgendwelche Spiele zu spielen, und sie dringen von Beginn der Behandlung an auf absolute Offenheit. Im Alltagsleben werden Spiele von zwei Arten von Individuen mit der stärksten inneren Überzeugung gespielt: von den ‹Schmollern› (*sulks*) und von den ‹Querköpfen› (*jerks*) oder ‹Spießern› (*squares*).

Der ‹Schmoller› ist ein Mann, der auf seine Mutter böse ist. Bei eingehender Untersuchung stellt sich gewöhnlich heraus, daß er schon seit seiner Kindheit auf seine Mutter wütend ist. Auf der ‹Kindheits-Ich›-Ebene hat er häufig gute Gründe für seine Wut: vielleicht hat ihn seine Mutter während einer entscheidenden Phase seiner Kindheit ‹verlassen›, indem sie krank wurde und längere Zeit im Krankenhaus lag, oder sie hat vielleicht ‹allzu viele› Geschwister zur Welt gebracht. Manchmal handelt es sich auch um ein bewußtes Verlassen: so kann sie ihn z. B. irgendwo in Pflege gegeben haben, um wieder heiraten zu können. Auf jeden Fall ist er seit dieser Zeit wütend auf sie. Im allgemeinen macht er sich nichts aus Frauen, obwohl durchaus ein Don Juan in ihm stecken kann. Da das Schmollen zu Beginn ein bewußter Willensakt ist, kann dieser Entschluß zum Schmollen auch in jeder Lebensphase wieder rückgängig gemacht werden, ebenso wie das etwa während der Kindheit möglich ist, wenn es Zeit zum Mittagessen wird. Die Voraussetzungen für eine Änderung des Entschlusses sind beim erwachsenen Schmoller die gleichen wie bei einem kleinen Jungen. Er muß sein Gesicht wahren können, und man muß ihm an Stelle des Privilegs zum Schmollen irgend etwas anderes anbieten, das ihm lohnend erscheint. Manchmal kann man ein «Psychiatrie»-Spiel, das sich sonst jahrelang hinziehen könnte, dadurch abbrechen, daß man den Entschluß zum Schmollen umstößt. Das erfordert allerdings eine sorgfältige Vorbereitung des Patienten sowie die Wahl des richtigen Zeitpunkts und der richtigen Methoden. Geht der Therapeut ungeschickt vor oder versucht er den Patienten einzuschüchtern, dann erzielt er damit ebenso wenig einen Erfolg, wie das bei einem schmollenden kleinen Jungen der Fall wäre; im weiteren Verlauf der Therapie wird der Patient dem Therapeuten seine schlechte Behandlung ebenso heimzahlen, wie ein kleiner Junge sich an Eltern rächt, die ihn nicht richtig zu nehmen verstehen.

Bei weiblichen Schmollern ist die Situation die gleiche, wenn sie *mutatis mutandis* auf ihren Vater wütend sind. Ihr ‹Holzbein› («Was erwarten Sie von einer Frau, die einen solchen Vater hat?») muß mit noch größerem diplomatischem Geschick behandelt werden, und zwar von einem männlichen Therapeuten. Tut er das nicht, dann riskiert er, sozusagen symbolisch in einen Papierkorb geworfen zu werden mit der Aufschrift: «Für Männer, die wie Vater sind!»

Ein bißchen querköpfig sind wir letzten Endes alle, aber die Aufgabe der Spiel-Analyse besteht gerade darin, diese Eigenschaft auf ein minimales Ausmaß zu beschränken. Ein Querkopf ist für die Einflüsse des Eltern-Ichs stets übermäßig empfänglich. Daher besteht bei einem solchen Menschen immer die Gefahr, daß in entscheidenden Augenblicken die ‹Datenverarbeitung› auf der Ebene seines Erwachsenen-Ichs und die Spontaneität auf der Ebene seines Kindheits-Ichs störend beeinträchtigt werden: die Folge ist ein unpassendes und ungeschicktes Verhalten. In Extremfällen verschmilzt der Querkopf mit dem Speichellecker, dem Großmaul und der ‹Klette›. Man darf allerdings den Querkopf nicht mit einem verwirrten Schizophrenen verwechseln, bei dem das Eltern-Ich überhaupt nicht und das Erwachsenen-Ich nur in geringem Ausmaß funktioniert, so daß er mit den Vorgängen in der Welt auf der Ebene eines konfusen ‹Kindheits-Ich›-Zustands fertig werden muß. Interessant ist die Tatsache, daß im allgemein üblichen Wortgebrauch der Begriff ‹Querkopf› ausschließlich als männliches Epitheton verwendet wird, höchstens noch in seltenen Fällen bei Frauen mit ‹maskulinem› Einschlag. Ein ‹Unschuldsengel› ist in noch weit höherem Maß ‹spießig› als ein ‹Querkopf›; der Begriff ‹Unschuldsengel› bleibt im allgemeinen für Frauen reserviert, gelegentlich kann er jedoch auch auf Männer angewandt werden, bei denen sich gewisse feminine Tendenzen zeigen.

15. *Ein Paradigma*

Wir wollen uns jetzt einmal mit dem folgenden Gespräch zwischen einer Patientin (P) und einem Therapeuten (T) beschäftigen:

P: «Ich habe ein neues Projekt: immer pünktlich zu sein.»

T: «Ich will versuchen, Ihnen dabei zu helfen.»

P: «Das ist mir ganz egal, was Sie tun. Ich tue es in meinem eigenen Interesse... Raten Sie mal, was für eine Note ich für meine Geschichts-Arbeit bekommen habe!»

T: «Eine Zwei.»

P: «Woher wissen Sie das?»

T: «Sie haben Angst davor gehabt, eine ‹Eins› zu bekommen.»

P: «Das ist richtig; ich hätte eine ‹Eins› gehabt, aber ich habe meine Arbeit noch mal durchgesehen; dabei strich ich drei richtige Antworten aus und setzte drei falsche dafür ein.»

T: «Mir macht diese Unterhaltung direkt Spaß; sie ist in keiner Weise ‹querköpfig›!»

P: «Ja, stellen Sie sich vor, gestern abend habe ich darüber nachgedacht, was für einen großen Fortschritt ich gemacht habe. Ich hatte geradezu das Gefühl, daß ich jetzt nur noch zu 17 Prozent querköpfig bin.»

T: «Nun, heute morgen konnte ich davon noch nichts

bemerken; Sie haben also für die nächste Runde eine Gutschrift von 34 Prozent.»

P: «Genau vor sechs Monaten hat die ganze Sache angefangen; damals starrte ich gerade auf meine Kaffeekanne, und da sah ich sie zum erstenmal wirklich vor mir. Sie wissen, wie es jetzt um mich steht: ich höre die Vögel singen, ich schaue die Menschen an, und es sind tatsächlich richtige Menschen, die ich da sehe, und vor allem ich selbst, auch ich selbst bin wirklich gegenwärtig. Kürzlich war ich in einer Kunstausstellung; ich betrachtete gerade ein Bild, da trat ein Mann an mich heran und sagte: ‹Gauguin ist wirklich sehr ansprechend, nicht wahr?› Ich antwortete ihm: ‹Ich mag nicht nur Gauguin, ich mag auch Sie.› Wir gingen dann zusammen hinaus und setzten uns noch in eine Weinstube; er ist ein sehr netter Bursche.»

In der oben wiedergegebenen Unterhaltung sind Elemente von ‹Querköpfigkeit› und ‹Spielanfälligkeit› nicht zu erkennen, sie spielt sich auf der Ebene zweier autonomer Erwachsenen-Ichs ab; der folgende Kommentar soll das noch verdeutlichen:

«Ich habe ein neues Projekt: immer pünktlich zu sein.» Diese Feststellung wurde getroffen, nachdem sozusagen der Testfall bereits eingetreten war. Früher war die Patientin fast immer zu spät gekommen, diesmal erschien sie pünktlich. Wäre diese Pünktlichkeit nur einem Entschluß, einem ‹Willensakt› entsprungen und eine Art Gebot des Eltern-Ichs an das Kindheits-Ich gewesen, das nur dazu da ist, um übertreten zu werden, dann hätte die Patientin ihren Entschluß vorher bekanntgegeben: «Das ist heute das letzte Mal, daß ich zu spät komme.» Darin hätte man einen Versuch erblicken müssen, ein Spiel aufzuziehen. Das gilt jedoch nicht für die von ihr getroffene Feststellung. Hier handelt es sich um eine Entscheidung auf der Ebene des Erwachsenen-Ichs, um ein ernsthaftes Projekt und nicht bloß um eine Resolution. Tatsächlich war die Patientin auch weiterhin pünktlich.

«Ich will versuchen, Ihnen dabei zu helfen.» Hier handelt es sich nicht um den Eröffnungszug in einem neuen Spiel «Ich versuche ja *nur*, Ihnen zu helfen». Die Patientin war zu einem Zeitpunkt bestellt, zu dem die vom Therapeuten eingelegte Kaffeepause gerade zu Ende ging. Da sie meist zu spät kam, hatte er sich angewöhnt, sich ebenfalls Zeit zu lassen und mit einiger Verspätung in seine Praxis zurückzukehren. Als sie von ihrem neuen Projekt sprach, wußte er sofort, daß sie auch auf sein Verhalten anspielte und gab daraufhin sein eigenes Hilfsversprechen ab. Es handelte sich bei dieser Transaktion also um eine Art Vertrag, der auf der ‹Erwachsenen-Ich›-Ebene abgeschlossen wurde und den beide Vertragspartner dann einhielten, und nicht um einen Vorgang, bei dem das Kindheits-Ich der Patientin das Eltern-Ich des Therapeuten um irgend etwas dringend bat, der sich dann auf Grund seiner Position gezwungen fühlte, den ‹guten Papa› zu spielen und seine Hilfe zuzusichern.

«Das ist mir ganz egal, was Sie tun.» Hier zeigt sich, daß sie ihren Entschluß zur Pünktlichkeit allein und entschieden getroffen hat und daß es sich hier nicht nur um eine in die Zukunft projizierte Resolution handelt, die Bestandteil eines Spiels ist, mit dem sie zum Schein auf den Therapeuten eingeht, um die Situation dann später auszunutzen.

«Raten Sie mal, was für eine Note ich bekommen habe.» Hier handelt es sich um einen Zeitvertreib; beide waren sich darüber durchaus im klaren, und es machte ihnen Spaß, sich diesem Zeitvertreib hinzugeben. Für ihn bestand keine Veranlassung, ihr seine Wachsamkeit zu demonstrieren, indem er ihr ausdrücklich klarmachte, daß es sich hier tatsächlich um einen Zeitvertreib handelte, und für sie bestand keine Veranlassung, bloß aus dem Grund nicht mitzuspielen, weil es sich hier um einen Zeitvertreib handelte.

«Eine Zwei.» Der Therapeut kalkulierte, daß dies in

ihrem Fall die einzig mögliche Note sei, und es gab keinen Grund dafür, diese Vermutung nicht auch auszusprechen. Falsche Bescheidenheit oder die Sorge, mit seiner Vermutung nicht richtig zu liegen, hätten ihn veranlassen können, so zu tun, als wisse er es nicht.

«Woher wissen Sie das?» Das war eine Frage auf der Ebene des Erwachsenen-Ichs, nicht ein Spiel «Sie sind wirklich wundervoll...», und sie verdiente eine sachgerechte Beantwortung.

«Ja, ich hätte eine ‹Eins› gehabt.» Hierin lag ein wirklicher Test. Die Patientin ließ sich jedoch nicht darauf ein, ihrem Verhalten irgendwelche ‹moralische Mäntelchen› umzuhängen oder irgendwelche ‹Plädoyers› vorzubringen, sondern sie trotzte ihrem Kindheits-Ich ganz offen und ehrlich.

«Mir macht diese Unterhaltung wirklich Spaß.» Diese und die folgenden halb scherzhaften Bemerkungen waren der Ausdruck eines wechselseitigen Respekts auf der Ebene des Erwachsenen-Ichs; dabei spielte vielleicht in geringem Ausmaß ein Zeitvertreib zwischen Eltern-Ich und Kindheits-Ich mit hinein, der jedoch auch in diesem Fall für beide fakultativ war und dessen sich beide durchaus bewußt waren.

«Da sah ich sie zum erstenmal wirklich vor mir.» Die Patientin hat jetzt ihre eigene Art von Bewußtheit gewonnen und ist nicht länger gezwungen, Kaffeekannen und Menschen so zu betrachten, wie ihr die Eltern das beigebracht haben. Sie lebt nicht mehr in der Vergangenheit oder in der Zukunft, aber sie kann sie kurz erörtern, wenn das zu irgendeinem Zweck nützlich ist.

«Ich antwortete ihm: ‹Ich mag auch Sie.›» Sie fühlt sich nicht mehr gezwungen, ihre Zeit damit zu vergeuden, daß sie mit dem Unbekannten ein Spiel «Kunstausstellung» spielt, obwohl sie es hätte tun können, wenn sie Lust dazu gehabt hätte.

Der Therapeut fühlt sich seinerseits nicht verpflichtet,

mit ihr ein Spiel «Psychiatrie» zu spielen. Verschiedene Male hätte die Möglichkeit bestanden, Fragen der Defensive, der Übertragung und der symbolischen Interpretation ins Gespräch zu bringen, doch gelang es dem Therapeuten, sie ungenutzt verstreichen zu lassen, ohne darüber auch nur im geringsten besorgt zu sein. Es erschien ihm allerdings lohnend, für zukünftige Beratungen festzuhalten, welche Antworten sie in ihrer Prüfungsarbeit ausgestrichen hatte. Die 17 Prozent ‹Querköpfigkeit›, die noch in der Patientin steckten, und die 18 Prozent des Therapeuten machten sich unglücklicherweise im weiteren Verlauf der Ordinationsstunde noch einige Male bemerkbar. Zusammenfassend kann man sagen: die oben geschilderten Vorgänge stellen eine Tätigkeit dar, aufgelockert durch einigen Zeitvertreib.

16. *Autonomie*

Die Erringung der Autonomie manifestiert sich in der Freisetzung oder Wiedergewinnung von drei Fähigkeiten: Bewußtheit, Spontaneität und Intimität.

BEWUSSTHEIT. Bewußtheit ist die Fähigkeit, auf unverwechselbar eigene Art eine Kaffeekanne zu sehen und die Vögel singen zu hören, und nicht so, wie es einem beigebracht worden ist. Man hat gute Gründe für die Annahme, daß das Sehen und das Hören für Kinder ganz etwas anderes bedeutet als für die Erwachsenen [1] und daß sie in den ersten Lebensjahren mehr von ästhetischen als von intellektuellen Momenten bestimmt werden. Ein kleiner Junge ist entzückt, wenn er die Vögel sieht und hört. Dann kommt der ‹gute Vater› und fühlt das Bedürfnis, seinen Erfahrungsschatz mit seinem Sohn zu ‹teilen› und ihm in seiner ‹Entwicklung› behilflich zu sein. Er sagt zu ihm: «Das ist ein Häher, und das ist ein Spatz.» Von dem Augenblick an, in dem sich der Junge damit befaßt, welches nun der Häher ist und welches der Spatz, kann er die Vögel nicht mehr richtig sehen oder singen hören. Er muß sie nun so sehen und hören, wie der Vater es verlangt. Der Vater hat für sein Verhalten durchaus plausible Gründe, denn nur wenige Menschen können es sich leisten, ihr Leben damit zu verbringen, daß sie dem Gesang der Vögel lauschen; je eher er also mit der ‹Erziehung› seines kleinen Sohnes beginnt, desto besser ist das für ihn. Vielleicht wird aus ihm eines Tages ein Ornithologe. Es gibt nur noch einige wenige Menschen, die auf die alte Weise sehen und hören können. Die weitaus meisten Menschen haben jedoch die Fähigkeit verloren, Maler, Dichter oder Musiker zu sein, und sie haben nicht mehr die Wahlmöglichkeit, unmittelbar zu sehen und zu hören, selbst dann nicht, wenn sie es sich eigentlich leisten könnten; sie sind gezwungen, ihre Eindrücke aus zweiter Hand zu empfangen. Die Wiedergewinnung dieser Fähigkeit wird hier als ‹Bewußtheit› bezeichnet. Physiologisch gesehen, ist die Bewußtheit eine eidetische Wahrnehmung, verknüpft mit eidetischen Anschauungsbildern.[2] Vielleicht gibt es, zumindest bei gewissen Individuen, auch eine eidetische Wahrnehmung im Bereich des Geschmackssinns, des Geruchssinns und der Kinästhesie, und aus ihnen rekrutieren sich dann die Künstler auf diesen Gebieten: die Küchenchefs, die Parfumeure und die Tänzer und Tänzerinnen, deren Problem ständig darin besteht, ein Publikum zu finden, das ihre Leistungen bzw. Produkte auch richtig zu schätzen weiß.

Die Bewußtheit zwingt uns, im Hier und Heute zu leben und nicht irgendwo in der Vergangenheit oder in der Zukunft. Ein anschauliches Beispiel für die im Alltag sich bietenden Möglichkeiten geben die Autofahrer, die am Morgen in großer Hast zu ihrem Arbeitsplatz fahren. Die entscheidende Frage lautet: «Wo sind ihre Gedanken, während sie mit ihrem Körper im Wagen sitzen?» Man kann drei weitverbreitete Fälle unterscheiden.

1. Der Mann, der in erster Linie damit beschäftigt ist, zum Dienst zurechtzukommen, ist derjenige, der sich von seiner Umwelt am stärksten ausschließt. Während sein Körper am Lenkrad seines Wagens sitzt, sind seine Gedanken schon an der Schwelle zu seinem Büro; er ist blind gegenüber seiner unmittelbaren Umgebung, und er bemerkt sie nur insoweit, als sie ein Hindernis für den Augenblick ist, in dem sich bei ihm Soma und Psyche wieder

vereinen werden. Dieser ‹Querkopf› ist hauptsächlich darum besorgt, welchen Eindruck das Ganze wohl auf seinen Chef machen wird: kommt er zu spät, dann gibt er sich die größte Mühe, atemlos zu erscheinen. Sein willfähriges Kindheits-Ich hat das Kommando übernommen, und er spielt «Sie sehen, ich habe mir wirklich die größte Mühe gegeben». Während er fährt, fehlt es ihm fast völlig an Autonomie, und als menschliches Wesen ist er im Prinzip mehr tot als lebendig. Es ist durchaus möglich, daß ein solcher Zustand in hohem Maß zur Entstehung eines hohen Blutdrucks oder zur Erkrankung der Kranzgefäße des Herzens beiträgt.

2. Der ‹Schmoller› ist seinerseits nicht so sehr darum besorgt, daß er zur rechten Zeit an seinem Arbeitsplatz eintrifft, als vielmehr darum, sich eine Reihe von Entschuldigungen für sein Zuspätkommen auszudenken. Kleine Mißgeschicke, schlecht aufeinander abgestimmte Verkehrsampeln und stupides Verhalten von seiten der anderen Verkehrsteilnehmer passen gut in seinen Plan und werden heimlich begrüßt, und zwar als Beitrag zu seinem Spiel «Sehen Sie bloß, was die wieder angerichtet haben», das er entweder auf der Ebene seines rebellischen Kindheits-Ichs oder auf der seines rechthaberischen Eltern-Ichs spielt. Auch er ist blind gegenüber seiner Umgebung, und das gilt nur dann nicht, wenn sie in irgendeiner Form einen Beitrag zu seinem Spiel leistet; so ist auch er nur halb lebendig. Sein Körper sitzt in seinem Wagen, seine Gedanken sind jedoch auf der Suche nach Mißständen und Ungerechtigkeiten.

3. Weniger häufig trifft man den ‹natürlichen Fahrer›, den Mann, für den das Autofahren eine kongeniale Kunst und Wissenschaft ist. Wenn er sich rasch und geschickt durch das Verkehrsgewühl windet, dann verschmilzt er mit seinem Auto zu *einem* Wesen. Auch er beachtet die Umgebung nicht, oder doch nur dann, wenn sie ihm Spielraum für seine fahrerischen Qualitäten gibt, aber er ist sich

nicht nur seiner selbst sehr wohl bewußt, sondern auch der Maschine, die er so ausgezeichnet beherrscht; insoweit ist er durchaus lebendig. Ein solches Fahren ist, formal ausgedrückt, ein Zeitvertreib auf der Ebene des Erwachsenen-Ichs, aber es kann auch in seinem Kindheits-Ich und seinem Eltern-Ich eine gewisse Befriedigung auslösen.

4. Der vierte Fall betrifft den Menschen, der sich bewußt verhält und keine Hast und Eile zeigt, weil er ganz in der Gegenwart und in der unmittelbaren Umgebung lebt, die sich rings um ihn herum befindet: der Himmel, die Bäume und auch das Gefühl der Bewegung. Hasten und Eilen heißt: diese Umgebung vernachlässigen und nur Dinge in sein Bewußtsein aufnehmen, die noch außer Sichtweite in weiter Ferne liegen, oder sich nur irgendwelcher Hindernisse oder nur seiner selbst bewußt werden. Ein Chinese, begleitet von einem Kaukasier, war einmal gerade im Begriff, die lokale Untergrundbahn zu besteigen, da machte ihn sein Begleiter darauf aufmerksam, daß sie 20 Minuten Zeit sparen könnten, wenn sie statt dessen mit dem Eilzug führen. Beide entschlossen sich, das zu tun. Als sie auf der Station am Central Park ausstiegen, setzte sich der Chinese zur großen Verblüffung seines Begleiters auf eine Bank. «Nun», sagte der Chinese, «wir haben 20 Minuten Zeit gespart, also können wir es uns jetzt auch leisten, so lange hier zu sitzen und unsere Umgebung zu genießen.»

Der bewußte Mensch ist lebendig, denn er weiß, was er empfindet, wo er ist und in welcher Zeit er lebt. Er weiß, die Bäume werden noch an der gleichen Stelle stehen, wenn er längst gestorben ist, aber er wird dann nicht mehr in ihrer Nähe sein, um sie zu betrachten, also möchte er sie zum gegenwärtigen Zeitpunkt so intensiv betrachten wie nur irgend möglich.

Spontaneität. Spontaneität bedeutet in gewissem Sinn Option: die Freiheit, seine Empfindungen aus dem verfügbaren Assortiment (Empfindungen auf der Ebene des Eltern-Ichs, des Erwachsenen-Ichs und des Kindheits-Ichs) auszuwählen und auszudrücken. Sie bedeutet auch Befreiung: Befreiung von dem Zwang, Spiele zu spielen, und nur die Empfindungen zum Tragen zu bringen, die einem von anderen beigebracht worden sind.

INTIMITÄT. Intimität bedeutet: spontane, nicht spielanfällige Offenheit eines bewußten Menschen, die Freisetzung des mit eidetischer Wahrnehmung begabten, unkorrumpierten Kindheits-Ichs, das mit seiner ganzen Naivität im Hier und Heute lebt. Es läßt sich experimentell nachweisen [3], daß die eidetische Wahrnehmung Zuneigung auslöst und daß die Offenheit positive Empfindungen mobilisiert, ja es gibt sogar so etwas wie ‹einseitige Intimität› – ein Phänomen, das – wenn auch nicht unter diesem Namen – professionellen Verführern wohlvertraut ist: sie sind in der Lage, ihre Partner an sich zu ziehen, ohne sich dabei selbst innerlich zu engagieren. Sie erreichen das, indem sie den anderen Menschen dazu ermutigen, sich ihnen direkt und offen zuzuwenden und freimütig mit ihnen zu sprechen, während der männliche Verführer (oder die weibliche Verführerin) dieses Verhalten nur zum Schein erwidert, was er natürlich sorgfältig vor dem betroffenen Partner verbirgt.

Da die Intimität im wesentlichen eine Funktion des natürlichen Kindheits-Ichs ist (wenn auch eingebettet in eine Matrix von psychologischen und sozialen Verflechtungen), zeigt sie meist die Tendenz zu einer günstigen Entfaltung, es sei denn, diese wird durch das Zwischenschalten von Spielen gestört. Eine höchst ungünstige Wirkung übt auf sie im allgemeinen die Adaptation an die Einflüsse des Eltern-Ichs aus, und unglücklicherweise ist das nahezu überall in der Welt der Fall. Bevor sie jedoch korrumpiert werden, scheinen die meisten Kinder ein starkes Liebesempfinden zu haben [4], und das ist, wie experimentell nachgewiesen wurde, das grundlegende Wesensmerkmal der Intimität.

17. *Die Erringung der Autonomie*

Von Geburt an bringen die Eltern, bewußt oder unbewußt, ihren Kindern bei, wie sie sich verhalten sollen, wie sie denken, empfinden und wahrnehmen sollen. Eine Loslösung von diesen Einflüssen ist keinesfalls leicht, denn sie sind tief verwurzelt, und während der ersten zwei oder drei Lebensjahrzehnte sind sie für biologische und soziale Überlebenszwecke unentbehrlich. Im Prinzip ist eine solche Loslösung überhaupt nur darum möglich, weil das Individuum sich zu Beginn seines Lebens in einem autonomen Zustand befindet, d. h. es hat die Fähigkeiten der Bewußtheit, der Spontaneität und der Intimität, und es besitzt einen gewissen Grad von Ermessensfreiheit darüber, welche der ihm von seinen Eltern übermittelten Lehren es akzeptieren will. Frühzeitig in seinem Leben trifft es zu ganz bestimmten Zeitpunkten die Entscheidung darüber, auf welche Weise es den Adaptationsprozeß vollziehen will. Gerade weil diese Adaptation sich im Zuge einer Reihe von Entscheidungen vollzieht, kann sie wieder rückgängig gemacht werden, denn Entscheidungen lassen sich unter günstigen Umständen auch wieder umstoßen.

Die Erringung der Autonomie besteht also darin, daß man alle in den Kapiteln 13, 14 und 15 erörterten Irrelevanzen verwirft. Ein solches Verwerfen ist allerdings niemals endgültig: man muß ständig darum kämpfen, nicht wieder in die alte Lebensweise zurückzufallen.

Zunächst muß, wie bereits in Kapitel 13 erörtert, das Gewicht einer langen historischen Gruppen- oder Familientradition beiseite geschoben werden, wie das bei Margaret Meads Dorfbewohnern in Neuguinea der Fall gewesen ist[1]; dann muß auch noch der Einfluß, der von seiten der Eltern sowie aus dem sozialen und kulturellen Milieu heraus auf das einzelne Individuum eingewirkt hat, eliminiert werden. Das gleiche gilt für die zeitgenössische Gesellschaft in ihrer Gesamtheit, und schließlich müssen auch noch die Nutzeffekte, die man aus dem unmittelbar zugehörigen Sozialmilieu bezogen hat, ganz oder teilweise geopfert werden. Dann müssen alle diejenigen Vorteile und Annehmlichkeiten aufgegeben werden, die man, wie in Kapitel 14 gezeigt wurde, daraus ableitete, daß man die Rolle des ‹Schmollers› oder des ‹Querkopfs› spielte. Danach muß das Individuum die Selbstkontrolle im persönlichen und im sozialen Bereich erringen, so daß ihm – vielleicht mit Ausnahme der Träume – alle im Anhang geschilderten Verhaltensweisen in freier Wahl zu Gebote stehen und nur dem eigenen Willen unterworfen sind. Unter diesen Voraussetzungen ist das Individuum nun reif für nicht spielgebundene Beziehungen zu anderen Menschen, etwa nach dem in Kapitel 15 erörterten Paradigma. Jetzt sollte es eigentlich auch in der Lage sein, seine Fähigkeiten zur Autonomie hin zu entwickeln. Das bedeutet im Prinzip, daß die gesamte Vorbereitung daraus besteht, daß man sich in verbindlicher Form von den Einflüssen der eigenen Eltern (und von anderen ‹Eltern-Ich›-Einflüssen) löst, so daß man zwar bei passender Gelegenheit auf sie zurückgreifen kann, sie aber nicht mehr ein dominierender Faktor im eigenen Leben sind.

18. *Blick in die Zukunft*

Das in den Teilen I und II dieses Buches präsentierte Bild von der Welt ist recht düster; in ihm besteht das menschliche Leben hauptsächlich darin, die Zeit bis zum Eintreffen des Todes (bzw. des ‹Weihnachtsmannes›) mit irgend etwas auszufüllen, wobei man allenfalls eine sehr geringe Wahlmöglichkeit hat, darüber zu bestimmen, mit was für Transaktionen man die lange Wartezeit überbrücken will; dieses Bild ist eine weit verbreitete, aber doch nicht die endgültige Antwort. Für einige glückliche Menschen gibt es nämlich etwas, das sich über alle systematischen Verhaltensarten erhebt, und das ist die Bewußtheit; etwas, das mehr bedeutet als die Programmierung der Vergangenheit, und das ist die Spontaneität, und etwas, das lohnender ist als alle Spiele, und das ist das Intimerlebnis. Für alle diejenigen aber, die auf diese drei Möglichkeiten innerlich nicht hinreichend vorbereitet sind, können sie Furcht und Gefahr bedeuten. Vielleicht ist es für diese Menschen besser, sie bleiben so, wie sie sind, und suchen die Lösung für ihre Probleme darin, daß sie die üblichen Sozialaktionen praktizieren, wie z. B. gesellschaftliche Zusammenschlüsse. Das könnte bedeuten, daß es für die Menschheit in ihrer Gesamtheit keine Hoffnung für die Zukunft gibt, daß jedoch für einzelne Individuen die Zukunft durchaus hoffnungsvoll aussieht.

Anhang

Die Klassifikation der Verhaltensweisen

Ein menschliches Wesen ist zu jedem Zeitpunkt mit einer oder mehreren der folgenden Verhaltensweisen beschäftigt:

Klasse I. Innerlich ausgelöste Programmierung (archäopsychisch). Autistisches Verhalten.

GRUPPEN: a) Träume; b) Phantasien.

UNTERGRUPPEN: 1. Extrane Phantasien (Wunscherfüllung). 2. Autistische Transaktionen, unadaptiert. 3. Autistische Transaktionen, adaptiert (mit neopsychischer Programmierung).

GRUPPEN: c) Fuguen; d) Wahnideen; e) Unbewußte Aktionen.

UNTERGRUPPEN: 1. Zuckungen. 2. Manierismen. 3. Parapraxen.

GRUPPEN: f) Sonstiges.

Klasse II. Programmierung auf Grund einer Wahrscheinlichkeitsberechnung (neopsychisch). Wirklichkeitsgerechtes Verhalten.

GRUPPEN: a) Tätigkeiten.

UNTERGRUPPEN: 1. Geistige Berufe, handwerkliche Berufe, etc. 2. Sport, Hobbies, etc.

GRUPPEN: b) Verfahren.

UNTERGRUPPEN: 1. Datenverarbeitung. 2. Methoden.

GRUPPEN: c) Sonstiges.

Klasse III. Soziale Programmierung (teilweise exteropsychisch). Soziales Verhalten.

GRUPPEN: a) Rituale und Zeremonien; b) Zeitvertreib; c) Operationen und Manöver; d) Spiele.

UNTERGRUPPEN: 1. Professionelle Spiele (Angulär-Transaktionen). 2. Spiele im Sozialbereich (Duplex-Transaktionen).

GRUPPEN: e) Intimerlebnisse.

Im Rahmen dieses Schemas würden die in diesem Buch erörterten Spiele aus dem Sozialbereich folgendermaßen klassifiziert werden: Klasse III. Soziale Programmierung. Gruppe d): Spiele. Untergruppe 2. Spiele im Sozialbereich.

Die Schlußgruppe dieses Schemas, ‹Intimerlebnisse›, ist unlöslicher Bestandteil einer von Spielen freien Lebensweise.

Es steht dem Leser frei, das oben angeführte Schema zu kritisieren (er sollte jedoch darüber weder lächeln noch spotten). Es wurde in das Buch nicht etwa deswegen aufgenommen, weil der Autor in dieses Schema vernarrt ist, sondern weil es funktioneller, realer und praktischer ist als andere heute gebräuchliche Systeme, und weil es für alle diejenigen von Nutzen sein kann, die Systematik schätzen oder ihrer dringend bedürfen.

Anmerkungen

Einleitung

1. E. Berne: ‹*Transactional Analysis in Psychotherapy*›. New York 1961

2. R. Spitz: ‹*Hospitalism: Genesis of Psychiatric Conditions in Early Childhood*›, in: *Psychoanalytic Study of the Child* 1 (1945), p. 53–74

3. René Belbenoit: ‹*Dry Guillotine*›. New York 1938
G. J. Seaton: ‹*Isle of the Damned*›. New York 1952

4. E. Kinkead: ‹*In Every War But One*›. New York 1959

5. J. D. French: ‹*The Reticular Formation*›, in: *Scientific American* 196 (Mai 1957), p. 54–60

6. Die hier zitierten ‹Kolloquialismen› wurden im Laufe der Zeit in den San Francisco Social Psychiatry Seminars erarbeitet.

7. S. Levine: ‹*Stimulation in Infancy*›, in: *Scientific American* 202 (Mai 1960), p. 80–86
‹*Infantile Experience and Resistance to Physiological Stress*›, in: *Science* 126 (30. August 1957), p. 405

8. Johan Huizinga: ‹*Homo Ludens*›. Hamburg 1956 (rowohlts deutsche enzyklopädie. 21)

9. S. Kierkegaard: ‹*A Kierkegaard Anthology*›. Hg. v. R. Bretall. Princeton 1947. p. 22 f

10. S. Freud: ‹*Studien über Hysterie*›, in: ‹*Gesammelte Schriften*› Bd. II. Leipzig 1924–1928
‹*Analyse eines Falles von Hysterie*›, a. a. O., Bd. III

11. E. Berne: ‹*The Structure and Dynamics of Organizations and Groups*›. Philadelphia and Montreal 1963 (s. besonders Kapitel 11 und 12)

I. Analyse von Spielen

1. *Struktur-Analyse*

1. W. Penfield: ‹*Memory Mechanisms*›, in: *Archives of Neurology and Psychiatry* 67 (1952), p. 178–198
W. Penfield and H. Jasper: ‹*Epilepsy and the Functional Anatomy of the Human Brain*›. Boston 1954 (Kap. XI)
2. E. Berne: ‹*The Psychodynamics of Intuition*›, in: *Psychiatric Quarterly* 36 (1962), p. 294–300

5. *Spiele*

1. D. W. Maurer: ‹*The Big Con*›. New York 1940
2. S. Potter: ‹*Theory and Practice of Gamemanship*›. New York o. J.
3. G. H. Mead: ‹*Mind, Self, and Society*›. Chicago 1934
4. T. Szasz: ‹*The Myth of Mental Illness*›. New York 1961
5. E. Berne: ‹*The Structure and Dynamics of Organizations and Groups*›. Philadelphia and Montreal 1963

II. Ein Spiel-Brevier

Einleitung

1. E. Berne: ‹*Intuition IV: Primal Images and Primal Judgements*›, in: *Psychiatric Quarterly* 29 (1955), p. 634–658

6. *Lebensspiele*

1. Eric Berne: ‹*A Layman's Guide to Psychiatry and Psychoanalysis*›. New York 1957. p. 191
2. Margaret Mead: ‹*Growing Up in New Guinea*›. New York 1951

7. *Ehespiele*

1. G. Bateson u. a.: ‹*Toward a Theory of Schizophrenia*›, in: *Behavioral Science* 1 (1956), p. 251–264

8. *Partyspiele*

1. Paul de Kock. Eines der populärsten Werke dieses Librettisten und Romanschriftstellers aus dem 19. Jahrhundert heißt ‹*A Good-Natured Fellow*›; es handelt von einem Mann, der allzuviel verschenkt.

10. *Räuberspiele*

1. In *‹Psychiatry and the Law: Use and Abuse of Psychiatry in a Murder Case›* (*American Journal of Psychiatry* Bd. 118/1961, p. 289–299) führt Frederick Wiseman ein zugleich deutliches und tragisches Beispiel für die scharfe Form des Spiels «Räuber und Gendarm» an.

2. Weitere Informationen über das Spiel «Räuber und Gendarm» und über andere von Gefängnisinsassen gespielte Spiele findet man in F. H. Ernst and W. C. Keating: *‹Psychiatric Treatment of the California Felon›*, in: *American Journal of Psychiatry* Bd. 120/1964, p. 974–979.

11. *Doktorspiele*

1. E. Berne: *‹The Cultural Problem: Psychopathology in Tahiti›*, in: *American Journal of Psychiatry* Bd. 116/1960, p. 1076–1081

III. Jenseits des Spielbereichs

16. *Autonomie*

1. E. Berne: *‹Primal Images and Primal Judgment›*, in: *Psychiatric Quarterly* Bd. 29/1955, p. 634–658

2. E. R. Jaensch: *‹Eidetic Imagery›*. New York 1930

3. Diese Experimente in den San Francisco Social Psychiatry Seminars befinden sich noch im Versuchsstadium. Die wirksame experimentelle Anwendung der Transaktions-Analyse erfordert ebenso eine Spezialausbildung wie die wirksame experimentelle Anwendung der Chromatographie oder der Infrarot-Spektrophotometrie. Ein Spiel von einem Zeitvertreib zu unterscheiden, ist durchaus nicht leichter als die Unterscheidung zwischen einem Fixstern und einem Planeten. Siehe E. Berne: *‹The Intimacy Experiment›*, in: *Transactional Analysis Bulletin* Bd. 3/1964, p. 113, und: *‹More About Intimacy›*, a. a. O., p. 125.

4. Einige Kinder werden schon zu einem sehr frühen Zeitpunkt korrumpiert (Marasmus, einige Arten von Koliken) und haben niemals eine Chance, von dieser Fähigkeit Gebrauch zu machen.

17. *Die Erringung der Autonomie*

1. M. Mead: *‹New Ways for Old›*. New York 1956

Erklärendes Wörterverzeichnis

psychologischer, psychoanalytischer und psychiatrischer Begriffe (soweit sie im Text nicht erklärt sind)

Abwehrmechanismen: Unbewußte psychische Abläufe und Vorgänge mit dem Ziel, nicht akzeptierte Antriebe, Impulse und Emotionen abzuwehren und zu unterdrücken, um so Schuldgefühle und Ängste zu vermeiden und Konflikte zu mildern. A sind ein Konzept der → Psychoanalyse. Die wichtigsten A sind → Verdrängung, → Projektion, → Sublimierung, → Regression, → Rationalisierung, → Reaktionsbildung.

Alkoholismus: Trunksucht; führt zu einem körperlichen und geistigen Verfall (u. a. Leber-, Nieren- und Darmerkrankungen, Nervenleiden; Intelligenzstörungen, gefühlsmäßige Abstumpfung, soziales Abgleiten).

Anthropologie: Wissenschaft vom Menschen. Im weitesten Sinne umfaßt die A Anatomie, Physiologie, Geschichte und Archäologie, Völkerkunde, Entwicklungsgeschichte, Soziologie und Psychologie.

Ätiologie: Lehre von den Krankheitsursachen.

Autistisch; Extrem egozentrisch; Tendenz, die Wahrnehmung und das Denken stark mit persönlichen Wünschen und Bedürfnissen zu durchsetzen.

Autoerotik: Sexueller Lustgewinn am eigenen Körper (also ohne Partner). Die sexuelle Selbstbefriedigung ist eine Form der A.

Autoritäre Persönlichkeit: Person mit ausgeprägter autoritärer Haltung: zwanghaftes Konformgehen mit den Normen, Regeln und Konventionen der Gruppe oder Gesellschaft, starke Intoleranz gegenüber allem Abweichenden und Unkonventionellen und eine pharisäerhafte Selbstgerechtigkeit.

Depression: Schwermütige, niedergeschlagene Stimmungslage, die verbunden ist mit einer Herabsetzung des Antriebes und der Initiative. Liegt ein äußerer Anlaß vor (z. B. Trauerfall), so spricht man von reaktiver D. In starkem Maß und ohne äußeren erkennbaren Anlaß kommt D als Symptom verschiedener → Psychosen vor.

Deprivation: Verlust oder Entbehrung von etwas Gewünschtem; Ausbleiben der Befriedigung eines Bedürfnisses. Emotionale D: Entzug oder Entbehrung emotionaler Zuwendung (z. B. Einsamkeit). Sensorische D: Entzug von akustischen und optischen Außenreizen. (Sensorische D wird experimentell zur Klärung wichtiger psychologischer Fragestellungen in schalltoten und lichtlosen Räumen hergestellt und führt zu intellektueller Verwirrtheit, Angstzuständen, Ruhelosigkeit, Orientierungsverlust, Wahrnehmungstäuschungen.)

Eidetische Wahrnehmung: Vorstellungen von besonderer Klarheit und Deutlichkeit, wie sie sonst nur realen Wahrnehmungen zukommt. E ist vor allem bei Jugendlichen zu beobachten.

Epinosischer Krankheitsgewinn: Indirekter → K.

Exhibitionismus: Sexuell abnormes Verhalten; die sexuelle Erregung und Befriedigung wird durch Entblößen und Zeigen der eigenen Geschlechtsorgane vor fremden Menschen in der Öffentlichkeit (Parks, einsame Wege) erreicht. Im weiteren Sinn wird unter E das Bemühen verstanden, die Aufmerksamkeit anderer in übertriebener Weise auf sich zu lenken.

Fetischismus: Sexuell abnormes Verhalten; die sexuelle Erregung und Befriedigung tritt ein beim Betrachten, bei der Vorstellung und/oder Betasten eines «Fetisch». Der Fetisch ist ein Körperteil eines Partners (Haar, Fuß; fast immer Körperteile außerhalb der Genitalregion) oder ein Gegenstand vom Partner (Taschentuch, Strumpf, Wäsche).

Frigidität: Abnormes Fehlen der sexuellen Erregbarkeit und des sexuellen Verlangens.

Frustration: Versagung oder Verhinderung einer Bedürfnisbefriedigung, eines Wunsches oder einer Erwartung und der daraus resultierende emotionale Zustand der Enttäuschung, aber auch Erregung, Verärgerung und Wut.

Gegenübertragung: Die → Übertragung unbewußter Emotionen vom Therapeuten auf den Patienten in der → Psychotherapie. Die G ist durch ständige Selbstkontrolle des Therapeuten auszuschalten, um den Behandlungserfolg nicht zu gefährden.

Gruppendynamik: Teilgebiet der → Sozialpsychologie, das vor allem die Gesetze der Gruppenbildung, des Gruppenlebens und das Verhältnis zwischen Gruppen erforscht.

Gruppentherapie: Form der Psychotherapie, bei der mehrere Patienten gleichzeitig behandelt werden.

Homeostase: Zustand des körperlichen (physiologischen) Gleichgewichts (z. B. das Vorhandensein von genügend Blutzucker und Sauerstoff im Blut).

Homosexualität: Sexuell abnormes Verhalten: sexuelle Anziehung durch Personen des eigenen Geschlechts und sexuelle Betätigung mit gleichgeschlechtlichen Partnern.

Hypnose: Künstlich erzeugter Zustand einer erhöhten Suggestibilität. Der Hypnotisierte befindet sich in einem schlafähnlichen Zustand, in dem er Anweisungen des Hypnotiseurs ausführt. Die Technik der H ist erlernbar und wird zuweilen als Hilfsmittel bei der → Psychotherapie verwendet.

Hysterie: Eine Form der → Neurose. Ihre kennzeichnenden Symptome sind eine labile Emotionalität, starke Erregbarkeit, Unechtheit des Gefühlslebens, geziertes Gebaren. Häufig auch körperliche Symptome ohne körperliche Ursachen (Ohnmachten, Seh- und Sprechstörungen, Lähmungen). Als hysteroid bezeichnet man Personen, die sich hysterieähnlich verhalten.

Idiosynkrasie: Überempfindlichkeit und starke Abneigung gegen bestimmte Dinge (z. B. Speisen, Geräusche usw.) oder Personen.

Inzest: Sexuelle Betätigung zwischen Verwandten 1. Grades (Eltern–Kinder; Brüder–Schwestern).

Kleptomanie: Zwanghafter Antrieb zum Stehlen, ohne daß eine Verwendung des Gestohlenen erfolgt oder beabsichtigt ist.

Koitus: Geschlechtsverkehr.

Krankheitsgewinn: Vorteil, den eine Krankheit bringen kann. Man unterscheidet einen direkten Krankheitsgewinn (z. B. der Erkrankte braucht nicht zu arbeiten) und einen indirekten Krankheitsgewinn (z. B. die Befriedigung → masochistischer Tendenzen im Selbstmitleid oder neurotischer Abhängigkeitswünsche).

Libido: Sexueller Antrieb, sexuelles Verlangen.

Masochismus: Sexuell abnormes Verhalten; die sexuelle Erregung und Befriedigung tritt ein durch Erleiden von Schmerz, Qual oder Erniedrigung durch den Partner. Im weiteren Sinne jeder Lustgewinn aus oder jedes Genießen von Schmerzen, Zurücksetzungen, Enttäuschungen, Erniedrigungen.

Neurose: Psychische abnorme Verhaltens- und Erlebnisweise

(psychische Erkrankung), durch ungelöste Konflikte verursacht. Im Gegensatz zu den → Psychosen wird die N weitgehend durch Umwelteinflüsse (kindliche Erlebnisse) bedingt.

Orthodoxe Psychoanalyse: Die Psychoanalyse in der ursprünglichen, von Sigmund Freud begründeten Form.

Orthopsychiatrie: Die Erforschung psychischer Erkrankungen mit dem Ziel frühzeitiger Behandlung und Vorbeugung. Dabei werden psychiatrische, psychologische, pädiatrische und sozialpädagogische Betrachtungsweisen und Methoden kombiniert.

Paranoia: Geisteskrankheit, bei der Wahnideen (Verfolgungswahn, Eifersuchtswahn, Größenwahn) als Symptom im Vordergrund stehen. Im weiteren Sinne bezeichnet man Menschen als paranoid, die extrem mißtrauisch sind und zu Verfolgungsgedanken tendieren, ohne dabei Wahnsysteme zu entwickeln.

Paranoide Schizophrenie: Form der → Schizophrenie, bei der Wahnideen zur Symptomatik gehören.

Paranosischer Krankheitsgewinn: Direkter → K.

Penis-Neid: Vermissungserlebnisse bei kleinen Mädchen, die sich wegen des «Fehlens» eines Penis als minderwertig fühlen. Ein ausgeprägter P-N kann zur bleibenden Nicht-Akzeptierung der weibichen Rolle führen.

Persona (i. S. C. G. Jungs)*:* Die «Rolle», die ein Mensch spielt, um seine Absichten und Wünsche einerseits und die Ansprüche und Erwartungen der Umwelt andererseits zu erfüllen.

Perversion: Krankhafte Abweichung des sexuellen Verlangens und der sexuellen Betätigung.

Projektion: Ein → Abwehrmechanismus. Eigene, nicht akzeptierte unbewußte Antriebe und Emotionen werden in andere Menschen hineingesehen, ihnen zugeschrieben und bei ihnen kritisiert, abgewertet, verachtet und bekämpft.

Psychose: Geisteskrankheit. Man unterscheidet exogene P, die durch körperliche Veränderungen (z. B. Hirnschäden infolge Verletzungen, Entzündungen u. a.) bedingt sind, und endogene P, die als anlagebedingt gelten und für die akute körperliche Veränderungen nicht ursächlich sind. Die wichtigsten endogenen P sind die → Schizophrenie, die endogene → Depression, das manisch-depressive Irresein.

Psychoanalyse: Von Sigmund Freud begründete Theorie psychischer Erkrankungen (vor allem Neurosen) und daraus entwikkelte Technik der Psychotherapie. Im Mittelpunkt der Psychoanalyse stehen Theorien zur Psychodynamik von Konflikten und über die Bedeutung unbewußter Antriebe und Emotionen.

Psychotherapie: Behandlung psychischer Erkrankungen mit psychologischen Mitteln. Der Terminus ist allgemein und umfaßt verschiedene Methoden der Therapie, z. B. Psychoanalyse, Gruppentherapie, Beratung, autogenes Training u. a.

Rationalisierung: Ein → Abwehrmechanismus. Die verstandesmäßige Rechtfertigung für eine Handlung, deren Hauptmotiv ein nicht akzeptierter Antrieb ist.

Reaktionsbildung: Ein → Abwehrmechanismus. Ein nicht akzeptierter Impuls oder eine nicht akzeptierte Emotion wird ins Gegenteil verkehrt, um Schuldgefühle und Angst zu bewältigen.

Regression: Rückkehr zu früheren weniger reifen Verhaltensmustern infolge Frustration oder Konflikt. R ist ein → Abwehrmechanismus.

Reiz-Hunger: Das starke Verlangen, von außen her angeregt zu werden; entweder sensorisch in dem Verlangen nach Abwechslung und Unterhaltung, oder emotional in dem Verlangen nach Kontakten, Gesellschaft, Zuneigung.

Retikularsystem (Formatio reticularis)*:* Funktionelles System im Hirnstamm mit besonderer Bedeutung für den Wach-Schlaf-Rhythmus. Durch die «Weckwirkung» des R wird u. a. die Tätigkeit des Großhirns aktiviert.

Rolle: Verhaltensmuster, das von einer Person in einer bestimmten Situation erwartet wird. Jeder Mensch ist Träger vieler Rollen (beispielsweise Vater-Rolle innerhalb der Familie, Rolle des Untergebenen gegenüber dem Vorgesetzten, Rolle des Vorgesetzten gegenüber Untergebenen, usw.).

Sadismus: Sexuell abnormes Verhalten; sexuelle Erregung und Befriedigung treten durch Schmerz-Zufügen, Mißhandeln und Erniedrigen des Partners ein. In weiterem Sinne jeder Lustgewinn durch Quälen und Demütigen anderer Menschen.

Schizophrenie: Die S (Spaltungsirresein) gehört zu den endogenen → Psychosen. Den vielfältigen Erscheinungsformen ist gemeinsam, daß sie die Persönlichkeit irreversibel verändern. Die wichtigsten Symptome der S sind u. a. Denkstörungen (Zerfahrenheit, alogisches Denken), Wahnideen (Verfolgungs- oder Größenwahn), Wahrnehmungstäuschungen (Halluzinationen), emotionale Veränderungen (Erregungszustände, Gefühlsverödung), Kontaktverlust.

Sexual-Psychopathen: Patienten mit krankhaftem sexuellem Verlangen und krankhaftem Sexualverhalten.

Sozialpsychiatrie: Teilgebiet der Psychiatrie unter Beachtung soziologischer Gesichtspunkte. Die Analyse psychischer Erkrankungen in der Abhängigkeit von sozialen Einflüssen, der sozialen Umgebung und den gesellschaftlichen Verhältnissen.

Sozialpsychologie: Teilgebiet der Psychologie; Hauptthemen der S sind die Abhängigkeit des menschlichen Verhaltens von Gruppen und Gemeinschaften, die Gesetze des sozialen Verhaltens (Gruppenbildung; → Gruppendynamik; Bildung von Normen, Konventionen und öffentlicher Meinung) und die Gesetzmäßigkeiten der Beziehungen verschiedener Gruppen untereinander (z. B. Minoritätsprobleme, Vorurteile).

Stress: Starke körperliche oder psychische Belastung.

Sublimierung: Ein → Abwehrmechanismus. Nicht akzeptierte Triebregungen werden in den Dienst sozial hoch bewerteter Ziele gestellt (so können beispielsweise sexuelle Impulse zu Liebesgedichten, aggressive Impulse zur Ausbildung sportlicher Fähigkeiten – etwa Fechten, Boxen – sublimiert werden).

Übertragung: Die unbewußte Verschiebung eines Affektes von einem Menschen auf den anderen; emotionale Reaktionen, die zu einem Menschen entwickelt wurden, werden auf einen anderen übertragen. Ü ist ein wichtiger Vorgang in der psychoanalytischen Therapie, da durch die Verschiebung von Affekten (z. B. der Haß gegenüber dem Vater) auf den Therapeuten unbewußte Emotionen ausagiert und bewußt gemacht werden können. In der therapeutischen Situation unterscheidet man negative Ü (Verschiebung eines feindseligen Affektes) und positive Ü (Verschiebungen von Gefühlen der Liebe und Verehrung).

Verdrängung: Ein → Abwehrmechanismus. Die Unterdrückung eines nicht akzeptierten Antriebes oder einer nicht akzepierten Emotion. Die verdrängten Regungen werden unbewußt, aber keineswegs unwirksam. Sie haben nach der psychoanalytischen Theorie eine entscheidende Bedeutung für die Bildung von → Neurosen.

Zyklothyme Persönlichkeit: Personen, deren Emotionalität durch einen häufigen und periodischen Wechsel von depressiven und heiteren Stimmungslagen gekennzeichnet ist. In der krankhaften Übersteigerung (tiefe Depressionen einerseits, Zustände höchster Erregung und Euphorie andererseits) bietet sich das Bild des manisch-depressiven Irreseins.

Register für Zeitvertreib (Z) und Spiele (S)

Sachwortregister

Namenregister